回归生命本真

获得圆满幸福人生的国学智慧

吕炯纬 著

知识产权出版社
全国百佳图书出版单位

图书在版编目（CIP）数据

回归生命本真：获得圆满幸福人生的国学智慧/吕炯纬著. —北京：知识产权出版社，2019.1

ISBN 978-7-5130-6013-4

Ⅰ.①回… Ⅱ.①吕… Ⅲ.①国学—通俗读物 Ⅳ.①Z126-49

中国版本图书馆 CIP 数据核字（2018）第 297110 号

内容提要

本书以作者学习国学、转变心智模式、化除禀性，在圣贤智慧指引下获得幸福的真实体验为经，以作者咨询过的多个案例为纬，论证了透过五伦生命关系的修炼，可以帮助人们的内心有正向的能量以及改变自我行为的能力，进而达到身心自在、喜悦、清静的状态。作者从亲子关系，夫妻关系、手足关系、职场关系、朋友关系等五方面入手，引导忙碌的现代人如何在生命的本分上遵道而行，活出价值和智慧，过上幸福圆满的生活。

责任编辑：石红华　　**责任校对：**谷　洋

封面设计：臧　磊　　**责任印制：**孙婷婷

回归生命本真

——获得圆满幸福人生的国学智慧

吕炯纬　著

出版发行：	知识产权出版社有限责任公司	**网　　址：**	http：//www.ipph.cn
社　　址：	北京市海淀区气象路 50 号院	**邮　　编：**	100081
责编电话：	010-82000860 转 8130	**责编邮箱：**	shihonghua@sina.com
发行电话：	010-82000860 转 8101/8102	**发行传真：**	010-82000893/82005070/82000270
印　　刷：	北京建宏印刷有限公司	**经　　销：**	各大网上书店、新华书店及相关专业书店
开　　本：	787mm × 1092mm　1/16	**印　　张：**	19.5
版　　次：	2019 年 1 月第 1 版	**印　　次：**	2020 年 2 月第 2 次印刷
字　　数：	260 千字	**定　　价：**	68.00 元

ISBN 978-7-5130-6013-4

序

我出生在一个极为平凡的家庭，父母亲都是普通的老百姓，为三餐打拼，为家计奔忙，只为祈求过平静与幸福的生活。我是一个相当平凡的人物，既不聪明，也没什么特别的本事，生命能走到今天这一步，实在是上天的恩赐。我从小就非常喜爱传统文化，对于《论语》《孟子》等经典爱不释手。在初中的时候，我经常自发性地背诵四书古文，至今回想背诵古文的原因，仍然记忆犹新——我想实践圣贤的智慧。我内心相信，这定是能让我一辈子受用的宝藏，虽不知道当初为什么会有这样的想法，但直到今天，我依然在读诵古文，领略古人的心法智慧。

虽然我从小有机会接触传统文化，但在青少年阶段，其对我的生命似乎没有太多帮助，因为圣贤的智慧是人生的哲学，对于求学阶段

的我而言，还看不出效果，我也不知道要怎么运用。我的生命并非一帆风顺，28 岁那一年，是我人生重要的分水岭，在那之前，可以说是灰暗惨淡的磨炼时期，对于人生所面临的问题，摸索不出个方向，甚至陷入叫天天不应、叫地地不灵的惨况。直到开始学习家道五伦之后，才恍然大悟，28 岁以前的人生，真的都是白活了，因为从没有依照圣贤经典的教育来实践，背道而驰，当然越活越痛苦。

身为人，所要尽的本分是伦常道（五伦：夫妇、父子、兄弟、君臣、朋友），所要行的道是十义（父慈、子孝、兄友、弟恭、夫义、妇听、长惠、幼顺、君仁、臣忠）。虽自小学习传统文化，但却不懂得在伦常道上做好，当然再好的方法都无法解决人生的问题。在家庭当中不懂得尽孝，对兄弟姊妹不懂得尽悌，在工作职场上不懂得尽忠职守，对于人生的五伦之道，不懂得依道而行，当然活得一团混乱。人生的问题往往是道没有行好，不是术没有用好。应尽的本分从来没有做好，这与禽兽并无差别，枉读圣贤书，人生之路当然会窒碍难行。当我明白自己过往的所作所为偏差在哪儿之后，便从头要求自己，效法古人的精神，学一个圣贤道理，就照着圣贤的话去做，我的生命才开始出现了变化。

我开始修正自己的言行举止，修正自己偏差的想法，化除自己的禀性。我看到了自己很多问题的症结所在，一步一步地处理，渐渐懂

得改变命运的诀窍。越是化除禀性，我的内心越是清静自在，尽管生命仍会遇上挑战，但我越来越懂得化解之道，内心有一种稳定、笃实的力量，不再有像以前一样慌乱、拿不定主意、不知所措的现象发生，我想这一切就是圣贤智慧的威力。

这些转变的过程，让我明白圣贤经典的记载，无非就是要告诉后人，懂得在生命当中转换禀性，并通过正确的方法，让自己的生命逐渐通达。没想到，二十年来的国学底子，在这时候用上了。我重新看待圣贤的智慧，体会古人的用心良苦，通过自身的改变，验证经典的内容都是千真万确的实学，并非空谈理论，这是古人留给我们的智慧宝藏，我们却认为不切实际，想想以前的自己真是可笑。只有当我们愿意依照圣贤的话去行，才能真正得到宝藏，并使命运得到转变，如果只是一味地背诵，或是作为知识上的研究、沽名钓誉，这对于生命没有任何帮助，反而还会离道越来越远，生命越过越痛苦，陷入死胡同当中。

厦门人才教育中心

现在回想起来，一切都是上天最好的安排，虽然走了一些弯路，但能在我年少时，有机会积累国学，我认为相当幸运。虽说那是懵懂无知的阶段，根本也不知道怎么运用，但却奠定了相当重要的基础，帮助我在后来人生遇到困难时，懂得从经典中找寻解答！就在我不断地成长与改变之后，内心生起了想要兴善举与弘扬孝道五伦的念头，于是我走上了推广传统文化之路。这过程历经相当多的考验与挫折，然而我并没有因为这些困难而放弃，因为我知道，这些挑战跟前辈们比起来不算什么。我时刻反省自己，如果我们刚做了这么一点点就觉得辛苦，那圣贤所走过的路，比我们要艰辛几百倍、几千倍；如果我们所发的愿力禁不起考验，那就不要谈弘扬传统文化了，还不如在家里发表高论、读读古文，自认为有修养、有体悟就好了，省得丢人现眼。

经典记载的都是圣贤行道的经过，我们现在所做的事情，能否流传百世我们都还不确定，却对自己仅有的一点点体会就骄傲自满，对自己的一点点付出就觉得不可一世，圣贤经典并没有这样的记载，我也没有看过哪一位圣贤有这样的心态，我们应当反省，应当谦虚。道是行的，德是做的，只有当自己走上这条路之后，才明白国学不是让我们用来夸耀自己满腹经纶、耍耍嘴皮子用的。我们内心应当景仰圣贤，不断地自我要求，对于能够传承中华文化并造福后代子孙，我感到无上光荣，因为这是一种责任与使命，并非儿戏。越是行道，我对于自己过往轻浮与傲慢的心态，越是感到羞愧。

安徽合肥传统文化教育基地

现在我仍在不断地学习与阐释圣贤思想，为弘扬传统文化尽上绵薄之力，尽可能地帮助他人从国学的智慧中，找到属于自己安身立命的方法，并走出人生的困惑与瓶颈，得以实践自我的生命价值。每当我看见他人因国学的启发而改变生命，我内心充满着欢喜，更相信每一个人的内在，本自具足了祥和、喜悦、智慧、慈悲与清静，我们本来可以过上幸福圆满的人生，只因迷惑又缺乏引导，才误入歧途，造成自己生命中的困窘。尽管如此，这一切都为时不晚，只要我们愿意重新学习并身体力行，就像我一样，仍会重新获得崭新的人生。

河南郑州国学沙龙

我是一个幸运的人。我认为能够学习圣贤经典，体验圣贤智能的光明，让内心喜悦祥和、清静自在是世上最快乐的事情。我认为依道而行，圆满五伦生命关系，让人生过得幸福，进而体会道的殊胜与奥妙是这一生最有价值的事情。我并不是什么大师，只不过是通过自身的改变，将自己所窥见的生命因缘、道的体悟分享给各位，让更多人明白、受益而已。也许我们在现实生活中碰壁已久，我们尝尽了各种方法，仍是不得其门而入；或是我们渴望得到智慧，想知道到底该怎么做，才能活出自己想要的人生，那么，就请给自己片刻的安静，一同翻开下一页吧。

吕炯纬

谢志

感谢生命中的贵人

张伯份

引领我走出困顿的人生方向

感谢一路上支持我的朋友

郭启雄

德不孤，必有邻

一切都是上天最好的安排

同时，将此书献给我的父母

吕俊荣、吴丽姬

无怨无悔，辛劳的一生

循循善诱，人生的方向

仁慈与爱，无私的奉献

没有你们，就没有今日的我

——吕炯纬

前言

如何和谐生命关系？

如何找回内心的清静与幸福？

为什么努力这么久，幸福始终没有发生在我的身上？

是我的学习少了些什么方法吗？为何内心总是没有踏实感？

幸福人生不是我们脑袋想的那一回事，

我们所追求的都离开了实际生活，

本书所要分享的是“回归生命的本来”，

你想了解吗？你明白它的真实意义吗？

我们这一生都想过得幸福自在，都想求得跟圣贤一样的智慧，让自己的生命通达顺遂，进而受人景仰，造福后代子孙。我们不断地追求、学习，期望能改变问题，可惜常常事与愿违，收效甚微。我们费尽心力，却仍不知道问题在哪儿？慢慢地对自己的人生感到无奈与无助。当我们无法有效地处理生活上的实际问题时，渐渐地我们开始逃避生活。有人开始想要远离人事，认为只要能够离开这尔虞我诈的环境，身心就得以愉悦、轻松自在了。有人甚至想要远离尘嚣，归隐山林，追求一块净土，去过与世无争的生活，认为如此我们的生命就得以清静了。更有些人误以为，只要能够背诵圣贤经典，就会开启智慧，到时候身心就可以安顿，烦恼就会消失不见，生命就不会再感到痛苦了！

这些都不切实际！就因为这些偏差的心念，很多人开始追求起虚无缥缈的学习，误以为自己很有境界、很有涵养、很看得开，其实只要事情一发生，心情就乱七八糟，生命就一团混乱。我们根本没有任何智慧可言，却自我感觉良好；我们没有解决自身问题的能力，却还在大言不惭地自圆其说，生命没有办法过得幸福，是因为我们没有足够的智慧面对周遭的人和事。怎么我们不懂得反省、加以改进，并正确地学习，却总是责怪他人，推卸责任呢？再请问，目前的生活不幸福，只要我们换一个自认为更好的人，或是换一个工作环境，这一切就会变好了吗？问题就会解决了吗？或者遁入空门、参禅打坐，过着与世隔绝的生活，心就会清静，生命就会美好，问题就会解决？真的是这样吗？

自古以来的圣贤已经指出，纵使想通过参悟修道，进而解脱生命苦恼，也必须从人道上做起，故生命的改变离不开人道的学习。人道上的学习，并不是指功成名就、达官显贵等社会上所认定的功名利禄，而是指伦常关系中的圆满实践与心性体悟。如果真是拥有这些财富地位就能达到生命幸福，内心就能清静、自在、喜悦，那么为何还有这么多拥有世俗成就的人，还是心存不真实感、不踏实感，总感觉少了些什么？内心时刻感到惶恐不安且无法清静呢？

学习人道的重要性，可以从《中庸》记载的一段话来了解："君子之道费而隐。夫妇之愚，可以与知焉，及其至也，虽圣人亦有所不知焉。夫妇之不肖，可以能行焉，及其至也，虽圣人亦有所不能焉。……君子之道，造端乎夫妇，及其至也，察乎天地。"这段话的意思是说，生命之道看似明显容易做，但这奥秘却很精微。尽管是愚昧的男女，也能略知一二；但要达到极精微远大之处，就是圣人也有不知道的地方。一般的愚夫愚妇，也多少都能实践一些；但要达到最精微深妙之处，即使是圣人也有做不到的地方。所以说啊，生命之道先从夫妇之伦起始；伦常之道做到极致的时候，天地间一切的事理没有不昭著明白的。从这段话我们可以知晓，如要参透天地之间的大道，先从夫妻人伦之道开始做起，达到精微深妙之处，自然能明道见性，解脱生命苦恼！

有的人一生都在追求明道解脱，但明道之路却始于夫妇之伦，言下之意，道的可贵是从日常生活当中的伦常来体现的，不应舍本逐末。人与人之间的关系蕴含着天地之间的大道，可以说，最为明显可察的地方是人与人的关系，最为隐秘不显的地方，也是人与人之间的关系。这些关系就是五伦，五伦所对应出来的路就是十义，最为平凡，却也最容易被人忽略，看似简单，却也是最难走的路。就因为这些关系没有什么特别，我们平常也有在做，就以为已经懂了，但是当我们要尽力圆满十义时，我们会发现自己根本什么都不懂，因为这过程充满着挣扎与人性的黑暗面，我们根本不知道怎么转化。有些修行了一辈子的人，怎么也处理不好父子关系、夫妻关系、兄弟关系，因为道的奥秘在伦常中体现，如果生命关系中的天性都无法发挥了，那还谈什么明道见性呢？

因此，远离了以人道为基础的修炼，所建构的体悟只不过是虚无缥缈、昙花一现的幻象，我们自以为得到的美妙感觉，只不过是梦幻泡影中的影像，当我们一觉醒来之后，什么都没有了。这种情况下的学习，永远都是自己在骗自己，不论我们学了多少，内心一样感到空虚，人生的困境一样无法解决，越走越迷惑，越走离道越远。孔子说过："道不远人，人之为道而远人，不可以为道。"可见，道与人有紧密的关系，唐朝六祖惠能大师说过："离道别觅道，终生不见道！"可惜人们宁愿追求那不切实际的境界，也不肯老老实实地在生活当中面对现实，真实地修行！

在此，让我们回归生命的功课，通过正确的学习，找回生命的踏实感，活出生命的喜悦与幸福。同时，我要感谢生命当中所出现的每一个人，是你们让我体会了这至尊至贵的道理，每一个人每一件事都是我成长突破的资粮。我要感谢我的父母，还有家庭中所发生的一切；我要感谢我的妻子，还有这一路以来支持我的老师、朋友。也感谢所有曾经参与过课程的伙伴们，在教学相长的过程当中，是你们让我体会更多宝贵的道理，这不是一个人可以完成的事情，是众人共同努力所达成的结果。感谢这一场因缘的出现,本书不是谈玄论妙之书，也不是高谈阔论之书，不讲些浮华之理，愿将最平实的体会献给：

追求真理的你，
祈求安详的你，
期望内心平静的你，
愿众生得离苦的你！

让我们一同回归内在的清静与幸福！

目录

第一章

被迫式的生活

风动幡动背后的真相

距今大约一千三百年前的中国，正是大唐王朝的天下，在当时广州法性寺（今光孝寺）中，有两位和尚对着寺前的旗子争论不休，一个和尚说："你看旗子在动。"另一位和尚说："那是风在动。"两位和尚僵持不下，都认为自己的观点是正确的。就在此时，有一位穿着朴素的陌生男子于他们身后说："你们两个都错了，这既不是风在动，也不是旗子在动，是你们的心在动。"寺院内的众僧侣皆不认识他，此人正是禅宗六祖惠能大师。当时的惠能大师为了躲避追杀，得五祖心法后尚未来得及剃度出家，故隐匿猎人队中长达十五年，当日即是六祖惠能大师考虑应当对外弘法，不应再遁逃的时候了。听到这位身穿普通百姓衣裳的男子的话后，众僧回头一看竟是个普通百姓，莫不骇然，当下佩服。此段对话记载于《六祖坛经》，是广为人知的禅宗故事，禅机意味浓厚，能悟之者，当下见性。

这段故事让我有着切身的反省，不知读者是否也有类似的经历，并且不断地在生命当中发生。有一次，我坐在火车上，我身后坐着一对母子，孩子刚入社会工作，有很多不适应，母亲将自己的一套社会价值观教给孩子，母子不断对话，我听得清清楚楚，内心不再平静。我明白偏差的价值观将会影响孩子在工作上的认知与表现，所以当我听到不合意的讲话，心里就开始批评，内心觉得他们很可笑、很无知，甚至还有点嗤之以鼻。我心想："你这么教，难道不怕误了孩子一生吗？"我的内心不断地冒出想法，越听越不平静，不知不觉地烦躁起来了，同时有了想与这位母亲争论的念头，就在那一刻，我体悟到风动、幡动的故事。如果我与他们争论，会不会也像两个和尚一样僵持不下呢？在此，不论是风动还是幡动，首先我要反省的是为何我有这样的起心动念？

我为何有着想与她争论的想法以及烦躁的情绪呢？反省过后，我发现在我的性格当中有着"不服人"的执念，而我没有觉察，任着这禀性主宰我的思、言、行。从一开始，我内心不服人的因素就启动了，在无形中就认定他们的观点是错的，自然产生了瞧不起与嘲笑的心念。可以想见，如果我与他们争论，我讲的话就会带着贬低与批评的意味在里面，对方听了之后，自然也会不甘示弱地反驳，最后只能以各执己见收场。我体会到，生活当中处处有禅机，而禅宗故事，是要帮助我们看清自己的起心动念，用清晰的思路来处理问题，并非执着于外在现象，受制于环境的影响，混乱地应对、进退。其实我们内心的不平静，才是造成我们看不清楚问题真相的原因，就像六祖惠能所说的"不是风动，不是幡动，是仁者心动"。我们不应盲目地归罪于外。

生活皆是心智模式的展现

“仁者心动”是我们人生处事的关键。人之所以痛苦不是外相世界的问题有多糟，而是我们内心没有处理问题的智慧。我们被外相的问题所蒙蔽，内心无法平静地看清问题真相，我们不了解自己起心动念的运作模式，只能盲目应对，以致造成我们情绪起起伏伏不稳定的状态。其实我们的内心有一套运作模式，它影响我们内心的平静程度。近三十年来，现代语言发展出一个新的名词——“心智模式”。心智模式就是我们起心动念后所产生的一整套言语与行为方式，最后成为这一生的反应模式。心智模式看似简单，只要当事者无法明了自己的起心动念为何，就会受困于自己的情绪当中，不断被外相的问题所迷惑，最后深陷反复的行为模式与不断循环的人生瓶颈。以下我以几个真实案例来说明，让各位容易理解何谓心智模式。

案例一

有一位企业的中层主管，其所在公司每月都有工作例会要进行，会中当事者必须提出执行计划。他认为每次开会大家总是相互批评、推责、划清界限、找借口或是沉默不应、互相陷害等，这让他相当反感并感到无力，他对工作越来越没有热情，最后选择离职。他请求我帮忙，想了解为何自己总是怀才不遇。我请他谈谈是从何时开始内心对于公司充满无力与反感，通过交谈与剖析之后，我将事件的脉络整理如下。我们从这个例子可以了解心智模式的形成过程，以及如何塑造一个人的价值观，进而影响他的一生的。

他的心智模式问题，起因于他的几次会议经验。当时他提出一个营销方案，准备将近一个月，为的是提升整个公司的营销水平。具体的情况是这样的。

1. 当天汇报后，大家沉默无语，似乎没有什么反应，表情很凝重。当事者心想："这是不是一个很差的计划，不然大家的态度反应怎么都不好呢？"

2. 接着开始有人提出质疑、批判，也有很多反对意见，有些人觉得这计划根本不可行。就在当事者努力地解释说明，希望获得大家认同时，总经理也没有多做什么评论，大家似乎对这计划不关心，其他部门的人也不想执行。当事者心想："没有人欣赏我的想法，也没有人了解我为了这个组织已经熬夜加班一个月，你们不了解我的辛苦，完全忽略我的贡献与付出，你们只会在计划中挑毛病，一点也不为公司设想，只想省事而已。"

3. 接下来的几次会议中，这样的情况不断发生，当事者在内心就默默地产生了一些想法："这样的公司值得我打拼付出吗？我有必要这么认真地提案子吗？这些人都只是在搞权力与金钱游戏而已，他们不在乎公司好坏，只为自己的好处打算盘，能少做一件是一件，根本没有人想负责！有再好的案子，也不会有人要做，我还是为自己打算要紧。"

4. 这段时间，当事者为了执行计划，必须与不同部门的同事磨合沟通，在不断共事过程中，受了自己情绪、个性的影响，慢慢产生了这样的想法："这个组织的高层彼此钩心斗角，制度乱搞，只为了自己的利益，根本不在乎下属，这公司迟早会倒闭，这里没有发展希望，得自己想想退路才行！"但是为了生活，他还必须要忍耐着做，他在公司中越做越痛苦，越来越没有热情，无力感渐渐产生了。

5. 这样的想法渐渐影响当事者往后的行为模式：会议中，当事者的发言越来越少，对提案也越来越没有热情，多一事不如少一事，根本无心在工作上。他认为大家都是在搞本位主义，感觉在这里工作内心很痛苦，想离开却又无可奈何。在职场，他渐渐依着这样的方式来解读事情，对人越来越不信任，对公司也越来越没有信心，内心的焦虑和不确定感开始产生了。

6. 最后自己的工作情绪越来越差，他认为同事各怀鬼胎，暗中伤人，觉得“大家都彼此斗争、排挤、陷害”。为了适应社会，为了生存，他必须学会提防，他整天提心吊胆，顾虑东顾虑西，活得很累。他很无奈，却也只能继续如此，日复一日，最后他实在受不了了，选择离职再找一份适合的工作，他内心在想：“怎么我总是怀才不遇呢？”

这样的例子在他的人生反复出现几次，最后他的人生价值观就是认为自己命运坎坷，怀才不遇。而他所到的企业，他总认为组织在斗争，大家都是为了自己的权力利益着想。时常感到人生无奈，厌恶一切却又没有办法改变一切，明明很有能力，却总无用武之地，因此也时常做得不开心，内心常郁闷与不安。

在我处理的案例中，类似的例子相当多，有些甚至是企业的负责人。案例中的当事者，从第一点到第六点整个变化的过程，就是心智模式。当事者依着外相所产生的偏差心念，让自身不断走向自取痛苦的道路，这一路内心的变化就是禅宗所说的“仁者心动”，至于是风动还是幡动，其实都是人心变化后的解读而已，事件的本身根本不是问题。我相信，我们所受的教育，让我们有足够的智慧面对人生的难题，但我们内心的纷乱障碍了智慧的呈现，我们过度的情绪导致判断错误，最终人生的结果可想而知。我们生活在人世间，充其量只是本能式的反应而已，通常都是盲目地响应、被迫地生活，谈何生命智慧？

如果我们能看清楚心智模式的变化过程，我们会发现问题的本身不复杂，一点也不困难，而我们真正需要修炼的是内心这门功课。真正的问题在于我们不懂得如何突破自我的心智模式，免于心智模式的干扰，而不是解决问题的专业能力不够！

现在我们再回过头来检视案例中当事者的问题在哪儿？是不是一开始的起心动念就不正确了？这心念背后是因为他性格当中潜藏着“想受人肯定”的因子，这个因子运作于无形，当事者没有办法觉察，而当时的会议结果没有办法满足当事者内心的期待，自然会产生很强烈的失落感，引发错误的认知，误认为组织成员都在挑毛病、推诿责任、逃避责任。接下来的日子里，这样的认知如果没有改变，就会产生涟漪效应，后果不堪设想。久而久之，就会成为他人生价值观的一部分，这会让他往后面对人生的问题，都是依着这样的价值观解读一切，终身受害。然而在我与他相处的过程当中，我清楚地知道他的专业能力非常好,请问他人生真正的问题是能力不足吗？还是际遇问题？请问他人生真正要修炼的功课到底是什么呢？

我们要先了解，每一种心智模式的背后都有一种特殊的因子在驱动着我们的起心动念，也许上述案例的状况发生在各位身上，会有不同的反应，这是因为我们内在的因子不同，但同样都是受这些因子的影响且不易觉察。这些因子的特点是潜藏于我们的意识之下，运作于无形且支配着我们的思考、言语，最后导致我们一生的惯性行为，然后习以为常地运作下去，无法自拔。也许我们不断地学习，但我们都停留在知道而非做到，能够真正改变内在因子的行动太少，当然进步得非常缓慢。

如果我们懂得改变自己的内在问题，同样的情况下，却会有不同的反应结果，我们将案例中发生的过程，重新检视一遍，看看结果会如何。

1. 当天汇报后，大家沉默无语，似乎没有什么反应，表情很凝重，当事者不受内在“想受人肯定”的错误因子影响，心想：“这是大家对我的计划还不了解，大家还在理解中，给大家一点时间思考，等一下就会有很多提问。”

2. 接着开始有人提出质疑、批判，也有很多反对意见，有些人觉得这计划根本不可行。他努力地解释说明，尽管当时总经理没有多做什么评论，大家也不是很认同，当事者不受内在“想受人肯定”的错误因子影响，心想：“大家提出这么多回馈、质疑的意见，代表着大家都很用心地在思考——这样的计划在自己部门实行之后会遇到什么难处及最后的结果会如何。所以大家有这样的反应是正常的，换作是我也是如此，这是大家对计划的重视，而非批评陷害，我要虚心接受。这么多意见，反而能帮助我看清楚各部门的问题及自己在计划上的缺点，往后我才能提出更符合大家需求的计划。目前大家不是很认同，主要是对我的计划存有怀疑，只要能化解，并为公司带来好处，总经理一定会同意的。”当事者在会议当中，看到大家这么有责任感，感觉能跟大家一起共事真好。

3. 往后的几次会议中，这样的情况不断发生，当事者不断修正与改变，不受自己内在错误因子的影响。大家在持续沟通下越来越了解彼此，也产生了信任情谊，这时当事者在内心就默默地产生了一些想法：“难得遇到这么好的企业，同事之间这么愿意相互帮忙，我要好好把握这机会，这里很适合我的发展。”

会议中所发生的事情没有不同，同事的性格没有改变，工作当中所遇到的麻烦事没有减少，但当我们内在不受错误因子影响时，最后产生的结果竟然会有这么大的差距。不是我们没有能力、没有智慧，是我们受了潜藏因子的影响，产生了不假思索的自我防卫及猜忌、自大、恐惧、焦躁等情绪。往后，这些错误心念就会像滚雪球一样越滚越大，最后压垮了自己，请问大家，心念一开始发起的时候，难道不应该谨慎吗？所有一切问题的发生，难道不就在我们念头背后的潜藏因子吗？

案例二

很多人告诉我，上述的案例，会不会是这个人太小题大做，没事找事？根本就是他有精神问题，太过胡思乱想了，社会上哪一家公司不是这样，何必放大问题，自讨苦吃，工作不就是混口饭吃，单纯地做下去不就好了。换作是我，我才不会像他那样想，我才没有他这么多问题，谁会让自己走向这样的人生结果。那么，我再举另一个案例，这也是我处理过的较多案例当中的一种，很多学员都会跟我询问怎么改变这样的状态，我们再来看看这样的心智模式是怎么演变出来的，透过案例来对照自己，反省自己有没有类似的情况。这案例是一位职业妇女，她平日白天要上班，下班后要照顾孩子，操持家务，她一直认为先生对家庭漠不关心，心思不放在这个家庭，也不懂得为家人考虑。她认为这个家庭没有一点温暖，先生好吃懒做，如果不和先生分配家庭事务，他就不当回事。她总认为：怎么会有这样的人？很不想跟他一起生活。

在我与当事者几次沟通了解之后，发现当事者心智模式的演化，是从家庭的琐碎事情当中产生的，可以说，这都是一些芝麻绿豆的小事,何必计较呢？但人生所有问题不都是从小事累积的吗？不论好坏，不都是从小事演变出来的吗？她回想婚姻开始的时候，其实还是挺幸福的，她也是满心欢喜地想做个好媳妇，但随着时间的推移，一两年过后，慢慢觉得先生不是她所认为的那样，感情与互动发生了变化，情况是这样的。

1. 当事者下班时虽然很累，但想到心爱的先生与小孩，仍是充满着爱心，想替先生准备好吃的饭菜。辛苦煮好饭菜之后，先生回家时，总是态度冷淡，吃完饭后，什么关心的话也没有说，还嫌弃几道菜色不是他爱吃的，当事者的热情被浇熄，心想："你一回来就有饭吃，你还嫌！下次你自己煮，让你感受一下我的辛苦！"

2. 先生吃完饭后，什么东西也不收拾，自己看电视去了，不关心孩子，也不帮忙照顾，就只顾着自己休息，什么都不想管。当事者心想："我也很累，好吗？不是只有你为家里付出，凭什么你看电视我做家务事，难道我不想休息吗？"因此越做心情越不好，内心慢慢积蓄着不满。

3. 这样的情况反复发生几次之后，当事者内心的幸福与热情不在了，她受不了先生的冷淡反应与漠不关心的态度，渐渐地发生了几次争吵与冲突。慢慢地当事者心里就想："当初结婚的时候，你不是这样的啊！你以前对我的体贴关心怎么都没有了？不是说要让我幸福的吗？怎么你现在连这点事情也跟我计较，你还爱我吗？你心中还在意我吗？"

4. 在接下来的岁月当中，当事者试着与先生沟通并分配家务责任，连同孩子的教育陪伴都要分配时间，但是先生只是例行性地把事情做完，有时还会找借口拖延不想做。先生并不是发自内心的关心家庭和孩子且态度并没有改变。当事者越看越不高兴，心里就觉得："这样的家庭怎么会幸福，对方怎么这么不用心呢？这是需要两个人来经营的家庭，难道什么都要我来要求吗？怎么一点自发心都没有呢？"

5. 当事者在家庭当中的幸福感渐渐消失，取而代之的是一种例行性的家庭工作分配，内心的埋怨、厌恶感与日俱增。当事者心想："既然先生这么没有责任感，这么不在乎，那么我也放任着不管就是了，看看谁撑得下去。"双方意气用事，导致更多问题发生，多年的恩怨，造成双方难以沟通。两个人思想上的差异越来越大，当事者有了想要离开这个家的念头，心想："如不是为了孩子，我早就离开你了！"生活越来越不快乐，根本不想多看见对方一眼。

6. 最后，家庭关系越来越不和谐，当事者心里认为："先生就是一个差劲的男人，嫁给他是我命苦，既然你不让我好过，我也不会让你有好日子过！"这样的家庭，虽然还没有破灭，但是生活在一起只剩下痛苦。当事者只要看到对方，内心就有一团怒火，家庭生活已经一团糟了。

以上内容，我们也许不用两分钟就看完了，但这却是他们十多年来的生活模式。每当我给这样的学员做咨询时，她们总是充满着愤怒、委屈或是哀怨，她们总是认为自己为了家庭辛苦的付出了一切，怎么会是这样的回报。心里觉得嫁错了人，怎么会有这样的老公，越讲越生气；她们被自己的情绪蒙蔽，完全看不见自己的问题，受到错误心念的操控，让错误的心智模式主宰了她们的婚姻生活。她永远觉得自己是对的，是对方辜负了她，她所做的一切都是为了对方好，她到底错在哪里？这个家如果不是她承担起来，哪还有现在？那样的理直气壮，那样的怨恨委屈，我们不难想象，内心怀着这样的情绪面对家人，家庭状态又能有多和睦呢？

生活中处处都是心智模式，我们只看见外相，看不见自己的盲点，我们被心智模式牵着鼻子走，我们眼中所看到的，都是心智模式挑选过的场景，所谓欲加之罪何患无辞。我们再依着这些景象演出我们内心的看法，就这样自编、自导、自演地发展下去，困在自己心智模式的假象当中。当事者如愿意静下来，反省是不是一开始起心动念的背后，就潜藏着"好管人""凡事都要顺着我"的因子在运作了。当对方的作为不如她内心的预期时，便开始错解对方，挑对方的理，一连串错误的思想便展开了，夫妻关系的斗争便开始了，请问我们是不是也这样？

她性格当中潜藏着这样的因子，当事者既无法觉察却又任凭它运作，最终结果可想而知。我倒是觉得她的先生与小孩很可怜，被迫都要顺着她意见，做任何事情都要满足她内心的想法，就连不爱吃的菜都不能表达意见，只要一点不顺她的意，她就不高兴，家庭当中的大大小小事情都要让她满意，这根本就是女王，不是媳妇。当事者什么事都要管，又放不下心，家人跟她一起生活，内心充满着痛苦，她竟然没有一点觉察。她只觉得自己辛苦、委屈，却没有注意到对方的感受与心情，导致家人之间充满着矛盾，请问始作俑者是谁呢？难道她没有一点反省吗？请问各位是谁对错呢？到底是风动还是幡动呢？

如果我们能觉察自己内在的因子，我们当下就不会产生错误的心念，就能有重新判断的智慧，结果会完全不同，我们再依此个案，重新来过一次。

1. 在某些时候，当事者下班时虽然很累，但想到心爱的先生与小孩，仍是充满着爱心，想替先生准备好吃的饭菜。辛苦煮好饭菜之后，先生回家时，总是态度冷淡，吃完饭后，什么关心的话也没有说，还嫌弃几道菜色不是他爱吃的，当事者不被“好管人”“凡事都要顺着我”的错误因子影响，反而静下来想：“下班之后，态度冷淡，是想静一下，我不也是如此吗？我一回家，孩子热情地想找我玩，我不也是不想理他，想静一静？老公这几道菜不爱吃，不也像我有时不爱吃某些菜一样，只是真心的回复，也没有恶意，如我真想知道原因，我等一下问问不就好了？”

2. 先生吃完饭后，什么东西也不收拾，自己看电视去了，不关心孩子，也不帮忙照顾，就只顾着自己休息，什么都不想管。

看到先生这个样子，当事者不被“好管人”“凡事都要顺着我”的错误因子影响，静下心想：“先生真的是累了，我也累了，那我也先把家务事放着吧！先不管了吧！先休息再说吧！”因此就先把饭碗放一旁，夫妻俩一起看电视，一起休息。当事者心想：“休息够了再整理吧，反正也不急！”

3. 看电视时，双方都将工作的疲惫与压力慢慢调整，身体开始有了气力，注意力也慢慢恢复了，当事者这时才问：“那几道菜你不喜欢吃，是什么原因？”双方沟通与了解之后，讨论了一下，其实也不是什么事，双方因为更了解对方而懂得相处，相处也会越来越简单。就在休息过后，转换了心情，开始处理家庭的琐事，其实也没花多少时间就处理好了，先生一样帮忙与关心孩子。

接下来的发展，我们可以想象，十年过后的夫妻生活，必定是最了解彼此与相互包容、体谅彼此的人。当我们内心不再受错误的心智模式影响时，后续所发展的结果大相径庭，请问这对夫妻的家庭生活真的有问题吗？还是心理有问题？佛教著名经典《华严经》中提到，“一切法唯心所现，为识所变”，不也是同样的道理吗？我们看到世间所有问题的呈现，不都是我们起心动念后的解读吗？当我们不受错误心念影响时，当下意识不就转变了，外相环境的解读不也就跟着改变了吗？问题的本身根本就不是问题，真正的问题是我们自身心念的偏差，我们却没有办法觉察，只能任其摆布，不断犯下错误，害人害己。既然我们都知道问题在于自身，那请问我们有办法觉察心智模式下的潜藏因子吗？

距今大约两千五百年前的中国，正值战国时期，时代混乱，人与人相互猜忌。当时有一位著名思想家列子，讲述了一个发人深省的故事，想借故事来点醒世人，故事名为《疑邻盗斧》，记载于《列子·说符》当中。故事内容是这样的："从前有个乡下人，丢了一把斧子。他以为是邻居家的儿子偷去了，于是处处注意那人的一言一行，一举一动，越看越觉得那人像是盗斧的贼。后来，丢斧子的人找到了斧子，原来是前几天他上山砍柴时，一时疏忽遗落在山谷里。找到斧子后，他又碰见了邻居的儿子，再留心看他，怎么看也不觉得像个贼了。"这故事的道理我们都懂，非常浅显，不就是心念不同了，解读就不同嘛！但是，当我们是故事的主人翁，而且找不回失去的斧头时，我们在错误心念的影响下，有办法觉察自己的问题吗？还是我们忍受不了自己的想法，最后把故事中的小孩子抓起来报官？或是大动情绪，把孩子揍骂一顿，酿下无可挽回的错误？或是忍气吞声，然后与孩子的父母产生了仇恨算计呢？请问各位，我们有绝对的信心不会犯下这些错误吗？

在我处理过的这么多案例当中，当事者的共同现象就是："只要不是发生在我们自己身上的事情，我们都可以置之度外，讲得一副理所当然的样子，要改变心念没有什么困难！"但是，只要与我们自身利益有切身关系，当事者马上会说："你不懂！你不是我，你没经历过，这种痛苦不是你可以想象的！你讲得简单，换作是你，你做得到吗？"其实讲这种话的人，潜藏在他内心就是"想要别人认同我，我比较重要"的因子在运作他的人生，这因子所导致出来的心智模式，会处处觉得别人不重视他，不在意他。当这样的模式产生后，他内心受不了别人的冷落，所以也总是活在别人的言语之下，作茧自缚，这模式会让他的人生处处吃尽了苦头。

当我们愿意反省自己时，我们才有办法看清楚自己，我们眼中所看见的现象，不都是我们起心动念后所呈现的吗？如果我们没有办法觉察自己起心动念背后的因子，那我们也只能随着心智模式流转而已。而当我们的心念愿意转变的开始，当下意识不就随之改变了吗？那么还有什么困难不能改变呢？人生的路是不是就会好走一点呢？

案例三

很多人常问我，难道都是要我改变吗？明明就是对方的错，难道我不能说吗？这样是不是害了他，或是助纣为虐？或反被他欺负一辈子？如果对方就是不愿意改变，而我也真的没有错呢？或是说，我这是为他好，为他设想，不然往后出问题怎么办？在这个地方，我要回复的是，如果我们真的没有问题，那么就能够化解，当我们一直认定是对方的问题时，代表着我们还没有觉察到心智模式下的因子，它会不断地引导我们往假象看。我们再来看看下面这个案例，案例情况是这样，这是一位非常尽职的妈妈，处处以身作则。但是，她觉得孩子对她的态度不够尊重，最后对孩子的行为处事，处处看不惯，妈妈想尽办法希望孩子好，但是孩子仍是不为所动，她不知道该怎么办，几经咨询过后，我将她的心智模式变化呈现给各位了解，我们也设身处地地想想，自己是否也有同样的问题。情况是这样的：

1. 孩子越来越大，开始有自己的想法，每次跟孩子沟通时，他总有自己看法，有时候顶得当事者内心很不是滋味。当事者仍是耐心地告诉孩子，妈妈这样做是对你有好处的，但是孩子似乎不领情，依然故我。当事者内心就想："我是为你好，换作是别人我早就不管了。"

2. 情况发生几次之后，孩子慢慢地就沉默不语了，当事者看他的表情就是一副爱听不听的样子，眼睛也不看妈妈一下，内心一急又受气了，当事者心里就想："孩子越来越没大没小、越来越不尊重我，再怎么说我也是你妈妈，连我都不放在眼里了。"因此当事者对孩子进行了严厉训话。

3. 当事者不知不觉越讲越大声，孩子的反应是越来越不想听，越来越不耐烦，当事者愤怒地想："我一定要好好教训你，不然你大一点还得了，往后在外面会很惨！"孩子就在妈妈的愤怒情绪下遭骂、遭打。

4. 几次类似的情况过后，孩子依然故我，加上当事者的情绪与自身个性关系，产生了一些偏颇看法：“这孩子越来越叛逆，我过去讲这么多，孩子竟然一点都没有听进去，一点都没有改变，我如果不严格要求那还得了，我得要趁他还没有变坏之前，想尽办法纠正他才行。”当事者尝试更多方法来调教孩子，但结果总是不佳，亲子关系越来越僵。

5. 一年一年的教育之下，这样的想法造成了当事者与孩子的行为模式——“当事者看孩子的所作所为就是越来越不顺眼，只要一逮到机会，就要教训他。而孩子看到妈妈就是沉默不语，让妈妈无法理解，搞不懂他。”所以每次沟通越来越多冲突，孩子越来越不想听，最后连理都不理，问也不问。

6. 最后当事者只要跟孩子讲话，不自觉地就火大，每次讲话不到三分钟就吵架，孩子有时还会顶嘴（或大声或小声），一走了之。当事者内心愤怒不已，更确定了“这孩子就是叛逆，我不用更严格的方法纠正孩子不行，我已经快拿他没有办法了！”虽然当事者仍想尽办法想改善关系，但最后还是一样的结果，当事人几乎想放弃，认为：“这孩子跟我不合，没办法教、没办法沟通。”

现在这孩子已经是高中生了，孩子的妈妈常常感到苦恼与不知所措。她百思不得其解，问题到底出在哪里？孩子以前明明很好，怎么会变成这样？她对孩子并非不负责任啊？怎么会是这样的结果？问题的根源是什么？这问题根源来自妈妈内心潜藏的“自尊心过大，虚荣心作祟”的因子，不是妈妈所受教育程度高不高的问题，也不是孩子叛逆不乖的问题，更不是沟通技巧不好的问题。这一切都来自当事者无法看见自己无形当中受了自尊心与虚荣心作祟的影响，造成了自己的行为失控。

当孩子与母亲第一次发生顶撞的时候，妈妈的自尊心受到挑战，但是当下没有意识到，反将自身突如其来的情绪，自圆其说为“为了孩子好”，从而展现出强势的言语与不得体的行为。无意当中，孩子内心对妈妈的行为产生反感。后续几次妈妈又在虚荣心作祟的情况下，担心自己的孩子不如人，怕在亲戚朋友面前丢脸，而将错误的情绪转为更为严格的管教方式，造成孩子在行为上的真正叛逆。这些都是对当下心念错误的解读，才造成不可收拾的连锁反应。

当事者与孩子问题背后的潜藏因子，还会在她人生的其他方面显现，她一生所遇见的任何问题，都会循着这个模式发生。只要她愿意静下来反省，就一定会看见相同的模式不断地反复发生。其实人生的问题一点都不复杂，改变也没有这么困难。当我们具备了觉察，愿意反省自己时，我们再将此案例重新来过一次，我们就一定有足够的智慧来处理，结果会完全不一样。

1. 孩子越来越大，开始有自己的想法，每次跟孩子沟通时，他总有自己的看法，有时候孩子的反应顶得当事者内心很不是滋味。当事者仍是耐心地告诉孩子，妈妈这样做是对你有好处的，虽然孩子一时之间不能接受，依然故我，但当事者内心并没有受“自尊心过大、虚荣心”的错误因子影响，反而静下来想：“孩子长大了，看来不能像小时候一样对他，不能有——只想让他乖乖听话照办就好的态度，我得更有耐心，还要找出适合我们俩沟通的方式。”

2. 下次又发生类似的情况，孩子沉默不语，当事者看孩子的表情就是一副爱听不听的样子，眼睛也不看妈妈一下，内心一急又受气了，当事者知道这是自己自尊心作祟了，静下心来想：“几次情况都不妥当，我必须更有耐心地了解孩子心里在想什么？这并不是不尊重我，就像我成长的过程中，也不是不尊重妈妈，只不过是有自己的看法，不能接受妈妈的看法而已。而我当时也不是变坏，我的孩子现在这样的态度也不是变坏。”

3. 几次调整之后，当事者慢慢体会到必须有尊重孩子的心，而不是为了彰显父母的权威，让自己高高在上地说教，那样只会引来反效果。当事者越来越懂得调整自己错误的起心动念，不被自己的自尊心、虚荣心所蒙蔽，最后发现孩子不是叛逆，只是需要更用心的教育，更明理的引导。

我们都想要好的结果，问题在于我们当下能不能觉察自己错误的心念。我们控制不了自己的情绪，任凭心念的摆布讲出了自己都后悔的话，犯下了自己都懊悔的错。我们常常事后反省，想要人生重新来过，但是当下遇事时，还是一样明知故犯，这样重新来过的人生不是一样的结果吗？我常问一句话：“如果你的人生能够重来，你确定再发生同样的事情，你不会故伎重演吗？”我们别给自己借口了，别再抱怨遇人不淑了，人生一切问题的症结都是自己，何不反省自己呢？

想要把持住自己的心念，而非仅是强忍自己的情绪，就必须修炼内在系统，不然最后必定爆发，做下蠢事，徒劳无功。我们必须了解自己的心智模式是什么？化除潜藏在我们心智模式下的因子，不再受错误的心智模式引诱，最后内心会越来越清静，越来越容易看清楚问题的来龙去脉，不容易受外相的蒙蔽，这时引导我们的就是智慧，人生必定有好的结果。

心智模式下的潜藏因子

在上述的几个案例当中，所有发生的过程，我们以下图来呈现，帮助各位理解。我在案例中，常说的潜藏因子是什么意思呢？就是下图深灰色框内的禀性与天性。潜藏的因子，就像是埋在土里的种子一样，只要给予适当的环境，就会生根发芽。意思是说，只要我们在因缘俱足的情况下，他人无心的一句话，或是一个映入你眼中的事物等，这些因缘会与你内在的因子产生吸附作用，透过外在环境不断与你的内在因子共振，它就开始运作于无形了，这就是古人的一句老话“你是什么性，你就感召什么事”，所以一生的结果都怨不得别人，都是自作自受。

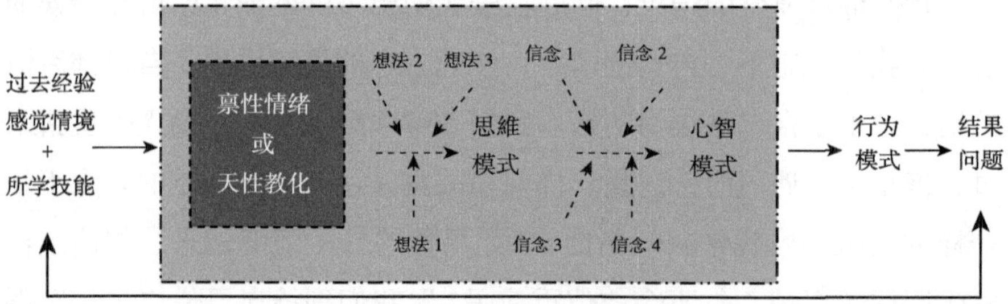

图 1

一般情况下我们不会觉察潜藏因子的运作，我们无法控制自己的想法，其实这是内在因子与外在环境共振后的结果。我们是否有这样的经验，有时候我们想用理智来改变自己的负面想法，但最后还是说服不了自己，这股拉力似乎很强，迫使我们依附着运作，越陷越深。潜藏因子让我们不自觉地产生想法，同时创造一个扭曲的认定，运作速度之快，让我们误解真相，使我们依附着假象做出一连串的决策，产生行为，最后形成了窒碍难解的问题。就像案例中的当事者一样，他们也不愿意这样，却不明白到底错在哪里？我们误以为生命中的一切都是自己理智判断后的决定，其实根本不是如此，所有问题的根源都来自于潜藏因子尚未被处理，我们很多的判断都是不理智的。

这看不见的种子藏在哪里？以佛家的讲法，藏在阿赖耶识，以现代的讲法，藏在我们的潜意识中。潜意识当中含藏着我们好的与不好的种子，不好的种子我们称之为禀性，好的种子我们称之为天性，而后天养成的是习性，是可好可坏、可上可下的，因此后天习性的好坏，会对禀性或是天性有加乘效果。心智模式千变万化，但归根于潜藏因子之中，就是五种禀性——怒恨怨恼烦，它与五种天性，儒家又称五常德——仁义礼智信，相互对应（相关内容会在第二章说明）。我们遇事时，潜意识自动运转，禀性或天性运作于无形了，最后往哪一条路发展，就看谁胜出了，至于后续产生的想法与信念，就像是最终冒出芽的杂草或花朵，也不过是禀性与天性作用下的必然结果而已。

图 1 当中的深灰色框内，有着我们与生俱来的善良，且从出生之后不断接受的圣贤教育，或是不断自我进修的心灵修炼，都是为了增强我们的天性能量，我们称之为天性教化。另外，当我们出生之后，与生俱有的劣根性，在成长的过程当中，容易受人影响，让自己向下沉沦，通常伴随着不稳定的情绪，一旦养成之后，越来越难以改变，我们称之为禀性情绪。以我观察的结果，大多数的人，遇到事件冲突时，都是困在自己的禀性情绪当中，互相对立。这是因为我们生命的成长过程，早已养成了禀性作用的习惯。进入社会之后，人性中的好逸恶劳、趋炎附势等现实渐渐主宰了我们生命的主体。至于我们所学习的天性能量，充其量只是知识而已，况且在禀性的作用下，过往的学习，一点也发挥不了作用，实际执行经验几乎为零，这就是我们越活越痛苦的原因。

我们知道，在生命过程中，我们不断运用的都是禀性情绪，这是禀性情绪得以运作于无形的主要原因。不是我们所受的天性教化没有发挥出来，而是我们遇到紧要关头时，通常是表面讲一套，私底下做的是另一套，禀性长期主宰我们的生命主体，早已成为惯性。我们不假思索地任着禀性情绪运作，最后当然是禀性胜出。如果我们想要解决人生中的问题，就必须学会化禀性，学会看清楚自身心智模式的运作。改变的过程就是力行古人说的断恶修善，断恶与修善要同步进行，才会有效果。如果我们修了善还是没有什么变化，那就像是桶子底下的漏洞（恶习）太多太大了，努力添水（修善）的效果远远赶不上漏出去的多，所以生命要有所改变必须同步配合断恶，这样持续地修善就会有明显的效果了。

当我们说心智模式时，它是一个中性用词，当我们不断地以天性教化来运作心智模式时，它产生的行为结果自然会与自然规律结合，就是古人说的“与道合一”，人生的结果势必越来越顺遂，内心越来越清静。反之，我们如果不断地以禀性情绪来运作心智模式，这时产生的行为结果自然是背道而驰，那就是走向自取灭亡的一条路，通常都是内心痛苦不堪，人生一塌糊涂。这在《太上感应篇》里说得很清楚：“祸福无门，为人自招，善恶之报，如影随形。”指的就是这个意思。祸福都是我们自己造来的，随之而后产生的善恶结果，就像影子一样随着我们的所作所为而产生，请问我们对于现阶段人生的结果很讶异吗？很不能理解吗？

我们通过禀性情绪所产生的心智模式，会让我们的内心充满着威胁、恐惧、自我防卫、愤世嫉俗、不耐烦、倦怠等能量，从而过着自怨自艾、辛苦、空虚、难事永远处理不完的人生。其实，这些问题，全部都是幻象，即是《金刚经》所说的：“凡所有相皆是虚妄，若见诸相非相，即见如来。”意思是说，依着我们禀性情绪所看见的世界，只不过是我们内心所投射出来的幻影，这种种世间相，都是虚妄不实的，只要我们能够静下心来，觉照自己内心是受了哪些禀性情绪的影响，自然就能够看出所有相的虚假，而不受外相左右，这时的当下，就是回归本来清静的自性，当下即能发挥本自具足的智慧。

进入修炼阶段

从图 1 可以了解，我们现在的思维深受过去经验、情境、情绪、教育的影响。而错误的心智模式，都是结合情绪、思维、信念后的产物，情绪与思维会因外相状况而改变，这样随之产生的信念自然会改变，所形成的心智模式就会变化无穷，产生的问题也就永远解决不完。可怕的是我们深受影响却不自知，尤其当我们遇到突发状况，或是利益冲突时，当下的思维很容易受禀性情绪的影响，因此产生责备、谩骂、批评、逃避、紧张、恐惧、算计等复杂心念，进而影响我们做出理智的决策，而我们竟然不知道自己错在哪里？我们也常常搞不定内心的心念，因而产生很多偏颇，或是误解真相的信念，让自己一生身受其害，却又无法自拔。我举个例子来说明，帮助各位理解。

有位当事者，从小接受了妈妈的一个思想告诫，导致他一生在职业生涯上的困难。这个思想就是“只要是陌生人来跟你做朋友，你都要很小心，不要轻易相信他们，他们很多都是要来欺骗你，或是陷害你的。”当事者从小就听进去了这句话，无形当中，造成他在与人相处时，内心都会有着一股莫名的不信任感。这让他在社会上、职场上非常的不顺利，也错失了好几次发财的机会。现在的他，把自己工作上的不顺，全部怪罪给自己的妈妈，如果不是他的妈妈这样教他，他可以活出完全不同的人生。可叹的是，他竟然因为这句话，在伦常道上失去了本位，更可悲的是，真正让他人生不顺的是内在的禀性，并不是妈妈的一句话。

我们可以看见，他深受这句话的影响，而他自己也知道这句话不全然是对的，但却没有办法改变对人的一种莫名不信任感。我们觉得很可笑，但想想自己的身上，是不是一样有解不开的信念？说不定我们比他还更执着、更放不下呢？任何信念的产生，都是结合着禀性情绪、感觉情境与复杂的过去经验后，所形成的一种牢不可破的心智模式。这作用力之强，当事人根本无法改变，也不易察觉。这就是错误心智模式可怕的地方，并不是在学校学习几个专业知识或技巧理论可以轻易改变的，因为信念是当事者受自己禀性影响后所产生的种种幻象，所以解决问题的关键不是专业技能不足，而是内在觉察反省的能力不够，才让我们活在一种颠倒妄想的世界中。从图 1 我们要清楚地明白，心智模式只不过是结合情绪、思维、信念后的产物，它是虚幻不实的，所以不论你用再多的方法、技能，想解决一个心智模式产生后的虚幻问题，自然是永远解决不了。

从先前的说明我们已经知道，错误的心智模式是来源于五种禀性，那么了解禀性的运作方式，进而化除禀性就是我们的修炼功课。禀性是纯恶无善，就是战国时期荀子讲的“性恶说”，亦是宋明理学家所指的“气禀性”，更是佛家十二因缘法中的“枝末无明”，以现代人的用词来说，就是指“小我”，各家不同的用词，所指的意思一样，大家不要被名相搞混了，在后续的章节，我们统一称之为“禀性”。偏颇信念的产生深受禀性的影响，这偏颇的信念并不是因为父母给我们观念后所造成的，而是我们怎么解读这个观念后所造成的。纵使父母不给你这些观念，你往后的人生际遇一样会建立起偏颇的信念，为什么呢？原因很简单，因为你潜藏于内的因子并没有消失，父母只不过是你内在因子感召下的一个因缘际会，你不改变内在的因子，这样的现象还会不断地发生，请问你走到哪里能不受影响？你又何时能真正解脱呢？

既然我们有禀性，就会有天性，我们看小孩子天真无邪，没有烦恼，天天乐呵呵的，那是因为他们天性用事，并不是他们无知。孩子当然也有禀性情绪，但是孩子还小，天性的能量大过于禀性情绪，所以孩子们不记仇、不怀恨、不执着。你看孩子们吵架，打在一起，现在大哭，五分钟之后，孩子笑了，又玩在一起，孩子们忘记刚刚的问题，依然玩乐，这就是天性的力量，换成是我们，我们做不到，因为我们禀性大过于天性。我们都曾经有过类似的经验，就是被孩子的天真感动，孩子内心单纯，话语天真，没有心机，这样的语言蕴藏着能量，无形当中穿透了我们的禀性，我们当下被孩子给逗乐了，尘劳心不见了。回想看看，我们并没有刻意地用什么方法，只不过在那一瞬间，复杂的思想放下了，烦恼当下不见了，这是因为我们内在也有善良的天性因子，孩子纯真的天性引发我们内在尘封已久的天性，我们被唤醒了，就像乌云不再遮蔽月亮一样，光明显现了。

良好的心智模式一样有五种，来自于天性的影响。天性是纯善无恶的，就是亚圣孟子在战国时期所提出的“性善说”，就是儒家的“天性”，又被称为“五常德”，如同佛家所说的“慈悲喜舍”。当我们透过圣贤的教化不断地施行“存天理、去人欲”的修养功夫，就会慢慢地恢复本自清静的状态，达到至善的境界，自然能与道契合，这就是所谓的“私欲净尽,天理流行”。从另一面来讲,本自具足的清静本体,所流露出来的永远都是祥和、喜悦、宁静、慈悲，正是与天性的特质一致，因此，哪怕一开始的运行有所勉强，我们也能通过实践的过程慢慢改变积习已久的禀性。直到有那么一天，我们能够时时以天性为起心动念的时候，就代表着我们离道不远了。

而我们一般常听到的“习性”，其实是一个中性的名词，这是在战国时期由告子所提出的“性无善恶说”，指的就是习性。习性是由后天所养成的，是可上可下、可善可恶。比如抽烟、喝酒，就是不好的习性，不好的习性越重，就会加深自己的禀性作用。你看抽烟喝酒的人，性情、脾气定越来越差，这是因为恶习加深禀性的缘故，同样的道理，善习也能加深天性的作用。你看拥有良好生活习惯的人，思维、体魄必定越来越正向，进而帮助人生之路上的成功。所以学道、做善所养成的良好习性，就是帮助我们突破禀性的作用，进而让至善的天性流露，以恢复本来清静的生命本体，这就是行善积德的真正用意。

在接下来的章节，我会尽可能详细说明禀性如何影响心智运作。很多内容与儒家的哲学系统有关，当然也离不开其他的圣贤智慧。在这里，邀请各位读者把心情平静下来，透过书中的讲解，反省自身是否有同样的问题，为自己的人生瓶颈找到一个出口，为自己所遭遇的困难找到解答，最后活出光明自在的人生，营造出幸福快乐的家庭。

第二章

解开纷乱的枷锁

生命的旨意

人生所发生的任何不如意的事情，其背后的用意就是要我们突破错误心智模式的框架，回归清静的本体。可惜我们偏偏选择被心智模式占领，加深禀性，人生更加不顺。其实每个人的命都好，是禀性让人的命变差的，差别在于我们愿不愿意化除禀性。错误的心智模式是一种陷阱，引诱着我们只看见眼前的假象，忽略了整体观，自己的心念被情绪搅和得迷迷糊糊，七上八下。我们内在的心，就像是一只泼猴，时刻变化，难以控制。有一则故事是这样说的，猎人为了抓住森林中的猴子，就在大树前放了一个圆罐子，然后用绳子紧紧地绑住罐子，固定在树根。罐子里面放了水果，猴子看见里面有水果，就想伸手进去拿，可是罐口狭窄，手很勉强才能伸进去。当猴子伸手进去握着水果出来时就卡在窄小的罐口拔不出来，如果猴子放开水果，手就能够勉强地拿出来，但是它舍不得放弃水果，猴子被欲望所征服，一点也没有留意周围的动静，当猎人出现时，早已错过了逃跑的机会，因而被猎人抓住了。

每一个人看到这则故事时，一定会说："我才不会这么傻，连这点问题都看不清。"但我的咨询经验告诉我，当名利欲望大过于理智时，对错误和危险通常都是视而不见的，也听不进去他人的劝告，因为我们内心的智慧，早就被禀性给蒙蔽了，就像猴子无法留意猎人的靠近，错失了逃跑的机会，最终追悔莫及。

故事的道理我们都懂，放在自身生活当中，就看不见蒙蔽之处是什么了。我认识一位高阶经理人，他对带领团队总是充满许多不信任，认为组织里面有害群之马，有人就是想要吃大锅饭、浑水摸鱼，只想坐领薪水。他的团队不断有人离职，人事异动非常频繁，组织气氛非常低迷，绩效也不好。这位高阶经理人自认为非常有使命感，自己非常尽责，时常熬夜加班，甚至留在公司过夜，业绩的确都是他苦心经营来的，但也因为这样，让他更有理由认为员工都在混，没有人跟他一样尽责。他为公司付出越多，他内心的脾气就越大，他看不见自己心智模式的运作，他认为部属没有跟他共患难，却要跟他共富贵，这时内心不断生起一股愤恨不平的情绪，但他没有觉察是自己的问题，他只想找人出这口恶气。正因为这错误的心智模式，他认为这些员工很差劲，便时刻想找机会解聘员工；他时刻跟我抱怨这团队成员没有向心力，觉得自己时运不济，如果身在其他大企业，他早就不是现在这样的结果了。他的确很有理由骂人，但结果是没有人想跟着他干，他永远都是独挑大梁，很辛苦也很无奈，留不下人才，又看不上人才，这都是他不了解心智模式所犯下的循环恶果，他跟故事里的猴子有什么差别呢？

以我看来，这案例的真相是，这位高阶经理人有巨大的业绩压力，当他想到业绩还未达到，且每月要面对总经理的质问时，他就会非常焦虑，因为非常害怕地位动摇或被取代。他有很强的危机感，所以内在的恐惧、紧张时常伴随着他的生活，他被禀性情绪左右，早已看不清楚事情真相，更不可能看见心智模式的运作，他眼前所看到的都是困难重重，怎么每位员工却这么舒服地过日子，他心里总是在想："我都不好过了，你们还是无动于衷？"他已经看不见员工们的努力付出，认为没有人能跟他的付出相提并论，无意当中启动了心智模式，认为"团队员工就是在混，他们不知道现在领的薪水是我帮他们打拼来的吗？"尤其是他早就看不顺眼的那几位部属，他不断用放大镜来检视部属，最后在不明情绪的驱使下，转为怒气，他再也忍受不了那些员工了，一气之下，便将那几位员工开除。其他部属看到突如其来的组织变动，受不了长期在焦虑、恐惧、盛怒的人底下做事，员工也被自己的心智模式蒙蔽了理智，最后的选择就是离职！

这个问题并不是组织成员不好，并不是工作压力特别大，也不是给予更多福利就能改变状况，而是这位经理人自己内在的恶性循环，造成了组织的问题。其实这背后有好几种禀性在作祟，如果这位高阶经理人无法自我察觉，无法发现他内在心智模式的真相，这组织就永远不可能茁壮，营业额就不可能增加，经营事业只会越来越痛苦。纵使有再好的工作条件，仍然是留不住人才！这位经理人是否能从事情当中体悟自己的生命问题呢？他是否能了解这是他自己生命的安排呢？他是否能了解自己生命背后的旨意呢？

我从 18 岁开始，经历过好几次生死关头，时常只要有一口气进不来，生命就会结束。每次被送急诊室时，我内心总是特别平静，这会让我特别清晰地看待事情，让我反省截至目前的人生到底在干吗，我可以清楚看见自己对死亡的恐惧，对名利富贵的执着，对亲情的眷恋，以及不明白人生意义的迷惑，等等。每当我痛苦到极致时，生命自动会逼迫我放下这些执着，所以有句俗谚说："透彻无常，才能修真。"每当我从鬼门关回来，整个身体都放松下来后，我脑中的杂念就会短暂地销声匿迹，当下意识感觉清明澄澈，但以前我不懂这是什么状态，只是庆幸我又活下来了。当我又回到社会时，心智模式马上又出现了，在这样的反复无常当中，我告诉自己："我要珍惜生命，活出生命价值，要了解生命的真实意义，不要空来一遭！”

就因为发生这些事情，所以我会时常不断地提醒自己、问自己：“人生的意义与价值是什么？”我一生都在找寻这个答案，相信很多人跟我一样，也很想求得这个答案。每当我周遭有朋友因为疾病、意外过世，我总是会不断问自己是否问心无愧？如果我当下就离开人世间，会不会有遗憾？我们明知这一生什么都带不走，人生不可能事事皆圆满，尽如己意，但仍是不断地追求与安排，内心总是生怕遗漏什么，怕失去什么，故时常担忧、苦恼，心情从来没有放松过。有时候我厌倦了人间俗事，想找一条明路，即使是灵性上的修养，我一样仍是苦恼不断，因为我只是将目标转移，换个不同的地方运用心智模式而已，我根本没有真正地化除禀性，那么内心的祥和宁静与喜悦感，也从未降临过，我时常怀疑，为何越修行越痛苦？

当我开始回归家道五伦的学习之后，我看见自己与古人的差别在于，古人都是实践家，而我是花舌子，全是空谈。更了解到古圣先贤是透过落实家道五伦以达到化除禀性的境界，而我却是不断地空谈，逃避家道伦常，反而身陷禀性之中。落实伦常道，让我明白禀性是人生痛苦的根源，要化除禀性就要面对生命中的伦常，要改变心智模式就必须从伦常中去反省自己的本分。这让我重新检视过去的灵修，只不过想逃避现实，怪不得一回到实际生活当中，问题一样层出不穷。这是因为我禀性当中的“抗上、不服人”所造成的幻象，所以我眼中看到的都是别人的问题，自己不懂得反省，反倒是陷在错误的情绪里头，说白了，就是自视甚高。

我自以为听了很多课，就是懂了很多道理，其实什么都不懂，还自认为境界很高，不可一世，实际是一点不顺心的事就不高兴，越来越难与人相处，内心处处瞧不起他人，导致走到哪儿就痛苦到哪儿，生活真是有苦难言、内心郁郁寡欢。这样的心智模式，就在我不断修正自身禀性的过程当中改善了，而我也越来越明白生命当中所发生一切的人、事、物，无非就是帮助我明心见性的，让我正视自己内心的黑暗面，不该一错再错了。我要感恩生命当中所遭遇的一切，这都是来帮助我觉醒的，人生所有的不顺，都是生命再一次给我机会去解开内心的枷锁，让我看见生命的旨意，我不能抱怨，我还要负完全的责任。

五天性与五禀性

我越是行道，就越少抱怨，当明白真相，了解一切都是自己造化来的结果，若要责怪只能说自己过去太无知。当我一步一步修正自己之后，我体会到圣贤经典所记载的一切，都是为了帮助我们化除禀性、突破心智模式的，只不过是用词不同而已。古人都有记载，这是我们民族的智慧结晶，而且系统完整，我们应当重视。在接下来的部分，我以儒家的思想为主，并撷取其他圣贤经典的智慧，来作为我们了解自身心智模式的架构，也请读者保持反躬自省的态度，这会让我们有更多的受益。

五天性就是五常德，就是“仁义礼智信”，这五种德性在儒家的思想当中，统称为天性。这五个字大家都不陌生，但是当我问这是什么意思时，大家却讲不出所以然来，要怎么做就更不清楚了。我们好像都知道，却又没有真正地了解，当一讨论起来时，又感到非常混乱，不切实际，这是我们现代人的通病。现代的教育不讲这些了，真正的内涵与意义我们不在乎了。这是我们儒家思想的精髓，如果不明白透彻，我们无法在生活当中运用。既然人都不会当了，生活也就没有什么乐趣了，离道越来越远，生命也只是浑浑噩噩而已。人生所做的每件事情，不是天性用事，就是禀性用事，首先我们要了解禀性如何运作，懂得禀性如何干扰我们的思想、行为，自然就能做到天性的彰显，最终将引导我们往正道上走。反之，我们必须了解天性的好处，透过适当的学习与自我肯定，就能避免化性过程中的矫枉过正，以免落入消极与过度自我否定的后遗症，好像自己一无是处。

我们先看看孔子怎么说的：“好仁不好学，其蔽也愚。好知不好学，其蔽也荡。好信不好学，其蔽也贼。好直不好学，其蔽也绞。好勇不好学，其蔽也乱。好刚不好学，其蔽也狂。”孔子的意思是说仁德虽然好，但好到成为一个滥好人，是非善恶分不清，这种好就变成是一种愚蠢。知识渊博，才能出众，样样比人能干，却很容易看不起人，这种才智是一种放荡，让人讨厌，最终很容易导致失败。自信虽然好，但过分的自信，有时候会觉得自己很有办法，最后反而害人害己。一个人太直白了，直白到没有考虑他人立场，一点都没有保留地全盘托出，就很容易坏事，会一下子把事情搞砸了。做事有勇气，凡事先干了再说，没有经过计划、盘算，过程就很容易乱七八糟，搞得大家晕头转向的。好刚强的人不容易低头，固执己见，刚愎自用，最后容易狂妄自大，陷入孤军奋战的疲惫。

孔子简单的一段话，点出了天性的好是需要适当学习的，不然一样后患无穷。凡事都有两面性，好与坏就在一线之隔，学道不是学呆了，学成不知变通了；学道是学会了解自己问题在哪，如何在自己的问题上多加修正，让自己往后的路走得更顺遂。就像孔子告诫的一样，明白问题的正反两面，避免错误的后果。与仁义礼智信相对应的五种禀性是怒恨怨恼烦，古人将仁义礼智信与怒恨怨恼烦，都归位到木火土金水这五行当中，以方便讨论。这里的五行并非命理八字的五行，请各位不要混淆。也就是说，木性人就是仁与怒的总称，火性人就是礼与恨的总称，土性人就是信与怨的总称，金性人就是义与恼的总称，水性人就是智与烦的总称。

木火土金水只是一种代号，方便我们归类，真正的重点在于看清自己的问题，懂得修正自己的脾气毛病，不断改正禀性，让智慧显现，最后活出生命的价值，达到成功的人生。以下我们会透过天性与禀性来做正反两面的说明，再以禀性所造成的心智模式作为分析的主轴，让我们更清楚地了解自我，避免错误。

一、“木”性人：仁与怒

木性人的天性就是“仁”，禀性就是“怒”，仁为阳木性，怒为阴木性。仁是一种好生之德，具有一股生生不息的力量，有仁德的人，内心常存悲天悯人、舍己为人、化俗救世之愿。阳木性人内心怀有一种慈悲心，这是他与生俱来的，他常有舍不得别人受苦的心态，纵使看到别人有过错而生气，但内心是充满着怜悯与不舍的，通常都不会与之计较。如果见他人有优点，则会生出赞美心、欢喜心，因此大众多喜欢跟他在一起。阳木性人展现出的行为通常有：正直有主意，有担当力，敢作敢当，好生恶杀，公而无私，心口如一，遇事不盲从，有定见，处事不阿谀，行为端正，能忍辱。

有仁德心的人，自然有上述的那些优点，那为何能常存悲悯之心呢？因为他明白世间的真相，他了解世人多是糊涂人，只是在要些小聪明。他了解不在道上的一切，终究归于零，而世人根本不知道自己在做什么，都是被禀性牵引着过生活，所以他不与对方争理、算计，反而升起怜悯对方的心，觉得他们傻，觉得他们是在让自己陷入困境，因此不与世人一般计较。而大多数人都把世人看成聪明人，把对方的一言一行看得很明白，认为对方聪明而我又不是傻子，所以用着自己的禀性与对方的禀性冲突、算计，不愿意自己吃亏、失利，所以非要跟他争长论短，互相较劲，结果路越走越狭，越走越苦，越走越不愉快，从而把我们内在的仁德之心都消磨殆尽了。

怒与仁相对应，当我们偏离“仁”这条道时，就会往“怒”这条路走，怒会阻碍我们生发“好生之德”的心，所展现出来的行为会有下列状况：性情粗暴、出言顶撞人、好阴沉、因小失大、以私害公、以情悖理、性多偏激、执拗顽耿、高傲自大，别人不易接近。内心不易佩服他人、好毁谤、掘人隐私、好抗上、宁折不弯、不爱接受意见、做事不许人辩驳、器量狭小、不耐激触、难成事功，在家多亏孝道、平生遇事多难，常不如意，愤世嫉俗，行为乖戾等，以上总称为阴木性人。怒与佛家讲的“杀”出于同一种心态，因为当我们心中有怒时，其实就起了杀念，所谓“爱之欲其生，恶之欲其死”，我们无形中有着想让对方没有好下场的心态，只是我们没有觉察而已。也许你会说这心态太夸张了啦！我们没有做得这么差，但如果当我们真心反省过后，会慢慢发现，我们埋藏在内心的心态就是这么丑陋，一点都不假。

当一个人时常以怒气作为应事的反应时，其行为模式都是“压抑不住内心的怒火，突然爆发怒火，后果总是不堪设想，最后自己后悔莫及”。这行为模式来自于看待事情太过固执，别人的所作所为违背己意，也许我们没有说出口，但是我们内在早已很不爽了，只是不愿意承认而已。至于不断引起我们以怒气作为反应的心智模式到底是什么，以下说明。

不服人心态

扪心自问，心里是否常有“不服人”的心态？这样的人通常嘴上不说，但是心里不满，嘴巴说是，心里说不是。以“怒”作为起始点的人，通常带有“不服人”的心理状况，这状况会延伸出很多心智模式，怒之禀性的行为模式，通常以愚蠢开始，以后悔告终，最后干出无法挽回的蠢事。

如果是身为部属或是晚辈，在职场上不容易服从上司、在家里不顺从父母；因为自视太高、认为自己很行，所以没有一个人让他看得上眼。除非这个人让他佩服，不然很难听进他人意见，受不了别人的指使、命令与批评，如果再加上无理的要求，一口气忍不住的情况下，很容易出言顶撞他人，场面相当难看。每当上司、父母教导时，内心反驳意见会很多，心里嘀嘀咕咕，全部都憋在心里，自己想不通又化不掉，气得浑身发抖，忍无可忍时便会爆发怒火、破口大骂，往往事后反省，自己又后悔莫及，羞愧不已！如果自己是主管或是长辈的身份，无形当中会增强内在的傲气，会更加地自以为是，更时常有想要纠正他人、凌驾于他人之上的高傲心态。如果是与人共事，最好都是听他的意见办事，不容许有异议，因为他的内心不耐激触，哪怕是良善的建议，都会误解为找麻烦，触动内在的怒火。除非对方的姿态很低，不然阴木性的人做事不太喜欢别人提意见，受不了太多的批评，更别说反驳他的看法了，常让人有刚愎自用、自视甚高的不平等感觉，让人内心非常不舒服。

比如说在家庭、职场或团体上遇到有人批评他的意见时，不论是家人、同事、组员或上司等，他一开始都会表现出欣然接受的样子，但内心开始默默地认定对方是问题制造者，或是让他感到头痛的麻烦分子。积累在内心的不满会越来越多，与对方相处也会越来越没有耐心，只要对方一不小心做得不好，他就像逮到机会一样，当场纠正人家，把过去的怒火发泄在人家身上。如果对方是上司、领导，便会在背后毁谤、议论他，就是要把对方贬下去，内心才能爽快。如果这些情况都不行，他会将这股不满憋在心里，认为这些人就是他工作上的阻碍，只要有这些人在，事情就会很难办。这股不满憋久了就会变成深层次的怒气，再也压抑不了之后就会突然爆发，大多都是意气用事，以情悖理，最后自己的仕途之路也走得很艰难。该禀性的人时常将不满憋在心里，性情古怪，又不喜欢与人沟通交流，渐渐会变得人情孤僻、独来独往，别人不知道他在想什么，也不了解他的性格，纵使要一起共事也不容易沟通，通常事功难成。

自视甚高

阴木性人的内心常有一种悲愤的力量，比如："我不比别人差，凭什么我得不到想要的结果？""我要证明我比你强、比你行""我要让你知道你是错的，要你向我低头""我不服输，我要斗垮你""你又没有比我厉害，凭什么命令我做事""你算什么东西，根本没有实力"，等等。阴木性人的自我压力很大，到处与人比较，处处跟人较劲、竞争，如果无法出头，内心会充满愤怒、不满，或转化为自卑，容易自我否定，常怀有"凭什么、不接受事实的悲愤"心态，因此在做事上多有折磨与冲突。这种心态，会造成他内心有一种"如果我不比别人强，很容易被取代"的不安全感，感觉处处是敌人，危机四伏，除非把别人竞争、淘汰下去，或是处在一种绝对优势上，不然绝不善罢甘休，除非达到目的，才能让自己心安。在这样的生命过程中，渐渐造成个性上的偏激，做人处事也开始走向极端、激烈，很难跟他人相处。

这样的心态，会让他认为职场中的上司没有什么真本事，如没有他的拼搏，上司是不可能得到这样的位阶、薪水的，因此他会心想："凭什么我要替你做牛做马，让你坐享其成，而我却要累得要死"等自负不满的想法。如果是遇到强势主管的指责批评，或是对其执行的任务有很多意见甚至否定时，阴木性人会认定对方在刁难、找麻烦、争斗、排挤他；如果是遇上能力差的主管，很容易会生起跟他对立的心态或是离职的心态。这时内心的不安全感就会产生了，一方面觉得地位不保、危机四伏，一方面又咽不下这口气，心想凭什么我要受你侮辱？最后认为自己生不逢时、天妒英才，内心不甘又不想低头，干脆离职另谋出路，但问题仍是一样重复发生，最后搞得自己无路可走。其实这都是因为自己自视太高，傲气不服人又器量窄小所造成的后果，只要这心态不改，天下再大都没有容身之处，工作环境再好也都留不住你。

阴木性人的压抑与自大，会让自己的内心自动编织一套“我受不了这环境”的情节主义，生活过得郁郁寡欢、闷闷不乐，最后丧失斗志，对人世消极失望，人生过得阴沉黯淡。其实，只要能够转换内心的自大，他会明白这些逆境，并不是对方有意针对他、刁难他。反而会认为这些逆境是为了让自己更有成就、更有才能的阶梯，会把对方的要求视为努力的动力，会把困难当作一种自我检测的标准，并把达成目标视为一种使命感与光荣感，因而越挫越勇，最终成器成才，让人敬佩与效法。如能检视自己的过去经历，我们会发现，根本没有所谓的生不逢时，或是上天不眷顾我们，都是自己傲慢不服的禀性阻碍了自己的成长蜕变，到底是打压刁难还是翻身机会，都在一念之间而已，其实机会一直在我们的身边，这一切都怨不得人！

亏孝道

不服人的心态很容易造成自己一事无成，甚至抑郁而终的情况。这是因为内心自大，受不了别人的指使，沉不住气，又接受不了现状，才让自己这一辈子都在换工作、换环境、换条件，就像个无根的浮萍，总感觉漂泊不定。我们仔细回想，这不服人的心态是从何时开始养成的？大多都来自于原生家庭。现在的家庭教育，由于子女少的缘故，父母家人都很疼爱孩子，不忍心批评孩子，舍不得孩子心里受苦，造成孩子的自我意识都很强，不容易信服他人，也不容易受教，挫折容忍度很低。不服人的性格，是在家长过度保护孩子自尊心的情况下养成的，不仅不容易听从父母的观点，还要父母处处顺着他、迁就他，入社会之后，便把这种习气带进职场，受不了批评，还要主管处处接受他、配合他。如果孩子受的教育程度更高，那就更看不上主管的一切了，内心本来就不服了，更甚者还发展出另一个心态，就是“抗上”。

这抗上的心态，是从哪来的？是从孝道没有做好来的。为何说阴木性人多亏孝道呢？我们可以从孔子的弟子有子的这段话来做进一步了解，有子是这么说的：“其为人也孝悌，而好犯上者，鲜矣；不好犯上而好作乱者，未之有也。”这句话的意思是说，一个在家中懂得孝顺父母、友爱兄弟姊妹的人，会对上级、长辈顶撞、忤逆，这是非常罕见的；不会犯上了，却会作奸犯科、伤害他人，这样的情况是不可能出现的。就在我学习这段话之后，我开始从日常生活当中反省自己与父母的相处心态，我终于明白，为何我心中总是对上级、对长辈、对人处处不满了。这都是因为我从来没有从心底里尊敬、爱慕我的父母亲，我发现自己无意当中，把对待父母的心态延伸至主管、领导身上了，我嘴巴虽然不说，但是我心里全都是不满与不服，难怪不论什么工作我都待不下去。现在仔细回想，自己根本不是真有本事，那都是父母家人让着我的假象，越懂得反省，越能明白自己人生所受的挫折与不顺，都是自己造成的，无关乎别人，就是自己的个性沉潜不了。这也是我落实伦常道之后，最先改变的地方——从心里尊敬我的父母，透过尊重来改变内心抗上不服的性格。

我们并不是真有本事，如真有本事，他人自然会信服我们，而不需要我们处处彰显自己，抬高自己身价。我观察真有本事的人，都很谦虚，很有担当，不像我们这么轻浮、心高气傲，跟谁都无法相处，很难配合。不服人的心态，让阴木性人无法沉下心、脚踏实地地学习，总觉得自己很有见解，因而无法虚心受教，想有所成就，又熬不住别人的批评，最后只会夸夸其谈，落得一点本事也没有的窘境。不懂得改变自己，却一心期待贵人相助，如真有那么一位贵人出现了，也会被自己的自大心障碍，错失了贵人提点，甚至还会把贵人的告诫，误认为是对自己有意见，因而轻蔑对方，不当一回事。这样的性格，总是要自己吃尽了苦头，折腾得遍体鳞伤之后，才有所觉悟，并且愿意从头开始，这样的代价实在太高了。所以，阴木性人如不懂得化除禀性，平生遇事多难，常不如意，这一切都怨不得人！

好说酸话、宁折不弯

阴木性人认为自己比别人有见解，对于别人讲的话非常不屑一顾，总要别人来遵从他，而非他去追随别人，更没有人可以让他佩服，他也不会把谁放在眼里。这样的心态，不论对谁都一样，纵使是德高望重、地位显赫的人，也一样降服不了自己的傎高心。因为内心实在太高傲了，既放不下身段，又不愿意承认对方的声望；既没办法凌驾于他人之上，又无法撼动对方的能力、名望等；既不愿意承认自己不如人，又无法达到对方的程度，在这样的自我矛盾当中，延伸出另一种扭曲心态——鸡蛋里挑骨头，专找对方的小缺点，就只为了让自己的心里好过一点，借此满足自己的狂妄自大心。如果是平辈同事之间相处，心里的傲气就更按捺不住了，尽管同事的能力比他好，他一样无法真心地认同对方，进而与对方融洽地合作。因为他的心中已经否定了对方，那又如何能学习对方的长处？又如何能采纳对方的意见？越是固执己见越是难以与人共事。

不认同对方的好，但偏偏又要与对方相处，不论对方是显赫的领导、有能力的主管，或是有才华的同辈等，都隐藏不住自己内心的不服，因此看待对方的做人做事，就处处心生不满。在相处的过程当中，一时间找不出可以凌驾于对方之上的方法，公开挑战也没有胜算，便开始寻找对方的小缺点，在私底下议论对方的不好、暗中批评，却还表现出一副打抱不平的样子，自认为是中流砥柱，团队中的一股清流。其实，根本就是自己器量狭小，无法低心处下，一心只想称帝做王的自大狂而已。这样的心态，会延伸出另一种情况，就是“专挑对方的毛病作为反抗、反对的手段”，简单说就是“莫名的抗上、莫名的反骨”，自己也不明白为什么一定要处处反对，还总是酸言酸语。阴木性人的这种心智模式已经非常不理性了，一味地“反对他人”，甚至是“为了反对而反对”。这无形当中让人相当反感，非常惹人讨厌，最后谁也管不住他，而他也不怕谁，导致没有人想与他交往，甚至连听他说话的意愿都没有，只想远离他。

当这种自大又难以受教的心态发展到非常极致的地步时，便会出现“宁折不弯”的倔强心态。这是阴木性人的特有心理：你越想让他屈服，他越不可能低头，你越想让他遵从你的引导，他越是与你反着干，你越想教训他，他越觉得是你的错。这是连阴木性人自己都不能理解的心态，其实就是从不服人、抗上的心态所演变而成的。既然不愿意服从对方，也就不可能好好地配合做事，事情只要到他的手上，就会变了调，做些小动作，产生很多风波。等事情发展到难以处理，或是很多突发状况时，他就会用一种酸言酸语、冷嘲热讽的方式来转移焦点，把责任推卸给别人，说是他人不听从自己的意见后所产生的结果。其实，这都是固执己见，难以配合他人的个性所造成的问题，但从来不觉得自己有错，还拿“士可杀，不可辱”的精神来砥砺自己，认为是别人的固执所造成的，其实自己才是问题的制造者。这种自认为很有骨气的心态，就好像被人绑着似的，不论走到哪里都觉得有人跟他对立，内心不能松懈，处处板着一张脸，永远感受不到快乐，纵使再换一个地方，事情都一样窒碍难行。

不顺己意、以情悖理

现代人的很多冲突，都是由于不服人的心态作祟，渐渐造成仗势欺人、出言不逊的情况发生。我们看看家庭当中，夫妻关系是不是因为彼此谁也不服谁，而常常对立冲突？我们可以反省看看，如果丈夫不服太太，或是太太不服丈夫，是不是因为彼此仗着某个理由，就认为对方必须依照我讲的话去做？比如：丈夫内心仗着“钱都是我赚的，你难道不知道我的辛苦，请你帮我处理点事情都不可以吗？”太太内心仗着“孩子整天都是我在照顾的，难道你回来没有一点分担照顾的责任，就只会休息看电视吗？”因此，你就会命令你的丈夫／太太，回家之后要达成你要求的事情，顺着你的意，满足你的私情，而不顾及对方的感受与立场。如果对方没有顺着你的意思，你就大发雷霆，双方闹得不可开交，直到达成你想要的目的，或是关系越来越差。这样的仗势，其实是来自于内心的不服气，这就会产生“人之所为，违背己意，大发脾气”的心理模式，不断地影响你的人际关系。

请注意，这个顺着你的意思，并不是简单地要对方听从自己的意见，这不是恨之禀性中好管人的控制心态，而是一种想要对方臣服于我脚下的高傲心态，有一种高高在上，唯我独尊的感觉。可以想见，这样的内心会给自己招来多少苦难与冲突。如果对方无法臣服于你，你会压抑这股怒气，往后只要稍微一点激触或是对方犯了一点错误，你就会爆发脾气，怒言相向。如果对方拒绝你的请求，一直无法满足你内在的私欲、私情，且你早就认为这事情是贬低自己的自尊心时，最后会为了一点小事情（自己的私情），而造成整个家庭的不和谐、不安宁。这都是不服人心态延伸出的阴木性人“因小失大、以情悖理、以私害公”的偏颇心念。你总认为别人不配合你，不顺着你，却从来不懂得反省自己又是如何地不尊重人、不体谅人以及不考虑对方的立场与难处，就只是想要达成自己的私情？

器量狭小、常迁怒

我在修炼自己化性的过程中，随时会检视自己的心智模式。我发现阴木性人是一个随时可以动怒的人，任何事情的发生，只要在他的眼中解读为不顺心、不如意时，就可以让自己怒火中烧、狂躁不已。因为阴木性人器量狭小，看待事情的角度偏颇、偏激，意见稍有不合，便燃起愤怒的火焰；而自己对人的要求，不论合不合理，凡事都要遵从他的意见，不容许有异议，常让人不欢而散。阴木性人对人有很多意见，潜藏着不满，但不一定会表现出来，直到忍无可忍时，才会突然火冒三丈，破口大骂。周围的人常不明白，误以为这件事情很严重，才会让他生这么大的气。其实他人不懂，这次怒火的爆发，并不是因为当下的问题有多严重，而是再次冒犯到他在意的点，引起他潜藏已久的怒火而已。当阴木性人再也忍受不了时，就像是压垮骆驼的最后一根稻草，一触即发，憋藏在心中的怒气只不过是顺势发泄，根本不去设想有什么样的后果，等他冷静过后，又常后悔万分。

这样的模式循环反复，时常迁怒于他人，却又不知道怎么改变问题。比如说你坐在火车上，旁边正好有个小孩子一直在吵闹，这样的行为引发你潜在的不满，你越坐越不舒服，内心不自觉地生起怒火，开始讨厌这个小孩，认为他没有礼貌，讨厌这个孩子的父母，觉得他们不懂得教养，不知不觉你已经坐到怒火中烧，想要一下子起来骂人了。可偏偏又骂不了，就将这股怒气压抑，转气为烦，内心越来越烦躁，只要情况没有改变，你一整路的心情都不可能平静。等下车之后，你抱着这样的情绪到公司，或是回到家庭，这时刚好同事因为工作延误而破坏了整个工作进度，或是孩子吵闹让你无法好好休息等，就在这一瞬间，你整个人爆发怒火了，你无法控制自己，自己也不知道怎么了，这时相关的工作人员就遭你一头痛骂，甚至是孩子的妈妈也受到牵连，当你回过神来时，整个环境已经陷入一种凝重的气氛，你自己也相当懊悔，却又不知道怎么控制自己的脾气，这就是阴木性人循环反复的问题。

这时你脑中会产生很多想法，你会想何不买辆车，往后就不会遇上这样的麻烦事了！或是想换一个工作，只要有更好的工作环境，你就可以心平气和了。你将所有问题都怪罪于环境不好，所以脑中产生了错误的决定，比如说："我只要有自己的车，就不用因为坐火车而产生心情不好！"这时你努力存钱，买了一台车，误以为从此就会顺遂，心情就会平静，没想到，等你开车上路时，才发现开车有开车的烦恼。比如逢年过节大塞车，别人不遵守规矩，互不相让，自己开车更耗费精力等，这时你又开始情绪不好了，下一次又要爆发了。其实不是环境的问题，是禀性的问题，如果不能看清自己的心智模式，纵使换一百个环境，你一样怒火中烧，因为要外境都如己意，那根本就是不可能的事情！何不反省自己的“器量窄小”，受不了一点波折。有时候我觉得阴木性人很可笑，如果连坐在火车上的陌生人都要顺着你的意，那请问你的人生走到哪里会快乐？如果自己不改变“迁怒”的个性，那又有谁愿意跟你相处呢？何不拿责人之心责己，想办法让自己化性呢？

以上就是怒之禀性下的心智模式，这些都是我们生活当中不断发生的事实,不断重复发生的错误,却无法改变。有一个故事是这样说的，曾经有对朋友见面，甲友告诉乙友说：“这世界上怎么有这么傻的人啊！”乙友不解地问：“你怎么这么说呢？”甲友说：“我看见有一个人从早上八点到下午五点都在那河边钓鱼，结果一条鱼也没钓到，他竟然不懂得换地方，你说傻不傻？”乙友感到疑惑地说：“你怎么会知道呢？”甲友理直气壮,自以为聪明地说：“我从早上观察他到下午，我当然知道啊！”阴木性人就像甲友一样，自认为聪明，自认为把别人问题看得清楚，但却做出比傻子还要傻的事情，却还不愿意承认。阴木性人要转化自己禀性，必须先放下自以为是的心态，以下是化性的方法。

常存仁德之心，自可心性清朗

“怒”禀性所造的心智模式千变万化，但根源点离不开“不服人、抗上、宁折不弯”等心态。如要化除禀性，必须先学会“臣服”，从心里尊重他人，进而佩服他人。对于周遭不顺的事情，抱持“仁德、慈悲”的角度看待，自然能化解该禀性的盲点与心智模式。

古人说：“能忍辱，则可化怒之禀性。”木性人的天性当中，常怀有“悲天悯人”之心，可以时刻提醒自己：“对方无知，对方比我还要可怜，还要苦。”久而久之，自然不见他人过错。这不是愚笨，是因为他人有错、受苦，已经遭受应有的惩罚与不幸了。仁者内心感到难过，怜悯他人，这是木性人心中的天性，与生俱来的慈悲心，只要愿意引发天性，自然能够转换禀性，最后心性必定清明。

试着吐露心声

阴木性人长期压抑着不如己意的怒气，时刻板着脸，让人感觉内心很沉重、心事很多的样子。如果发生了不愉快的事情，嘴巴不说，可是整个脸、气氛都不一样了，别人一看脸色就知道有心事了，如这时将怒气潜藏在心里，不与人吐露心情，累积到最后必定爆发。这时遭殃的人往往都是最亲、最关心你、最不与你计较的人，而你事后也非常懊悔。化解这个问题的方法很简单，你可以仔细留意自己的情绪，何时开始闷闷不乐。通常你的家人、朋友会主动过来关心你发生什么事情，你通常会不假思索地响应说："我没事，我没有生气"等类似的回答，这就是你压抑怒气的开始。这就是阴木性人的典型反应模式——"闷着不说，自己认为没事"，其实越不说，内心就越压抑，爆发之后就越激烈。

阴木性人不愿意诉说、不愿意抒发心事，是因为他觉得对方不可能理解自己的感受，纵使理解自己的感受也没有办法帮他处理问题。他觉得说了也没什么用，最后干脆连说都不想说了。他宁愿压抑着情绪，自己默默地处理做事。但是对阴木性人而言，默默地做事并不能转化情绪，只有吐露心声，才能化解内在压抑的情绪，事情才能真正做得好。因为阴木性人本来就很有承担能力，只是被压抑的情绪障碍住，才会意气用事，当情绪抒发之后，内在的能量就恢复了，这时自然就会想出解决问题的办法，还能把事情做得很好。

我刚开始修炼化除禀性时，我还没有办法自己想通，每当如此，我最亲近的家人会试着引导我说说心里话，让我把潜藏在内心的真实想法表达出来，因为是最信任的人，所以我不用在意是否会没面子，或是得罪人，就只是单纯地抒发出来而已。一开始我非常需要有人帮我疏导内在的情绪，每当我抒发心结之后，我就会看见自己执着的盲点，慢慢的，我能够自己转换偏激的情绪，正确地处理人事物等问题了。现在我内心只要有一点点的不悦，我就能够觉察，反省自己是哪个心态启动了整个阴木性，我每次都能看清哪个原因启动禀性，我再也不会莽撞地发脾气了！最后我学会“面对内心的真实感受，但不带着怒气地与人沟通，不在情绪的影响下处理事情”。当我越来越愿意面对自己内心的真实感受，并适当地与对方表达时，我就不再压抑自己不满的情感了。我越来越懂得自我转化，并保持心平气和，渐渐地不再受怒之禀性的影响，而不服人与抗上的心态，竟然在不知不觉当中就转换掉了。

木（怒）之禀性与接下来的火（恨）之禀性有很多交互影响，因为展现出来的行为都是愤恨之气。表象上都是发怒，但背后的模式完全不同，我们要探究清楚自己遇事的禀性习惯，只有从生活当中细细体察，才能了解心智模式的变化与差异。如不能抓到问题根源，心智模式就不可能破解，清明意识就不会显现，如果事情的发生，牵引了不同禀性的相互交杂，在环环相扣的影响之下，就更加不容易处理与面对了。接下来我们说说恨之禀性,也希望读者能静下心来觉照自己，找出自己的问题所在。

二、“火”性人：礼与恨

火性人的天性就是“礼”，禀性就是“恨”，礼为阳火性，恨为阴火性。礼的核心是“明理”，那是一种高瞻远瞩又通情达理的状态，事事考虑周详，照顾得无微不至，却又让人没有负担，任何人跟他相处都非常从容自在，这就是火性人内在的天性特质。礼所展现出来的辞让之心，不急不躁，一切因缘好似都事先安排好的一样，顺理成章，水到渠成，这就是明理通达时，做事轻松省力，相当契机。阳火性人的其他展现有：光明磊落，通情达理，温恭安详，守礼守分，文采节制，表度有章，聪明谦让，举止大方，事无巨细考虑周详。

“礼”不仅仅是我们所认知的约束，更是一种高层次因缘合和，就像是融入音乐的脉动一样，不疾不徐；又好似随着水的流动，柔而有力。大家讲到礼时不自禁地联想成旧时代仪式、传统礼节等，好像很不自由、拘谨。讲礼并不是要我们恢复古代的礼节，或是依照封建社会的思想生活，而是要理解为：那是圣人为了让大家在生活上有依循的方法，就好像是行有行规，家有家规的意思一样。礼只不过是不同时代的思想表现，并非教条，它会随着生活形态的改变而调整。我们在这里也不是要谈论礼节该怎么做，而是要了解礼所带给我们的明理通达，就如同黑暗中的明灯，指引我们走一条永无懊悔的坦荡之路，轻安自在。

我们现代人不喜欢讲规矩、讲制度，不喜欢被人约束，想要自由自在、我行我素的生活，这其实就是任性妄为。只要是我喜欢有什么不可以，行为放荡不羁，想来就来、想走就走，不把别人的游戏规则放在眼里，认为这些也没什么的，狂妄、嚣张，这样的行径，其实是很惹人讨厌的。奇怪的是，自己不喜欢讲规矩，却要别人来遵守我们的规矩，尊重我们的决定，依循我们的方法与认同我们的思想，我们不觉得自己很矛盾、很任性、很无理吗？我当然不能说你这样想不对，但总要看场合、看人物、看行业，规矩总是要有的吧！过与不及都不恰当。

失于礼所展现出来的行为有：急躁多贪、喜虚荣、好夸张、行多狂妄、奔高贪好、争名逐利；外明内暗，见人不见己，知进不知退，得理不让人；常以琐碎细故，致使全家不欢；欺负老实人，吹毛求疵，好争理、喜奉承；可以共患难，不可共富贵；做事虎头蛇尾，态度拘谨，行多过失，屡改屡犯，老年多昏聩。而上述的种种情况，称为阴火性人，我们都归纳在礼的反差行为——恨。另外这恨的含意与佛家讲的“淫”有些许雷同之处，譬如求好看就是淫。再譬如见人穿一件好衣服，自己就动念；或嫌恶不合新式样，或有尘埃就受不了。再如看一朵花，心里非常喜欢，自己的意念已经被它黏去了，黏到物上（被物占有），自己却还没有觉察，这都称之为淫。这淫念让我们无形当中神魂颠倒，做出背于礼法等行为，就像恨气一样地昏聩。所以我们接下来要学习的是：了解自己如何受恨气的影响而产生了不明理的思想与行为上的乖张。

恨之禀性背后的种种心态当中，其行为模式以“隐而后发，一发便引起狂涛巨浪，往往多有预谋！”为特点，那是因为内心潜藏着多种因素的不满，伺机报复。是什么原因造成阴火性人诸多不满，阻碍了其通情达理之路呢？以下我们一一检讨反省。

不明就里，隐而后发

现代人“怒”“恨”的禀性很强，尤其是恨气所形成的心智模式，会让一个人把事情看不清楚、不明就里。古谚说过：“有一份恨气，就多一份遮障。”恨气会让你很难看清楚问题的真相，很难跳脱心智模式的窠臼。很多人会说，怒气我懂，那什么是恨呢？我并没有恨气啊！这是因为我们一般理解的“恨”是一种很强烈的情绪用词，所以我们不觉得自己有这样的情绪。但其实恨是一种交杂着怨、仇、怒的潜藏在内心的报复心态，是一种慢慢加温的情绪，不断在心里酝酿而不为人知，就像是咬牙切齿一样的心态。

阴火性人内心受到委屈、受人冤枉或是个人利益被伤害时，内心就会启动恨气，这股恨气会遮障内心的通情达理。如果你经过评估考虑后，知道当下争不过对方、打不过对方或是还没有办法一次制服对方时，便会将那恨气隐藏，慢慢找寻机会报复。在往后的日子当中，你会在内心不断上演出现机会时的行为，只要情况一符合你的预谋，当即报复，通常都是狠狠地咬对方一口，让对方永无翻身之地。行事作风狠辣，不留余地，以报一箭之仇。如果恨气更强，你甚至可能自己创造机会，你会安排得看似受委屈、受人欺负，让人为你打抱不平！在这样的情况下，你会将那谋划已久、内心演练很久的情节表演出来，当下让对方无法回嘴、无法反击，你已经完成报复，周围的人还同情你，认为你做得对，替你出气！

就阴火性人而言，恨气的产生主要来源于虚荣心、好面子所引起的内在自尊受到轻视，故心智模式是“如有伤到你自认为的自尊心，一有触动，便引起恨的火焰”。所以在平时受气时，你总是不断地累积恨气，有些人会在睡前不断地想要如何对付他，反复思量如何报复他、要他好看。你在脑袋中反复排练那个场景，练习要讲什么话，有时想得愤恨不已，这就是恨之禀性的特点“隐而后发、内心多有预谋”，结果导致睡不好，长期下来，造成脑神经衰落、睡眠很浅，惊怖不眠，这一切都是恨之禀性所造成的后遗症。

恨之禀性与怒之禀性不同点在于，即使都是怒火的展现，恨之禀性的人是因为虚荣心所导致自尊心的受伤，因而怀恨在心，所以大多是存有预谋地、处心积虑地等待报复的机会；怒之禀性的人通常是压抑抗上不服人的情绪，等到自己控制不住后，大多都是不假思索地愚蠢爆发，然后又后悔莫及，又满怀愧疚。在我的观察下，通常这两种禀性会有很深的相互影响，并且产生加乘效果，一个人如果同时具备这两种禀性，性格与脾气都不是很好处理，如果发生争执冲突时，会越演越烈，我们不得不小心！

欺善怕恶、欺负老实人

恨之禀性的人，如果在外面遇到更为厉害、更会争理的人，让你个人利益与尊严倍感威胁时，那种愤恨会潜藏为一种预谋，找寻机会报复。但如果当下遇到比你更容易对付的，且在你脑中判断是与你没有利害关系的人时，便会当下反击回去，一口咬死对方。阴火性人如果在外面没有办法找到报复或是发泄的机会，便会将这股恨气转移到家庭当中的小孩、妻子、丈夫等无关利害的人身上。越是亲近的人，越是严重地争吵、争理；越是对他好的人，越是倍受欺负，而且得理不饶人，吃定对方，这就是阴火性人“欺善怕恶、欺负老实人”的心态。阴火性人的个性中有一种“想欺负人”的变态心理，处处想先发制人，这是因为他怕优势被夺走、怕失面子、怕站不住脚，怕这地位不保、怕自尊心受伤等说不出口的奇怪心理作祟。

在外面受了委屈不见得当场敢讲、敢争执，于是将这委屈憋在心里、埋藏在心里。当遇到比自己还老实，且对方不小心冒犯到你的时候，就恶言相向，当场欺负他、让他受不了。其实心里想的就是“我平常已经都让人欺负了，难道我现在还要受你这点委屈吗？”或是“我平常在外面已经够忍气吞声了，难道我在家里还没有一点地位吗？”为了自己仅有的一点自尊心，忍不住自己的恨气，马上攻击回去，心态就是“老虎不发威，你当我是病猫好欺负吗？”阴火性人遇到老实人反而不愿意“退一步”的行为，正是因为终于可以把外面所受的委屈、恨气，全部加诸善良的人身上，痛快地发泄一下。仔细回想看看，这些善良的人，通常都是最信任、最关心也是最愿意帮助你的人，可是你不知好歹，反而伤害他们最深，是让他们最痛苦的人。当这些被你欺负的人内心感到受伤，且不可挽回时，最后都会一个一个离你远去，所以阴火性人的老年，通常都是孤寂终老的下场！

虚荣心作祟、常怪罪于外

阴火性人很在意外表，很在意自己的形象，很在意别人怎么评价他，所以处处想展现好的形象，希望赢得别人的好印象，赢得别人的赞赏，这些都是虚荣心作祟下所延伸出来的心态。阴火性人为了维持好的形象，处处让人感觉光鲜亮丽，彬彬有礼，所以勉强自己表现出高雅的谈吐，有涵养的修为。这些不断勉强自己的行为违反常态，很不自在，造成自己内心很拘谨、有苦难言，这称之为“外明内暗”，又生怕别人识破、拆穿，所以越是想维持，越是痛苦。阴火性人的内心很苦，束缚很多，这都是自己作茧自缚所造成的后果，内心明明不喜欢，却还要刻意装出样子来，这种打肿脸充胖子的虚荣心，当一受到伤害时，又为了保持形象，便会将这股恨气隐忍下来，走到哪都不自在！

虚荣心的作祟下，内心好高骛远，期许的目标定得太高，对未来的幻想太美好，没有想到自己能力还不足，不懂得量力而为。怕失败还不想丢脸，反而增加了内心的痛苦，一遇到困难很容易泄气、放弃，对自己失望、否定与消极，内心不断地进退两难，最后只好把无法达成的原因归罪于家庭环境或是父母、妻子、丈夫等，好让自己心里好受，为自己脱罪，以保留自己的尊严和面子。这样的心智模式，让自己沉浸在一种怪罪于外，自我悲惨的境况之下，人生的路越走越窄，终究一事无成。

这就是恨之禀性的心智模式，为了保有虚荣心、自尊心，从不检讨自己，永远指向别人的问题。阴火性人总认为自己已经尽了最大的努力，已经做得很辛苦了，为了将自己内心的不满合理化，开始从外在找原因。总是把那些不帮助自己、不配合自己办事的人，列为失败的主要原因，一心只想将他们铲除就好，所以看人都是不满，愤世嫉俗。这心智模式会慢慢在内心运作：“只要不是支持我的人，就是问题的根源。”这股恨气越来越重，最后爆发，便会酿成大祸，或是破局失败。

某些企业经理人没有觉察自身的心智模式，希望他人遵从自己不切实际的愿景去做，凡事都要配合自己，满足自己的要求，只要有不配合的地方，就愤愤不平。恨气所形成的心念常有：“我这是为你好”“我这是为组织好、为公司好的”“我是为你的将来考虑”“我都是为了大家好，怎么大家都不能体会，不能理解我？”等想法，说穿了就只是为了满足你的虚荣心而已。你不容许有人挑战你的尊严、意见，这是因为你怕丢脸、怕在别人面前抬不起头来，怕砸了自己招牌、名声，而你之所以这么要求，这么想把这些事情办得漂漂亮亮，是因为这样才能让你在别人面前炫耀，好让你在主管、总经理、董事长面前讲话大声点，请你扪心自问，是不是如此呢？而你所讲的冠冕堂皇的理由，真的都是为了对方好吗？那我们再看看组织内的人事问题，是不是自己心念错误所造成的呢？

有些人自己做不到，还将内心的愿望，转移给下一代，时时管教小孩，希望孩子事事都遵从自己脑中的美好画面，不然你就会恨孩子，那种内心“恨铁不成钢！”般的爱恨交杂，使自我的冲突与矛盾更是明显。尽管嘴巴常说是为孩子好，其实只是希望孩子达成你想要的结果，好让你内心觉得骄傲，可以在外面炫耀，如果孩子不照着你脑中美好的画面走，无意当中伤着你的自尊心，你就像是泄了气的皮球一样，难以释怀。这时你只要一看到孩子就会痛苦，就会不满，就会愤恨不平，处处看不惯孩子！慢慢地，孩子在你面前总是一无是处，最后亲子关系必定疏远或是不融洽。

争贪不已、内心空虚

恨之禀性的根在“争”和“贪”，这争贪让我们的个性有“黏滞性”。什么是黏滞性？遇物黏物、遇情黏情，情牵物累，不得自拔。看上什么要什么，因此贪得无厌，无一刻平静，什么都想要，什么都想学，好高骛远，希望一步登天，最终无法脚踏实地，落得虎头蛇尾、一事无成的窘况。争贪造成了自己的思绪太杂太乱，内心不容易平静，忙得不可开交，最后把自己弄得筋疲力尽。阴火性人只要一没有事情做，就会一直找事做，他无法静下来，即使是放假，一样心里不断想着事情，展现出来的行为模式是“知进不知退，见人不见己”。这知进不知退是因为内在的贪婪不断引诱他，这见人不见己是因为他只在乎自己的功成名就，谁阻拦就是谁的错。

工作当中，他要排满行程才觉得充实，只要一空闲下来，内心就会觉得空虚，觉得怪怪的，心智模式就会跳出来说："不做就会失败""人就是要不断地进修""不做事，人生虚度光阴""出门游玩，行程就是要安排得很紧凑""看到别人没事情做，就觉得是懒散"……他外表看起来很积极，其实做得很累，内心很焦虑、急躁、压力很大。除此之外，还会处处盯着别人做事，生怕别人错过什么、遗漏什么而出现问题，时常处在一种紧绷、不放心的状态。周围跟他相处的人，如果少做或做错，耽误了他的进程，他便会暴跳如雷，气急败坏，这使得与他共事的人，无形当中压力很大。

他永远看不清楚事情的真相，他永远都在追求脑中的美景，他不会懂得欣赏路途的花草，他只有目标，他关心的只有自己的成败。如果达不到目标，便怪罪于人，把内心的焦虑转移到他人身上，心想"我都不好过了，你们怎么可以置身事外，你们要跟我同进退""这件事情不顺利是因为你们的关系，我要让你们知道，你们犯的错在哪里。"他要周围的人都跟他一样，经历同样的辛苦才能得到他的信任。在职场，没有人受得了这样的主管，除了与他共患难的人外，他对人总是"隐忍着不满，耿耿于怀"，对人吹毛求疵，犯一点错就暴跳如雷，放大错误，这样的行为让人觉得嚣张狂妄，与他相处的人总是提心吊胆，而他也永远不得人心。

好争理，破坏关系

阴火性人的心智模式里面常有"别人讲的话，都不值得一听"，或是"别人提的任何意见，都不及我的深思熟虑"想法，这并不是他自大，是虚荣心让他认为自己讲的才是最好的这种错觉。总是想办法往自己身上贴金，自我感觉良好。如果他对一个人有成见时，更是连听都听不进去了，双方如果发生问题理论时，非常容易“争理”，他会像严刑逼供一样问得对方哑口无言，让对方恨得咬牙切齿。

如果在家庭、在公司遇到争执，即便是自己理亏，也不可能承认。如果你是主管，一定会“争”到赢，强词夺理；如果你是部属，一定会找其他理由搪塞、推诿过错。即使是夫妻关系也是如此，如果你是强势的一方，你会争到赢，如果你是弱势的一方，你会自圆其说，这都是受到虚荣心与自尊心影响下的行为模式，自己是不会觉察的。不论你是哪一方，你都会不自觉地编织很多理由来掩饰自己的过错，无意中说谎，也只为了保全自己的形象，希望粉饰太平。总会有那么一天，事态严重到无法掩饰时，被人看出破绽，进而被拆穿，这时纸包不住火，也就是你垮台的时候了。反之，如果没有被拆穿，那对方早已对你恨之入骨了，而你自己的生活压力也处在临界点，精神状况也快要错乱了。这都是你自己把问题逼到绝处的，造成处处要提防他人、防卫自己，这样的人我关系，不再是信任，这样的功成名就，只不过是一个空壳，即使在家庭关系，也好不到哪去。在这样剑拔弩张的关系中，你只能不断地自我防卫，又受人唾弃，从此再也无法享受安宁的生活了。

因为虚荣心，当下不愿意承认错误，不论你是强词夺理还是自圆其说，最后都会被人看出破绽。日子一久，大家一定会知道你的真面目，往后你会没有立足之地，遭人厌恶。其实事情的发生，一开始都是小事，但你为了掩饰自己的错误，或是把别人的错误小题大做，故意模糊了事情的真相，因而得罪了他人，那你往后的路就难走了。这时，请你想想自己在家庭、在企业团体中的人我关系，如果周遭的人都不太想跟你讨论、不太想提供给你意见，对你的提议都是附和，甚至你讲的话别人都不太想理睬时，那就是你要切身反省的时候了。如果此时你再不懂得悔改，再不懂得承认错误，再不愿意虚心接受他人的批评，那么你将永远失去人心，失去立足之地。想想有必要为了虚荣心让事情这么难办下去吗？再想想如果一件事情可以愉快地完成，为何要选择一条难走的路呢？

喜赞美，好管人

恨之禀性的人，因为内在虚荣心的关系，所以特别想要听到赞美，特别喜欢听好话，特别想要得到别人的肯定。如果一直得不到关注、赞美和肯定，内心会产生这样的想法：“我已经对你这么好了，你怎么还不知回馈感恩呢！”“我又不欠你什么？我没有必要讨好你，谁稀罕你？”“我所做的你都没有看见吗？为什么没有赞美我？”等。这些都是你自己的自我感觉良好，其实你只做一点点事而已，况且这不都是本分上的事吗？但你的禀性会让你受不了冷漠，会让你觉得事情都是你在做，功劳都是你建立的，你会觉得天下人都欠你一份恩情，你内心会非常辛苦，这时你会更渴望得到别人的“赞美、奉承、回报”。如果你得不到，或是期望落空，你会满腹委屈，不想再付出了，你心里会想“我要的也不多，为什么连这点赞美都不愿意给我呢？”你觉得热情被浇熄了，再也没有做事的动力了，其实这都是心智模式所创造的假象。

如果你那满腔热忱无法得到肯定，因而浇熄了你的热情，不如说是你处处想要强迫别人满足你好虚荣、好张扬的心，是你“好大喜功”的心得不到满足。另外，老一辈常说：“好心不如心好”，就是在讲恨之禀性的人“好管人”，因为“好心”是希望别人依着我们的方式进行，无论如何都要接受我们的安排，对方反应如不合自己预期，便会产生失落感，进而埋怨对方。“心好”是指自己的心念先变好，是能处处关心，但不操心，不控制他人，这让人觉得自在轻松，没有压迫感，所以人人喜欢。我们一有付出就想得到回报，就是好管人的心，这才是造成我们内心失落的原因，何不反省自己是不是连付出都要对方满足我们的虚荣心？如果我们持续依着这样的方式进行，最后造成彼此的不愉快，那我们原本的热忱、好心，是真的好吗？

急躁不安、缺乏耐心

急躁是所有现代人的通病，因为现代人什么都求快，心一急判断就容易错误，更不可能按部就班地执行事情了。阴火性人原本就好高骛远，太过期盼未来，再加上易急，等于是自我放弃了。急躁让自己看不清楚问题点，内心更容易泄气，什么都想求快，结果就是什么都做不好。如果是跟人沟通，讲几句话别人听不懂，心就急了，脾气就来了；如果是教导别人做事，别人不能马上理解，就升起厌恶心，态度就不好了；如果是与人共事，只要有人耽误自己的时间，就会气急败坏，时刻坐立难安。如果是共同创业，有人跟不上你的进度，你内心就会紧张、焦虑，会认为对方碍手碍脚，除非那个人改变了，不然你总是悬着一颗心，他做任何事情你都不安心，也睡不安稳。这些行为模式，全部都是内心的急躁所产生的影响，运行于生活之中。

急躁、没有耐心，会让我们多走很多弯路，因为我们没有办法静下来等候，原本快到手的成果，会从我们手中溜走；也因为等不到结果，就提早放弃，转做另一件事情。阴火性人为了安置内在不断躁动的控制欲，启动了“一定要有所行动，才会安心”的机制，所以只能靠着做点事情来缓和内在焦虑不安的情绪。因此，阴火性人不是放弃现在的做法，就是自以为聪明地多做很多事情，结果反而破坏了发展的因缘，连同影响周遭的人，最后团队受不了，你也操劳到身体受不了。

多年功业毁于一旦

恨之禀性的人，常常因为一把无明火，摧毁了自己建立的江山，那是一种难以理解的行为模式，其实就是内心无法安定的结果。就像是有些人赚进一大笔钱财之后，他认为如不再拿这些钱做点其他事情，会觉得内心不安。阴火性人心急如焚，又静不下心，当下没有办法清楚地判断情势，在虚荣心的作祟下，最后决策错误，又让累积的财富在短时间内付之一炬。另有一个原因是来自于控管不了自己内在的欲火，这股无明躁动的火性，让自己什么离奇的事都干得出来。如不将内在所压抑的这股欲望宣泄，内心会觉得很不畅快，生活得不爽快。因此，阴火性人易在稍有成就或是小有收获时，就放纵自己，多有意气用事的情况发生，把好不容易建立的功业一瞬间摧毁，这样的情况，时常在人生中发生。

恨之禀性的人，内在就像是有一把火漂浮不定，那火会变成一股欲望，一股不安，一股虚荣，一股恨气，如不发泄，无法舒畅。这火可以是你做事的动力，却也很容易成为退缩的原因，因受不了打击而心灰意懒，自我放弃。这种反反复复的个性，一下子很有冲劲、一下子又冷淡无力，造成自己行为很多过失，影响周围的人，让人无所适从，人心惶惶。这样的问题如果发生在一家之主或是企业领导身上，团队成员容易离心离德，长久下来会士气涣散，没有人愿意跟随，好不容易建立起来的团队，也很容易毁于一旦，功败垂成！如果这样的情况还不懂得自我检讨，必定付出惨痛的代价。尽管吃了很多亏，也吸取了很多教训，但阴火性人还是克制不了内在这股恨气，一生屡改屡犯，屡犯屡错。这样的禀性如不懂得化除，到了老年的时候，大多都头脑不清，神智昏聩，这全都是阴火所造成的结果。

以上是恨之禀性下的心智模式，阴火性人心中被恨气所引发的遮障，阻碍了自己神智的清明。因为虚荣心、自尊心所产生的争理心态，让自己不愿意承认错误，最后连自己也不觉得有错，慢慢的，再也分不清楚事理，看不清楚真相。无法清静的内心，遇上错乱的情势，失去判断事理的正确方法，最后决策错误，终身都在错误当中度过，一辈子被自己所犯的错误折磨，这就是阴火性人的结果。

《列子·说符》中有一则《齐人攫金》的故事，具体内容是这样的：以前齐国有一个人，整天想要金子快想疯了。有一天他起个大早，穿戴整齐地走到齐国的卖金市场。他当时想金子想到神魂颠倒，竟然不管三七二十一，抓了卖家的金子转头就跑。官吏把他逮捕后，就责问他说：“你啊！真是胆大包天，光天化日之下，你竟然敢攫走人家的金子，你难道都没有看到来来往往的人吗？你是怎么回事？”攫走金子的人说：“没有啊！我都没有看到人，我眼里看到的只有金子，哪里有人？”阴火性人被恨气的遮障，就像是故事当中的攫金子者，看不见自己的问题。他当下神智不清，到底发生什么事情，他自己也不知道，等他清醒时，早已经在官府当中了，阴火性人对于人生所发生的事情,就是这种状态。那么要怎么转化自己的禀性呢？以下说明。

通情达理，事事退一步想

正确的情绪反应是，善解一切，在不明白的情况下，绝不指责谩骂、妄下判断。不因个人的情绪与偏见，阻碍对真相的了解，处处先反省自己，凡事先忍一口气，通过适当的引导与疏通，让自己了解真实情况，这就是通达事理。在这个过程当中，最需要的就是孟子所说的：“行有不得，反求诸己”的这一句话，来时刻告诫自己。我们碰上不如己意的人、事、物，首先要先反省自己，毕竟是自己还有不明白之处，或是我们还不了解对方、不了解这件事情的处理方法、不了解正确使用这项物品功能的技巧，才会有所不如意。我们当下最该检讨的是自己，千万不能情绪失控，不分青红皂白地指责对方！阴火性人只要当下愿意忍一口气，退一步想，必定可以让混乱的情绪稳定下来，就可以找出问题的原因在哪里，这是火性人与生俱来的优点。只要退一步想，不要急着爆发、不要急着下定论，就一定可以觉察出自己的盲点，找到解决问题的对策。

以礼养心，自可化除恨气

要对治恨气，就必须守礼守法，一切按部就班，依法操作。凡事依原则、依规矩、依流程，不要小聪明，不贪图快捷方式，不插队，不超速，不要威风，不用特权，不攀关系，不仗势欺人，不钻漏洞，不讲交情……在这样的情况下要求自己，久而久之，就能保持自己内心的平静，这就是时刻以礼存心。这样的方法，可以让自己回归平常心的原点，当内心越平静，就越会觉察到自己有多么贪得无厌、仗势欺人、耍赖不讲理、行为狂妄、做事充满投机，如此行持日久，自然能化除恨气，内心通达明理。此外，对于周遭所发生的事情要有“辞让”的心态，即凡事愿意先让一步，处处先为对方设想，这时自然能化除阴火性的遮障，当下看清楚心智模式的变化！

火（恨）之禀性与接下来土（怨）之禀性，都有着隐藏情绪的特征，看似相同，心智模式却完全不一样，我们一样透过自身的反省与觉照，了解自己对于每件事情的起心动念有哪些不同，更加了解自己的心智模式，将有助于往后不再受心智模式的影响，让自己的人生过得更顺利。

三、“土”性人：信与怨

土性人的天性就是“信”，禀性就是“怨”，信为阳土性，怨为阴土性。我们通常以为信就是信任、信用，其实圣贤所讲的不仅仅是这样，还有“信实、实在”，意涵着“真心”之意。即要求自己做到百分之百的诚心诚意，问心无愧，而这样的特质，正是阳土性人天生的特质，在他们的性格当中，存着比他人善良、朴实的心，所以做人做事比较单纯，人生也比较平安。信实之人，必定忠厚老实，笃诚淳朴，宽宏大量，能容能化，勤俭朴素，克尽职责，举止稳重，言行一致，为人谋而忠，与人交而久。阳土性人，会与交往的人融为一体，不论是在团队中还是组织中，人我关系毫无间隙，雨打不透，风吹不进，相当团结。他人也会被感动，纵使对方一开始不是良善的，也会被他的肚量感化，转而信任。所以阳土性人是一位信德之人，言行一致，心口如一，宽宏大量，处处包容，任何人到他身边都会被转化，被他改变，变得平平和和，自自然然。

可惜现代的社会过于险诈，充满着诱惑。或者说人心难测，贪得无厌，以至于我们这一生都不是真心诚意地待人处事，才造成今天这样的社会。古德者云："小人做事好欺天，因为他背着人，唯恐人知，终归瞒不了人，就是瞒不了天，欺不了良心，就是欺不了地。"我们活在天地之间，真的是傻了才会欺骗天地，因为到头来受报的还是自己，那又何必当初呢！

古德者云："人和天是相通的，合乎人道就是合天道。顺天天就应，逆天就降灾。若以为天道不可靠，是不知天。"我们既然要学习化性，就要相信上天，越不信就越怨，越不信就越疑，因为信与怨、信与疑是相对应的。怨疑之人即是阴土性人，必然固执、呆板、笨拙，思想单纯、蠢笨蛮横、心小量窄，近于愚直，易上当受骗。不开通，言信行果，未必中理。寡言少语，好生怨气，疑心特大，无中生有，以假当真，一生多累，这都是土性人受禀性影响后的结果。怨与佛家讲的"妄"相同，说半句谎话，不诚实就是妄，妄行妄语之人就是不信实之人，因此怨与妄都被归在同一类中。接下来我们说明怨的种种心态。

压抑情绪、不甘愿接受

"怨"就是什么事情都往心里吞，什么事情都不说，明明受人欺侮，却敢怒不敢言。非常压抑情绪，内心不断地抱怨，心境很难平静，总是处在自我煎熬的情绪中。怨之禀性所展现出来的行为就是："事不顺心，含而不露，忍而不发，不伤他人，伤自己。”我们可以先检讨一下自己，当我们受人欺负、吃亏时，是不是敢怒不敢言，内心非常压抑？如果我们今天在外面吃亏了，嘴巴说不出而心里憋屈，内心时常埋怨、抱怨他人太过分，长期忍受，最后都是闷出病来。怨之禀性的人就是说不出口，遇事都往里憋，形成一种内心的自我煎熬，痛苦不堪，要他说，还吞吞吐吐，怕得罪人；不然就是闷着，自己胡思乱想，内心更遭殃，总是委曲求全，可怜兮兮的，希望别人饶了他！

阴土性人的内心会一直认定别人在欺负他，别人在得寸进尺，心里总是希望对方要识相，却不懂得表达意见；期待别人来替他讲话、主持正义，却不懂得自己争取；甚至希望上天显现神迹来救他，而非自己努力改变，只会一味地强忍。阴土性人非常能忍耐，但是能忍不能化，这情绪转为抱怨，因而对于眼前的事情不可能甘愿去做。阴土性人心里常想：“我都已经满腹委屈了，所有好处你们都拿走了，你还要我做，是不是欺人太甚？”不安于现状，却又无法改变现状，觉得自己很悲惨，觉得生活没有什么希望，越活越苦闷，越活越没有信心，只好将希望寄托于未来。这样的寄托，只是忍耐地过生活，没有任何实际行动，却引颈期盼未来的美好，期待有奇迹出现。这期盼的美好与阴火性人的心理活动是不一样的，阴火性人心中的憧憬是一种急躁、好高骛远，想彰显虚荣心的贪高求好、急于求成的幻想；然而阴土性人心中的美好是一种逃避，是无可奈何的未来寄托，是强忍下的自我催眠。

在心智模式的影响下，阴土性人无形当中开始厌恶一切，他认定生命只有痛苦与不安，美好不可能会到来。一味地忍耐，对于当下的事情，不再抱有热忱，认为有做就好，反正也改变不了任何现状，也不再追求上进，心想：“反正我也不会有什么好处，何必为了你们付出一切，再怎么做也是一样的结果”。既然不是真心想做，对于现状的问题，也就不会真心诚意地处理，无形当中形成一种逃避心理。那么同样的问题就只会不断地在生命当中重演，内心的寄托也永远不可能到来。如果我们期望生命有所不同，就要真心面对问题，以下为阴土性人常有的想法，我们应自我反省：

如果你寄托未来的成功，那不就代表着，你觉得现在是失败的，请问是什么让你觉得现在是失败的？你内心在逃避什么？请你把它写下来。

如果你寄托更好的工作际遇，那不就代表着，你觉得现在的工作是际遇不顺，请问是什么让你觉得现在是不顺的？你内心在逃避什么？请你把它写下来。

如果你寄托孩子的功成名就，那不就代表着，你觉得孩子现在让你感到失望？请问是什么让你觉得现在是失望的？你内心在逃避什么？请你把它写下来。

如果你期待往后金钱自由，那不就代表着，你觉得现在的金钱很匮乏无助？请问是什么让你感到匮乏无助？你内心在逃避什么？请你把它写下来。

如果你期待往后的开悟解脱，那不就代表着，你觉得现在活得很痛苦？请问是什么让你感到痛苦不安？你内心在逃避什么？请你把它写下来。

当写下来之后，我们会发现，我们所有的期待都是不切实际的。生命要有所改变，首先是我们愿意接受当下的困境，然后努力实践，才有可能实现。我们没有选择正确的心态面对，反而让抱怨阻碍了真相，我们不甘愿接受现状，不愿意面对真实的问题，宁愿让禀性牵动着我们不断地逃避、幻想未来、期待喜从天降，这才是造成今天生命停滞不前的原因。如果我们没有觉悟，纵使真的让我们得到心中的期待，我们也会因为怨之禀性，再次抱怨其他问题，又开始不满现状，然后内心又去寄托更不切实际的成功、财富，终其一生都在痛苦、自我煎熬当中度过，难道不是这样吗？

悲情主义、受害者情节

阴土性人内心有一种冤情，会觉得自己很悲情，觉得全天下的人都亏欠他似的，都应该对他好，就连上天也应该对他好，给人的感觉就是很可怜。很多人都有受害者情节，把自己一生的际遇，都怪罪于他人，都是谁害我过得这么惨，不是抱怨父母，就是夫妻，不然就是交错朋友，甚至还怪罪自己的孩子，或是工作中的领导等。内心长期煎熬，活在一种痛不欲生的人生当中，做任何事情都是怨怼，表情总是很苦，盼望着有人带领着他脱离苦海。

阴火性人的怪罪与阴土性人的怪罪完全不同，阴火性人的怪罪是把责任推给别人，好让自己保全完美的形象，而阴土性人的怪罪是觉得自己的命运很悲惨，他只想平安无事，简简单单地过日子，却怎么也不能如意。阴土性人心里单纯，也可以说是憨直，他不会自己做出冒险的决定，大多都是听任别人的安排。比如说，如不是亲人来游说他投资，他是不会有所行动的，正因为如此，只要投资失败，他内心会怪罪、埋怨对方，但也不会表示出来，只觉得自己很委屈、怨叹自己的命运不好。阴土性人的怪罪，是责怪自己有眼无珠，怎么这么倒霉，坏事都让自己遇到了。可是阴火性人就完全不是这样，阴火性人是一心一意想要有所作为，自己好大喜功，乱搞一通，造成了失败，却把问题怪罪于人。阴火性人的怪罪，是为了确保自己地位与形象的完美。

这样的心智模式，会让阴土性人在家庭、在团队、在企业当中，看起来永远都是一副苦样，心里总觉得处处吃亏、受欺侮，可偏偏还要忍气吞声、委曲求全，让人看了都觉得很可怜、很同情。有些人无意当中，会把这些委屈的过程与心情讲给孩子或是同事听，无意当中，造成他人跟他们一起怨怼。不明事理的人，还信以为真，这时候人与人之间就开始生起不信任感，彼此就渐渐疏离与隔阂了。这都是因为阴土性人勾起了每个人内在所埋藏的怨气与疑心，这也是造成家庭气氛、工作气氛低落的原因。阴土性人潜藏的心智模式是"无中生有，以假当真"，这会影响他人了解真相，进而引起他人内在的恐惧感或是怨恨心。纵使他人想引导真相让他明白，他也不愿意相信，听不进别人的解释，还会认为别人不同情他，只相信自己的悲情，就是要活在自己认定的痛苦当中。

就一个明白事情经过的旁观者而言，会觉得怨之禀性的人，根本就是太蠢笨了，根本就是愚直！事情的真相根本不是如此。比如说：有人找你投资，对方为了顾及自己的利益，当然会避重就轻地说明，并不是欺骗你，也不是胡说蒙蔽，只是好处多强调了一些，风险一样说明，如果你有疑虑，你可以提出来，对方也会告诉你，如果你真不愿意，你也可以不参与，对方也没有强迫你。可是当投资失败时，阴土性人会认为，是你设计骗我，你当初没有讲清楚，责怪对方隐藏信息，然后把自己说得很可怜、很无辜、很悲情。其实是你当初闷在心里不敢问，又不好意思拒绝，如不明白真相的人，乍听之下，还真以为是别人的问题。

这就是阴土性人的蠢笨、憨直，不懂得听话，直线式思考，只听话的一面，不去想话的另一层意思。比如说，他人的好意提醒："荒郊草地会有蛇，不要走草地喔！""晚上黑暗的地方不要去，很多犯罪分子，很危险！"等，阴土性人一听之后，会认定对方所讲的就是事实，而不会去想对方的用意，以及在什么样的情况下适用。他会全盘接受对方的劝告，如果因为别人的建议而吃亏受罪，或是错失成功机会，他会埋怨出主意的人，而不是检讨自己的问题在哪。他还会告诉自己与周围的人，就是听了某人的建议，才害他变成今天这个样子。对方的好意被扭曲，这会让人感到无奈，自然不想跟他多交流，免得自找麻烦。阴土性人从此就困在自己局限性的思维里，也越来越不可能进步，这也就是为何阴土性人总觉得自己悲惨的原因所在。

阴土性人不是依着事实做判断，而是依着自己的悲情想法做判断，他根本不管这是不是事情的真相。他不想变通，也不想知道例外，他只想用一个方法面对全世界，要么他全盘相信你，要么他全部否定你，他不愿意自己去想，他认为这是讲解的人应该负的责任，只要出现问题，就是怨别人，自己永远都是受害者的立场。各位是不是觉得这样的想法很可笑，怎么会有人让自己一直是受害者呢？这就是怨之禀性的人格特质，他太容易陷入怨的泥沼，无法自拔，所以阴土性人大多固执死板、不知变通，纵使有理也说不通，除非他自己受够了，愿意放下脑中莫名的坚持，最后才能走出悲惨主义。

浅信、猜疑

无法清楚理解对方的意思，不论对方是拒绝你，或是给你建议，只要不如你愿，或是最后的结果不好，阴土性人都会一股脑地往外怨，然后心中开始怀疑对方的用意，闷不作声地开始一连串的搜证过程。这时内心已经产生了猜忌心，就在几次观察对方后，默默地把对方的行为与自己内心的怀疑联结，什么都不与对方沟通，全部都闷在自己心里，直接认定了自己的怀疑论点，人我关系就此动摇了。不论是夫妻关系、上下属关系还是同事关系等，阴土性人从来不会反省自己的认知错在哪儿，都是一股脑地相信自己的推断，最后，对人总是不放心，处处抱着怀疑的心态，自己过得很累，别人也觉得很累。这样的心态没有觉察，猜疑心越来越重，习以为常后，全面影响生活中的人际关系，无法信任他人，处处提防他人，内心无法感到踏实，心里也无法平静，生活总像有块石头压在心上，活得很孤寂、很不轻松。

我观察职场当中，很多有能力的高阶经理人，或是高阶主管、官员等，对人都有着极度的不信任感，怀疑心非常强烈。这可能是因为环境太过险恶，人事太过复杂，彼此之间尔虞我诈，眼见相互斗争、下场凄惨的人比比皆是，更加深了对他人的猜忌心。其实不是心存不良的人太多，而是我们工作久了之后，内心复杂了，把所有人都设想成坏人，对谁都不信任，处处疑神疑鬼后，才分不清楚谁是真心、谁是假意的。每件事情，都要想得非常复杂，不断揣测别人的用意，处处提防他人，自己还要留一手，随时安排着自己的退路，活得当然辛苦。更严重的，分不清楚青红皂白，连自己忠诚的部属也怀疑，看似功成名就却没有知心的朋友，吃的是山珍海味却比不上吃粗茶淡饭的心安，过着位高权重的生活却是心惊胆颤。这是阴土性人的另一种自我煎熬——把自己的人生过得相当累。人生活到如此情况，还不可悲吗？如果看不见自己心智模式的运作，即使拥有令人称羡的名利地位，又有什么乐趣可言？

阴土性人的心智模式，为了寄望未来，而不愿当下脚踏实地地去行，等着别人来救赎，这样等于一无所得。《圣经》当中有一段很好的故事，有一位得了三十八年麻风病的人，一直躺在路旁，等着人把他抬到有神力的水池旁边；可是他一躺躺了三十八年，仍然没有往水池前进半步。有一天耶稣看到他，问他："你要不要被治疗？"他说："当然要啊！但人心险恶，他们只顾自己，绝不会帮我。"耶稣不理睬他，再问他一次："你要不要被医治？"他说："要是要，但等我爬过去，水都干了。"耶稣第三次再问："你到底要不要被医治？"他说："要。"耶稣告诉他一个方法："好，那请你现在就站起来，自己走到水池边去。"

我们都想被救赎，我们都想走出人生的阴霾，我们都想好命，但我们要愿意接受现实，依着现实去改变。如果我们就像麻风病人一样自怨自艾，这样的人生又有什么进展呢？难道我们要选择三十八年来，都是痛苦不堪吗？从现在开始转变自己的心智模式吧，阴土性人的转变方式如下。

相信一切都是最好的安排

怨之禀性的人，心中会自动跳出受害者的悲情幻想，因此遇到不顺时，内心要不断告诉自己“这一切都是最好的安排”，要明白“一切都有因果”，让自己心甘情愿地接受。古人说：“天加福是逆来的”，要深信“所发生的一切，都是来成就我的生命，是来送福的”，真心地相信一切都是好事，自然能够转化怨气。只要当下能满心欢喜地接受，不升起任何的怨怼，并努力地付出行动，问题自然就能一步一步地解决，再过一段时间后，我们就能看出逆境所要带给我们生命的变化，以及变化后所来的好处。当下次再发生类似的情况时，你就会有足够的智慧看清问题，并包容他人，找到合理的解决办法，面面俱到，让人敬佩。这就是土性人的天性，只要不怨，我们内在本有的包容力就会发挥作用，让我们有足够的力量来化解这一切难题，尽管在充满逆境的环境中，我们一样能从缝隙当中，走出一条合乎天道的路来，自然得到上天的眷顾，那往后的人生，定是越来越顺遂，这不就是天加福是逆来的？现在就看你有没有本事承接了。

常存良心，回归单纯

土性人的天性当中，有着比任何人更单纯的心念，不论对谁，都可兼容并蓄，厚德载物，这也是化所有禀性的根。长存良心，当自己能够时刻相信自己的良善会有天助，这时的内心会相当平静，智慧自当显现。存良心就是指保持我们的初发心，回归我们原本的单纯，做任何事情初发心越纯正，效果就越好，内在能量就越强。我们做任何事情只问自己是否真心，不断地往真心的方向做，慢慢地我们就在道上了。道就是信实，《老子·道德经》第七十三章中说：“天之道，不争而善胜，不言而善应，不召而自来，坦然而善谋。”这意思是说，当我们回归于道时，我们不需通过争斗，最后一样会胜出，看起来我们不擅言辞，不与人辩，不与人计较，最后道会有巧妙的因缘安排，给我们最好的回应。不断地化除内在禀性、错误的心智模式，最后感召来的都是美好的人、事、物，心中坦然无欺，真诚以对，这才是真正最好的谋划，一切都无须费力，必定能与天道的运转方式合一，最后走在美好的生命道路上。

木（怒）之禀性的人，常常会有土（怨）之禀性，因两者都有压抑的特质，只是怒之禀性的人，在不断压抑情绪，又没有倾诉的对象时，渐渐就会走向怨之禀性，转为敢怒不敢言，内心抱怨的情况越来越重，最后处在一种自我折磨状态。等到他再也受不了，爆发怒火，却又后悔莫及，下次为了避免同样的错误，就会更加压抑情绪，但是内心的问题一样没有解决，最后仍是不断地反复发生，极度自我矛盾。因此必须懂得觉察禀性的心智模式，在一开始不悦时，就将内心的情绪，适当地表达出来，最后就能不受怒之禀性与怨之禀性的连带影响了。

四、“金”性人：义与恼

金性人的天性就是“义”，禀性就是“恼”，义为阳金，恼为阴金。义是指一种“无我”精神，是放弃小我，成就大我的精神。金性人的天性当中，自然有一种舍身取义，肯牺牲自己利益，来成就更大利益的精神。而他为何有这样的胸襟呢？因为他善于取人之长，意即心中常存他人的好处，总是看人的优点，自然能生出义气。阳金性人本有一种不计较的心胸，想想看自古以来的英雄豪杰都是如此，所谓“有福同享，有难同当”，如果说仁是人的本心，那么义是人所要选择的正路，朱子云：“仁者，心之德、爱之理。义者，心之制、事之宜也。”可见善恶、是非、真伪，都是用义字来判断，这是心态的制裁判断，后展现的合宜行动。义的其他展现行为有：性情豪爽，善于交际、言谈，活泼开朗，敏捷果断，取人之长，知过必改，危难不避，劳怨弗辞，见义勇为，见得思义，以上也是阳金性人的特点。

阳金性人能无时不刻地找对方的好处，不仅能从好人身上找出好处来，更能够从劣人身上找出好处来，这就是义气，故增长的德性是义。但反之，如果他常存他人缺点，总是不断地计较，放不下前朝旧恨，就会往“恼”这条路走，阴金性人展现出来的行为会有下列的情况：好分辨、喜变更、虚妄不实、嘴甜心苦、好冷笑、习于谄媚；妒功害能、掩人善行、喜闻人过、好言人短、刻薄寡恩；得权在位，便能乱世、凶奸之徒，多由此出。在家庭则父子责善、夫妻寡义、分崩离析。这“恼”与佛家讲的“盗”有类似的心态，诸如买东西少给一块钱就乐，有贪好心，受人称赞内心就窃喜或占人便宜就高兴，受点辱就恼，这背后所展现的心态就是恼之禀性。

恼与义相对应，当我们遇人遇事时，无法往义走，就会往恼走，而行为模式渐渐会有“心态多出于嫉妒，好表现小动作；处事虚伪，包藏着祸心；处处盘算，不愿意吃亏与坦诚，生怕自己露了破绽，处事胆颤心惊等”。这样的行为主要是因为太在意自己的利害得失，更为严重的是不愿意让人指责缺点，至于为何会有如此行为，以下我们说明之。

好算计、好藏私、好嫉妒

“恼”就是爱恨交加，内心又烦又闷，其实就是“嫉妒”的心态，就像是看人拥有好处时内心很不是滋味，看人失去好处时心中却暗自高兴，或是认为对方罪有应得。恼是一种闷闷作祟，不易察觉，藏而不露，潜藏在内心运作着的一种小人行径。恼与恨都是藏而不露，这两种禀性的人都不容易觉察自己的问题，阴火性人被虚荣心所包覆着，本是为了掩饰错误而好争理，死不认错，既然自己都不觉得有错，那何来的自我反省呢？阴金性人是被自己心中的算计包覆着，为了得到利益，必须想方设法让一切合理化，为了让过程顺利，处心积虑设计、盘算，除非利益到手，不然绝不善罢甘休。这算计包藏着祸心（祸心不一定是指害人，也可以是指谋取利益），所以不论对谁，绝对不能让人知道，自己内心被利益熏昏了头，也不觉得这样做有什么不对了，最后连自己也误以为真了，那又何来的反省觉察呢？

恼之禀性的人这一生都在算计，算计哪些对自己最有利，以及该如何避免吃亏上当。阴金性人的心智模式就是："谁都可以亏，就是不可以亏自己"，这样的人，永远都在衡量如何将自身的利益最大化，因为初发心都是利益考虑，本意早就不单纯了，所以也很难对人真诚付出。纵使愿意付出钱、时间、精神等，也必定是算计过后，可以在某方面得到相应的益处，才会愿意做事。阴金性人，绝对不会没有目的地对他人奉献，他会在外面表现出一副非常好的样子，其实内心非常有心机，为了牟取自己的私利，花言巧语，所谓"见人说人话，见鬼说鬼话"就是恼之禀性的人格特质。不了解阴金性的人，乍听之下，会觉得他处处为对方考虑、思考非常圆满，外人很容易被他的话给蒙蔽，还会认为是遇到贵人相助，对他充满感恩。其实，这种人根本就是伪君子、伶牙俐齿，却还表现一副大义施恩的样子。

恼之禀性的人非常贪图小便宜，只要有点小利就可以驱动他。不仅是对金钱执着，任何小便宜都执着，当他看见有便宜可以占时，内心会充满着如何巧取的心思，这时小动作特别多，却又想极力掩饰自己的心思，但却让人看在眼里。那种露出破绽的样子自己却没有察觉，久了让人觉得他很不要脸。另外，其对于金钱又是一毛不拔，只要是轮到他出钱，他内心就会非常痛苦，想着如何避免。他让人感觉像是守财奴、吝啬不已，这已经无关乎节俭不节俭，纵使外在表现得很慷慨的样子，仍然会让人看出他的心思，也正因为这些缘故，阴金性人表现出来的行为模式就是"好表现小动作，生怕自己露了破绽，处事胆颤心惊！"其实大家都心知肚明，藏也藏不住。

这“好表现小动作”还有这样的情况，比如嘴边上一直重复工作有多辛苦，为了唤得别人的注意、长官的关注，其目的就是争取功勋、满足内在想要的利益，比如加薪、加班费、慰问金、升迁等。这样的邀功与火性人不同，火性人的邀功，就只是想听到赞美与肯定而已，但对于阴金性人而言，没有实质的利益，是不可能罢休的。如果他再得不到所要的利益，就会将工作中的委屈、吃亏，讲给别人听；在私底下，好言人短，嘴巴会挑拨离间，以唤得他人重视大家内心的利益，让大家都认为某人/主管特别差劲，连这样的奖赏都拿不出来，让大家信以为真，好替他说话，让某人/主管没有好下场。这样的行径久了之后，搅得人心惶惶、心神不宁，彼此充满对立与不信任，最后自己也在劫难逃！

阴金性人的本位主义非常重，他心里想的都是：“永远希望别人对我好、希望别人照顾我、希望别人站在我的立场想”，非常自私自利。这主要是来自家庭教育当中，父母亲太过疼爱这位孩子的缘故，这样的小孩，通常也比较聪明伶俐，比较容易讨父母亲的欢心，养成了“生活必须以我为中心，对我好是理所当然”的潜在心理，自己没有觉察,却不断运作的思想活动。阴金性人考虑的出发点就是以“我”作为起点，在家庭中，父母要把我摆第一；结婚后，另一半要以我为优先；在朋友关系中，朋友要对我有情有义，有好处要先给我；在职场上，主管要处处考虑我的立场。随处可见不公平的对待关系，只期待对方付出，自己却从来没有想过一点回报，非常刻薄寡恩。这样的行为，势必让人反感，日久就看出你的现实功利，最后的人际关系一塌糊涂！

专挑人毛病

阴金性人聪明伶俐，为人非常精明，眼睛一看，就知道别人在搞什么鬼，一切都逃不过他的法眼。这是天生的特质，却也变成专看别人不好的习惯，最后成为看什么都不满意的个性！专看别人不好的一面，就是专挑别人缺点，内心有一种“看不上对方，可又偏偏离不开那环境”的心理模式，比如说，如果主管赞美其他同人的好处，你内心会嗤之以鼻，心里酸酸地想：“那又没什么！”因为你觉得自己比他们好太多了，你看他们就是各个不如你，无意当中，你会产生一种“不自觉地厌恶着他人，很难跟他人接近”的行为模式。

你总觉得自己很好，看不上他人，可是又不得不一起生活，你心里常会想：“怎么会跟这样的人在一起？”觉得自己身价降低了，都被他们拖累了，很想离开他们，或想证明自己的能耐，偏偏又不得不与他们在一起，那种“孤芳自赏，患人之不知己”的心智模式，让自己陷入一种自我折磨的心境。放不下清高的自我，又没办法融入对方，难掩对他人的厌恶心，所以显得不自然、虚假。因为不喜欢对方，自然与对方格格不入，就像一条无形的界线，处处有隔阂，他人无法亲近你，而你也无法与他人长久交往。如果你愿意真心地反省自己，你会发现你所嫌弃的人，就是你自己；他们身上有的问题，你自己也有，你根本也好不到哪里去。不妨静下心来看看，你可以这么清楚地看见别人的问题和缺点，不就代表着你内在也有同样的问题与缺点？如果你自己没有亲身经历过那些心态，你怎么可能会这么清楚？

恼的特性会让自己有越来越多心眼，最后连整个环境都可以看不惯，嫌地方脏、嫌政策、嫌东嫌西，最后嘴巴就会一直琐碎地叨咕。那种对环境不满意，却又难以摆脱的无奈状态，会让心里不断冒出：“怎么又是我在做？”“我是要做多久？”“你们难道不能自己检讨一下吗？”“怎么我周围的人都是一群讨厌的人！”这种絮叨，在家里会让人反感、在公司会让人觉得你很难安排做事，最后影响你的家庭关系、仕途前程！

说不出、道不明

阴金性人心中所算计的无法跟人透露，所打的主意更不能明讲，为了让利益得以顺利到手，千方百计地设计一切，布局一切，就是不容许有任何差错。你不愿更换计划，只要他人不依照你的想法去做，你还要百般说服对方，这是因为里面牵涉太多隐情了，你都不能公开，只能让对方依照计划实行就对了。在旁人来看，明明有其他更好的办法，你却坚持要这样做，对方不理解地问你：难道换其他方式不行吗？你有口难言，搪塞敷衍，这更让人心起怀疑。纵使对方的计划一样能实行，你也不愿意变动，就是执意实行，这是因为背后牵涉太多利益关系了，只要一个变动，就会打乱一切，根本无法动弹。所以阴金性人的心智模式，会让自己这一生都处在“说不出，道不明”的内心折磨中。

好算计的人，心中非常挂记利益，无一刻得以清闲，处处想办法，时时检视“利益”有没有依计划进行，不论身在何处，都非常关心。这是因为心中总是装满着那些算计，所以心里不得清闲，一定要到最后落袋为安才放心，说白了，就是怕钱跑了，也常因过程当中的一点小事，就走不开身，如有一点不顺利，就闹得不遂心，即使放假也不会高兴，心情不愉快。时刻嘴边就哓哓不休（恐惧声）：“怎么会这样！一点小事也办不好！”“怎么我身旁都没有一个有用的人！”讲话刻薄，不断怪罪别人，让人感到心寒，其实是内心害怕利益出问题，比谁都要紧张（这与阴火性人的怪罪于人不一样，阴火性人是为了自己的虚荣心找理由，怕下不了台，丢了面子）。别人要他说清楚，他又说不出口，因为这牵涉自己的利益，有很多隐情在里面，总不可能告诉别人你从中得到多少好处吧！总不可能把心中算计的那些事情都跟别人讲吧！所以处在一种“说不出、道不明”的自我折磨心情。内心害怕被人看破手脚，毁了那冠冕堂皇的话与圆融的形象，假设利益真得不到手，只能自己把亏吞下来，如果为了讨回利益，反而落个唯利是图的形象，毁了自己清高、尊贵的形象，这更是阴金性人最不愿意做的事。

就在这种种矛盾的心情当中，阴金性人的恼气特别强烈，心情起伏特别大，为了保护自身的利益，会更加使用手段、方法，以巩固自己的权力地位，不惜牺牲别人，忘恩负义，此时任何虚伪、欺骗、奸诈、凶狠等恶行怪径就会展现，然而因外面伪装得非常巧妙，所以别人也不易识破。如真的再也忍受不了利益的损失时，为了巩固自身利益，什么形象都不管了，就会流露出小人嘴脸，寡廉鲜耻，却还讲得一副理所当然的样子，此时只有阴金性人心知肚明我此处在讲什么，我们应静下心来反省自己，自己的内心是不是有这样的模式运作着。

恼之禀性的人，很难揪出内心的问题。虚伪心越重，就越难化禀性，虚伪心让你无法真诚面对自己的问题，也就很难看见自己的心智模式。在虚伪、谎言不断包覆的情况下，只会一直回避问题的症结点，越不能让人知道越好，同时，内心总是不断地算计利益如何到手，故心念非常杂乱，身体也轻松不起来。正因为太精明了，看得太清楚了，结果聪明反被聪明误，这更加深虚伪、欺骗等行为，反而让事情更复杂，问题就像滚雪球一样一直扩大，既然错了，只能一直走下去，因为怕被识破，所以更加小心谨慎，处处设计，愈演愈烈，最后危害极大！

分辩心

分辩心是恼之禀性的根，是“辩”字，不是“辨”。它与辨别是非、分清善恶的心理状态是不同的。分辩心的行为就是：“好计较小事，过分地执着利害得失，明知道是错了，也不愿意让人指责缺点，故常常进行辩驳。”分辩心是一种不老实的表现，不愿意暴露自己的过错，为掩盖缺点而进行分辩，怕承认错误而不断进行辩驳，唯恐被人割掉他身上的“毒瘤”，所以恼气长存。至于不愿意开诚布公，都是因为内在藏着复杂的利益关系，怕被戳破，所以不断地掩藏，有时在外面伪装得很巧妙，不易被人们识破。

分辨心就是自私心膨胀的产物，因为心心念念想的都是自己的利益，当然更不愿意放手，俗语说：“到嘴的肥肉，难道就这么飞了吗？”不甘心，不愿意放弃，非常执着，这无意当中，把人我分得一清二楚，非常现实、非常势利，也让人感到无情。通常阴金性人所接近的人，一定都是能带给他实质利益的人，不然他是不会花时间与他们相处的。没有得到实质好处的付出，阴金性人是不做的，所以做人处事显得冷淡。这样的人对朋友、对同事缺少“义气”；对妻子（丈夫）、孩子、父母缺少“情义”；对团队缺少“忠义”，阴金性人遇到危害自身利益的情况时，可以说跑就跑、说放就放，全部都是以自我为中心，不考虑对方，他内心的想法就是：“我自己都不好了，我还要照顾你吗？”这样的心态，延伸出吝啬、自私，凡事只考虑自己，大难临头各自飞的无情无义做法！

虚假不老实、怕曝光

当恼之禀性展现后，为了巩固利益，虚假不老实的心智模式会自动运作，后续就会越藏越深，层层包覆。这样的情况发生在家庭、组织、公司，以及人我相处的关系上，阴金性人解释为“自我保护”。这种心态，就像是在保护一种无法用言语形容的“无形利益”，在自己的内心难以取舍，害怕自己会损伤了什么，特别耿耿于怀，放不下心。有时自己明明也知道，有些利益不用在意，也没有多少，但只要从你手中拿出去，就像割自己的肉一样挣扎。这种狰狞的感觉，就像是舍不得，但又不得不面对，又想遮掩自己的舍不得，表现不在意的样子，却偏偏又做不到坦荡，结果不自觉地辩解自己的种种行为，讲述这样做的种种原因，越描越黑，生怕别人对你起了疑心。纵使别人没有问，自己也会说得头头是道，因为心里有鬼，自己没办法安心，一方面又怕被识破，如不解释，又怕别人乱想而误会，所以编织一套合情合理的谎言，自圆其说，内心相当狡猾不老实，如讲得不圆满，自己又时刻不能安心。在这种难以取舍的自我煎熬当中，就好像在保护什么“无形利益”一样，躲躲藏藏、遮遮掩掩，内心非常不痛快。

当这心理状况不断发展之后，就会产生说谎、嫉妒、虚伪、欺骗，甚至出现奸诈、凶狠等恶劣卑鄙行径，愈演愈烈，最后东窗事发，终究摊在阳光下一览无遗，自取其辱；不然就好像是守着秘密一样过日子，躲躲藏藏，终究不会轻快。纵使达成了利益，内心也觉得见不得人，如被人看穿，不是招人厌恶、唾弃，就是怀着一种亏欠感，一生行径不光明磊落，所做的事情也没有多光彩，最后不论利益有没有得到，内心常怀忧郁。而这样的隐藏与不能见光的勾当，让你没有办法讲出真诚的话，内心藏着脏，藏着不为人知的丑态，这些隐私转变成毒气藏在支气管，这也就是阴金性人为何肺部疾病特别多的原因。

让阴金性人坦承自己的错误，是难上加难。操控着他的行为就像是“唯恐割掉他身上‘毒瘤’的强力保护心态”，不愿意把见不得人的心态暴露，所以恼气常存。如果有人试图要割掉你身上的“毒瘤”，你的心智模式就是“辩到底”“推卸到底”，这是阴金性人不自觉的反应模式。话讲得非常圆满，讲出来的话非常漂亮（这与阴火性人是咬着邪理争辩，让人厌恶完全不同），阴金性人这样的辩解会让人觉得很不老实，让人难以信任与托付重任。

阴金性人以为自己辩赢了，保住利益了，其实别人反而把你的心思看清楚了，不想再跟你多说些什么了。也就在这辩解的过程当中，让别人知道你想掩盖什么、执着什么了，那就像是一种“此地无银三百两”的自我暴露。渐渐的，正直的人不再跟你交往，因为他们知道你是小人，你所走的行径都不光明磊落，这时留在你身边的人，都会是谄媚你、奉承你、顺着你的势利小人。久了之后，你周围的人也都跟你一样虚伪、狡诈，而你再也无法分辨真假，这不是因为你看不清楚真相，是因为你的内心已经被虚假蒙蔽，被利益熏昏了。你以为你保住了权力地位，其实是活在一种假象当中，最后反而被身旁的亲信陷害，自己还不知道！这是阴金性人不断循环后的必然结果，也是物以类聚、人以群分的最佳证明，最后自食恶果，就是阴金性人的下场！

我不是要你受了委屈，或是被人误会了还不辩驳、不解释，这样的行为与阴金性的虚伪包藏是不一样的。我是要你对自己的虚伪心有所觉察，才不会为时已晚，自己怎么失败的都不知道。不要等到最后众叛亲离，身旁连一个正直能信任的人都没有，等你翻然悔悟时，才知道留在你身边的人，一个比一个奸诈狡猾，那时候想改变都已经来不及了。

算计、盘算是阴金性人的运作模式，任何大小事物，在他眼中就只有利，拜佛做善也是如此。阴金性人走到哪都没有拿出真心诚意来，因此最后都是人算不如天算的结果，所谓“天道忌巧”，这巧就是指恼之禀性。有一个故事，内容是这样的：一位信徒到寺庙求神保佑他的妻子疾病得以痊愈，如果上天慈悲，必定还愿，愿以一头牛作为酬谢。上天慈悲，自从这样祈祷之后，他的妻子在医生的治疗之下痊愈了，这位信徒喜出望外，但内心却开始忧愁烦恼，因为要捐给寺庙一头牛。在当时，一头牛对于一个平凡的人家，是很庞大的财富，他内心非常舍不得。苦闷了几天之后，他想到一个好办法，他牵着一头牛，并带上一只母鸡去市场。有人看中他的牛，便问：“这头牛要卖多少钱？”他毫不犹豫地说：“五块钱！”对方心想，这个人一定是傻子，这是好机会，一定要赶快买，拿出五元给他之后，这位信徒就说：“先生，我这一头牛，一定要连同这一只母鸡一并买才可以成交。”

这位先生没有二话地答应了，便问他说：“请问这一只母鸡多少钱呢？”信徒回答：“五百块钱！”买主惊讶地说：“五百块钱买一只母鸡，这太不近人情了吧，这没道理！”这时信徒反问一句话：“那么先生，请问五块钱买一头牛，你说公道吗？”买主回答说：“这是你自己开的价啊！”这时信徒再回答说：“没错，那这只母鸡的价也是我开的！”买主无话可说，心里想一想，其实这样的总价并没有买贵，于是就再拿五百块钱给信徒，就这样买下一牛一鸡走了。最后，这位信徒拿着卖牛的五块钱捐给寺庙，还了神恩，然后拿了卖鸡的五百块钱，再去买一头牛回来，这就是信徒的真正盘算，真的是一举两得。

故事看完，我想大家一定瞠目结舌，怎么会有这样耍小聪明的人，这么没有诚心。这位信徒，就是阴金性人，对他而言这是合情合理，但是下次周围的人也不会买他的东西，他最后会自食恶果。我们可以说，这位信徒与买主的对话，没有任何不对，但是信徒的用心有问题，这就是阴金性人的“分辩心”，非常巧妙，还辩得对方无话可说。而故事最后的结果，才是信徒真正的祸心，就是拿着五块钱还愿，这就是他的心机，他从头到尾都在盘算。这样的用心往后会吃大亏，因为天理循环，他最后会自己遭殃，这就是古人告诉我们天道忌巧的原因，也是阴金性人最要改变的地方。以下为阴金性人转变的方法：

坦白面对

坦白面对自己的“毒瘤”，不要漠视它，或是假装不存在；也不要逃避它，你越想掩饰的地方，就是你越虚伪的地方，就是你错误心智模式的症结点。恼之禀性是非常狡猾的，它与怒、恨的禀性是截然不同的，怒、恨之禀性最后必定爆发，所以可以透过外显性的结果来反省，但是恼是内隐性，越藏越深，非常难以觉察，很不容易面对。所以当你内心一起分辩心时，就要停住，不然它就像毒瘤一样，一直深入你的内心，如果往后碰上有人要揭开你的毒瘤，你会强烈抵抗，内心痛苦，根本听不下去。这时你内心要生出感恩心，不要急着反抗，不要急着辩解，这是让你解开毒瘤的第一步，听听对方讲的话，不论讲得对不对，你都要反省，因为只有这样你才会知道问题在哪，你才会放下内心不断算计的执着。

找好处、随喜心

心中长存他人的好处，不管别人好坏，凡事都只看他的长处。一个人总是有优点的，看不见别人的优点是你的问题，不是对方的问题。当你真心诚意地认同对方的优点时，就是突破你自己心智模式的时候！日常法师说的："观功念恩。"一心看他人的优点，感念他人的恩德，事事都找好处，古人又说："正面找不到好处就从反面找"，想尽办法地找出好处来，自然就能化除恼之禀性。问题在自己身上，不在外面，是我们内在的嫉妒心、计较心分辩心阻碍了我们看待人、事、物。不要有"以小人之心度君子之腹"的心态，正是因为我们内心想的都是私，都是小人思想，才会眼拙，才会看不出对方优点，这不是对方的错，是我们心胸太狭隘所造成的。

再者，阴金性人要与他人同喜，所谓"随喜功德"就是别人有成就，别人达成目标，我们要试着感同身受，就像自己也达成了一样欢喜，去跟他人道喜，发自内心地欢喜与祝福，这会慢慢化除我们内心的嫉妒心。阴金性人要慢慢与他人融为一体，同时觉察自己为什么这么无法随喜，改变这样的心态，这就是阻碍我们一生的关键因素！

回归义路，为人服务

金性人本身就具有义气，本来就有为人服务的器量。请你仔细回想，生命当中一定有几次慷慨解囊，侠义相挺的事迹，自己也不明白为什么要这样做，就是想要帮助，这就是金性人内在的天性特质。孟子曰："义者，宜也。"因此我们要明白，凡是合宜的，对于大众有益的事，都是义，当我们拿着为己之心为他人服务的时候，就是为大局着想，这样的过程可以化除自己内心的吝啬、算计，最后大伙都可以雨露均沾，自己也可以从中受益，这也是金性人内心本自具有的一种宽大胸怀，相当令人钦佩。

金（恼）性人与土（怨）性人的禀性都有内隐性的特质，阴金性人的内在相当复杂，心思很混乱，这是阴金性人要多学习阳土性人的地方。阳土性人的内心良善，思想单纯，不会耍什么心机，就是平平凡凡，简简单单地过生活，内心能有这样安定的力量，是值得学习的生命特质。不要觉得土性人就是笨，这样过人生，活得多么没有乐趣，当金性人内在有更多安定的力量，且思想诚信的时候，金性人内在的敏捷果断、做事利索干练的特质就能与天生的聪明才智一并发挥，这时生命的卓越已经离你不远了。

五、"水"性人：智与烦

水性人的天性就是"智"，禀性就是"烦"，智为阳水，烦为阴水。智的表现是"达于事理，周流无滞"。于世俗的智能是指通晓知识技能，善于社会中营生应对；于真理的智慧是指了解宇宙及人生苦乐的根源，晓悟人生真谛及了脱生死的原理，并能付诸实践，可谓人间菩萨、觉者、悟者。一位智者所展现出来的态度必定有着从容不迫，活泼自然，随遇而安的心境，这也是阳水性人本自具有的特质。阳水性人的领悟力很高，内心就像湖泊一样平静，这样的言行举止让人非常喜爱，给人一种沉静的力量。阳水性人展现出智的其他行为有沉稳雅静，智能巧思，合万缘而不变。其性格多柔和，恬淡虚静，澹泊明志，涵养力强，功成不居，宁静致远，有着一股生命能量的穿透力，处在他的身边，自然就静下心来。

大智若愚，上善若水，柔和谦下，利于万物而不争；不显山不露水，托底补漏，滋养万物，功成弗居，处众人之所恶，故几于道。虚静自然，却有着看透一切人间真相的慧眼，这不是一般人能做得到的事，却也是所有人向往的境界。不经一事，不长一智，智者是经历人间事物淬炼后的展现，是烦恼过后的菩提智慧，并非不劳而获的投机者，或是与生俱来、生而知之的一蹴可就者。智者千锤百炼，永不退志，有着超乎常人的毅力与忍耐精神，更有处下的包容力，可谓能屈能伸。当我们羡慕别人成就的同时，怎能看不见别人背后所付出的辛苦代价呢？是否看见他深夜愁苦下的烦恼？以及尚未柳暗花明前的孤单？换做是我们，愿意十年寒窗无人知吗？

烦与智相对应，所谓一念悟众生即佛，一念迷佛即凡夫；一念天堂，一念地狱，烦恼即菩提。智慧是苦难过后的结晶，当人身陷于烦恼之中，有如泥沼般不可自拔，越陷越深，这是水性人受禀性影响之后的结果。阴水性人处于烦的状态下，有下列行为举止：多愚鲁，好烦闷，遇事退缩，懒惰邋遢。行多迂阔，多忧多虑，自卑自弃。好抱屈，喜生回头气，优柔寡断，缺独立性，进退失据，处事失机后时，一生多受气。烦与佛家讲的“酒”归于同一类，我们看看吃酒过后的神魂颠倒，疯疯癫癫，痴迷意乱，这不就是烦的行为吗？这酒不但是指贪杯喝酒，就如一动念，吃东西有嫌恶的意思，就是阴水性，因为内心嫌恶当下，必定心烦意乱、意念散乱，这就是犯酒戒，所以染上酒习，必定烦气重。

处于烦的行为特点有“自我封闭，人我思想感情交流的通道常被堵塞”的状况。其实他最需要的是被鼓励、被支持、被肯定，可是鼓励他的人往往觉得他很烦，会被他的状况搞得心烦意乱，自己的心情还会被他拖下水，最后对方讨厌他，他也讨厌对方，久了周围的人也就不再理他了。以下说明是何种原因造成这样的问题。

优柔寡断，自我封闭

烦之禀性的人其心智模式是“处在同一个状况，反反复复，永远跳不出伤悲”。今天有人开导你一番，明天马上又陷入自我否定，不断地往里面陷，没完没了，就像是个无底的黑洞。阴水性人内在受了这种无形力量的牵引，总让他时刻忧虑，内心恐惧不已，对于尚未发生的事情，想得特别多，烦得自己拿不定主意，有时候还会自己吓自己。身旁的人百般劝解你，你就是想不通，身旁的人都要被你烦得受不了了，你还是没有一点进步，迈不出一步，处于自我封闭状态中。

阴水性人所引起的烦意，是思前想后无法做决定，因为他不知道做哪一个决策最好；阴金性人所引起的恼气，是因为尚未算尽所有的可能，还没有办法做出一个最好的决策。这两者都是想很多所造成的内心忧愁，但是心智模式不一样，一个是积极，一个是消极，最后结果也不一样。我们可以仔细留意，当我们想不通一件事情时，常将“烦恼”两个字一起使用的原因，表面上看起来都是因为想事情而愁苦，但其实心念天差地别。而烦之禀性的特点就是：算不出哪一个最好，处处请教人，自己又拿不定主意，别人的意见越多，他越烦，最后自己也乱了，因为他觉得每一个都很好，都很有道理，最后搞得自己不知道该怎么做抉择了！

烦之禀性的启动，小则优柔寡断，大则恐惧缠身，尤其面对未知的恐惧更加明显。因为不清楚自己的未来，看不见未来的方向在哪里时，内心胡思乱想就会启动，这时自己想到睡不着觉，越想越悲观，越想越害怕，演变成一种“恐慌”，自己吓自己！其实“优柔寡断”就是阴水性人的心智模式，那是什么启动了优柔寡断？即是“面对未来不可预期的变化，想求一个最稳定的结果，却又无法经由你掌握！”试想：你挑一个产品会优柔寡断的原因是什么？因为你想象未来每种情境下的需要，但又不敢确定一定会用到，其他情况要是出现时该怎么办？你选择某种职业优柔寡断的原因是什么？因为你害怕未来要是走错了，时间一去不复返了，所以想求一条对自己最好，最适合自己的路，但没有做过谁也不敢保证，不是吗？

不论事情的大小，就阴水性人而言，都是优柔寡断，纵使小到一个物品的选择，大到一个人生的抉择，都可以让你烦乱不已。因为烦乱，又下不了决策，干脆就把事情放着，当作没有发生一样，或是不知道有这件事情，这就是阴水性人的心智模式——“迂腐、自我封闭”。阴水性人不觉得自己迂腐封闭，他认为自己只是还没有想清楚而已，但他不知道这样的状况已经困扰他一生，且相当惹人讨厌了。这是他内心受了优柔寡断的影响，所造成人生总是犹豫不定的结果，因此阴水性人无法与人一起共事，也难成大事，庸庸碌碌一辈子。阴水性人即使自己决定了，只要想到还有其他选择，当下就能后悔，越想越多之后，自己也不想去实行，总是无谓地烦恼，让自己处在妄想杂念与忧苦身心之中！而他人总是觉得“你答应了我的事，怎么都不当一回事呢？”相当令人讨厌！

依赖、拖延

希望别人替他做主，是烦之禀性的心智模式。自己没有个主见，什么事情都希望有人帮他提出主意，事事依赖别人做，期待别人帮他把事情都做好。如果是自己做决定，总感觉不靠谱，害怕做错或出什么差错，总是胆颤心惊，提心吊胆，心里就是“不敢下决策”。不想背责任的思想在运作着阴水性人的行为模式，很多事情最后没有任何动静地摊在那边。阴水性人没有独立自主的精神，做任何事情都想要有人陪，这样他才能感到安心；纵使是一件简单的出门办事，都希望有人一起去。这样的行为，无形当中，他人就像被绑着似的，他人内心很痛苦，与他亲近的人，有一种脱不开身，被拖下水的感觉，相当惹人讨厌。

阴水性人对事情的看法模模糊糊，任何事情一问之下都是不清不楚，不清楚也不会想去搞懂，就含糊带过，随随便便！跟他一起共事的人看不下去，受不了他的做事方法，给了意见，他也听不明白。阴水性人希望别人一个步骤一个步骤地讲清楚，但是没有人这么有耐心，也不可能预想会发生什么问题而先讲清楚。阴水性人如在不清楚的情况下做事，内心会生起害怕、没有安全感的情绪，如果遇到不知道怎么做的事情，又没有人教，却要他自己去想、自己去解决、自己独立完成，他会当场困住而不知如何反应，愣在当下。他知道要向人请教，但就是不敢问，因为害怕对方不好的口气、态度，反而阻碍了他的行动。他也知道要赶快做事，但他因内心害怕所产生的矛盾，反而做不了事，最后愣在那里，放着不管，摆个烂摊子，或当作没有事发生一样。旁人不了解他的内心，只看着他没有进展，等着很着急，越是要求他，他越是恐惧，越是恐惧越是没有行动，最后双方会引起很大的情绪反应，终告失败。

阴水性人不明白对方的情绪反应，认为你只要好好教我一次就可以了，你这么生气有什么用呢？能解决问题吗？我还是不懂啊？他不觉得自己笨、自己蠢，反而觉得别人凶，他看到别人教导他的过程气急败坏，不认为自己学得慢，反而认为对方性子急，何不清楚地讲一次给我听，让我好好地学一次就好？因此阴水性人的行为模式就是“自己愚鲁还嫌弃别人凶，自己慢还嫌别人急”。他不了解别人凶与急的原因，反而认为对方性子太急，个性太凶，才没有办法把事情办好，认为对方这样的情绪，对于处理问题是没有效用的，只是在浪费彼此的时间而已。双方因为认知不同，对方越来越激动，场面越来越失控，阴水性人倒是无动于衷，认为对方歇斯底里。因为阴水性人心里想的是“是你自己讲得不明不白，那要我怎么做？”就阴水性人而言，事情办不成，办错了，永远是对方的问题，不是自己的问题，他倒是很认真、很想学的呢！

旁人很难理解阴水性人的行径，阴水性人给人的感觉就是邋遢懒散，那种得过且过，一日混过一日的人生态度。如果遇到事情不会做，就待在那里，下一步不知道怎么做，就拖着。不想问，因为问了之后一样不懂，因为对方只是一味地大声咆哮，责骂一番，根本不是要教自己怎么做，与其这样，不如不问了。自己摸索，自己想办法，结果做出来的跟对方要的完全不一样，当下更让人愤怒，进而遭到破口大骂，但是阴水性人还不明白，为什么对方要骂他？因为他心里想的是“你有必要这么凶吗？”“是你不跟我沟通的啊？”“是你自己不跟我讲清楚的啊？你怎么能怪我？”“为什么我总是遇到不可理喻的人？”这都是阴水性人的心智模式，永远无法觉察自己的问题。

人只要受禀性的影响，永远都不会知道自己有问题。阴水性人看不见自己的禀性是因为当有人批评他时，他会觉得对方是在“嫌弃”他，他心智模式会自动觉得“别人看他无能”，而陷入一种烦闷现象。他生平不喜欢“被人看错心意”，认为他是笨与无能的人，越是这样对他的人，他越是不想与对方相处，甚至有逃避、害怕对方的心态。长期之后，会处于一种自我封闭的状态，内心世界越来越少与人交流，孤立自己，很多情感不得宣泄，关在心里，造成忧烦思虑的个性。久了之后会悲观自卑，非常没有信心！这样的心智模式，造成他行为的被动，“说一套、做一套”就是烦之禀性的行为模式，因为不想被人讨厌，不想落得做错又被骂的下场，因此选择不主动，等待对方来告诉他现在要怎么做。他心里想“你不来告诉我，不来教我，那就是你的问题”。所以与他相处的人，最后都会被他搞得心烦意乱，无论是夫妻关系，还是职场同事关系，最后都搞得人气急败坏，没有任何人想多花点时间在他身上。阴水性人处处受人冷落，人际关系就像被隔离了一样。

窝囊退缩、错失时机

阴水性人对于尚未发生的事情，往往会提前担心，烦到吃不下，睡不好，那是一种难以言喻的恐惧感，其实他知道事情也没有多难，但内在有一种无可抵抗的恐惧害怕不断地侵袭着他，常常杞人忧天。只要是碰到不熟悉、没有把握的事情，这样的心情特别容易出现，不论事情的大小，会想象各种情景，预设各种立场，不断在脑中排练、排演，只要心里没有准备好，没有十足把握，不会迈进一步。这样的性格，渐渐造成做事慢吞吞，让人感觉总是拖延与不负责任。当他心里准备完成时，事情早已发生了变化，事情的进度已经又推进了，他错失了每件事情应有的处理时机，更让人觉得他分不清楚轻重缓急，总是在扯后腿，从此之后，不再找他共事或委以重任。

这其实是“遇事先退缩”的心智模式，是内在隐藏着恐惧所造成的信心不足，而在心中会自动产生“这事我不行，你找别人好了！”，“这事我不熟，再给我多一点时间准备”，“我现在还没有准备好，时间到了我会告诉你”，“我会自己安排，不用你来管”等想法。所以想的比行动的多，一整天想很多，但是没有做一点事，让人感觉像是只想拿钱，不想做事的态度，给他再多时间都不够，就只想拖延。这是因为他还没有办法排除恐惧害怕的心理障碍，无法让自己跨出一步，所以造成故步自封，画地为牢的情况。只要他的心里还没有准备好，不论别人怎么说，他就是不肯走出自己设限的区域，就像一头愚牛一样，任人怎么使尽力气地拉就是不动，越是强迫他行动，他的内心越是恐惧越紧张，甚至会产生恐慌，吓到惊慌失措，最后放弃，或是哭，或是得抑郁症。而旁人受不了这样的个性，必定是气急败坏地打骂或是咆哮。因此阴水性人“一生多受气”，但他觉得自己明明就很好，何不多给他点耐心，“为什么大家总要逼迫我，难道不知道我已经很痛苦了吗？”这就是阴水性人的心声。

这样的人在家庭中尤其是夫妻关系上，如果是身为妻子，一定常常被丈夫骂，先生觉得她笨手笨脚，惹人心烦，但她心里还觉得先生不明就里，有必要为了这点事情闹得这么不愉快吗？如果是身为先生，一定会被妻子厌恶，妻子觉得他好吃懒做，窝囊没用，但他心里还觉得自己的妻子很强势，很霸道，处处看不起他，有必要什么事情都要求得这么完美吗？如果是在职场上，身为部属，永远得不到主管的赏识，因为他做的任何事情，都不符合主管心意，只会让主管感到烦，最后认定他只能做简单、例行性的工作。他在主管心中一点价值也没有，是随时可以替换的人，但他心里会觉得，我都已经这么用心做了，你为什么还不喜欢我？

如果是身为主管，会让部属觉得你的决策很混乱，跟你做事没有方向，看不到未来，事倍功半！优秀的部属觉得你没有承担力、果断力，不敢授权。遇到困难时，你要员工去处理，如果部属做的结果不好，却只怪员工没有能力，这让部属觉得你没有承担能力，跟着你做事迟早会完蛋。需要你来决策的时候，心里拿不定主意，反反复复，做法朝令夕改，部属疲于奔命，忙得心力交瘁，所谓“将帅无能累死三军”，这让部属对于工作不再有热情，对你的决策总是敷衍了事，或是迟迟不动，因为他们心里想“说不定你明天就改变了”，让人感觉没有果断力，不愿意配合。执行事情之后，虽是交由部属负责，但心里担忧害怕，时刻问东问西，怀疑东怀疑西，就像在监视员工一样，把你自己进退失据、犹豫不定的个性，加诸部属身上，让部属觉得跟着你做事很烦、很受限，觉得你是一个不愿意授权的人，还要处处被监控，最后一个一个离职了。而身为主管的你却还觉得部属不忠诚，忘恩负义，留下烂摊子给你收拾。

这样的情况，在父子关系中也是如此。阴水性人不论在哪儿，总是缺乏行动力，瞻前顾后，有时候因为不知道怎么做，最后心智模式出现的形式就是“干脆不要做、干脆不要去想”，“一切顺其自然就好”的消极心态，却还误认为自己境界很高，是“随缘自在，不疾不徐”，结果只是不断造成恶性循环，更加深烦之禀性，反而让周围的人更讨厌、反感，渐渐漠视你的存在。

悲观自卑

时常受气，常常被骂，渐渐地否定自己，怀疑自己，更不知道现在做的到底对不对、好不好。自卑、悲观、否定的情况就越来越明显了。阴水性人不断地面临挫折，不断地站起来又跌倒，不论怎么做都得不到大家的肯定，最后放弃了，被现实击垮了。内心不断否定自己，遇到有点压力的事情，就没有信心，就想要逃避，不安与恐惧的心智模式启动了，内心盼望着有人陪伴，盼望着有人支持，如果这样的情况持续得不到响应，便会每走一步怀疑一步，事事怀疑自己，最后放着不管了。阴水性人的内心就像小孩子离不开妈妈一样，想要得到一种保护与安慰，这是他内心缺乏安全感所造成的。

因此阴水性人安于现状，没有进取心，讲好听一点叫作知足，讲直接一点叫作没有抱负、消极退缩。等待时机，成为阴水性人的心态，这其实是他安定内在恐惧的方法，却也造成他永远都在错失良机，后悔生叹，因为出现机会的当下，他一样犹豫踌躇，仍是不敢下决策，终生都在等待。久了之后，也就没有什么能力了，只能仰赖他人，什么事情都要别人替他设想好，茶来伸手、饭来张口，最后真成为一个废人，败家子，扶不起的阿斗。

阴水性人看不见自己的烦恼是不必要的，还自以为聪明，他不明白哪些担忧是不必要的，任凭其泛滥，造成不必要的恐惧之心。曾经有一男子，年纪轻轻就满头白发，众人皆不能理解，为何如此？有一日，有一朋友问他：“你年纪轻轻就已经满头白发，到底是怎么回事？”这位男子回答说：“因为我时常烦恼啊！”朋友不解地问：“你到底有什么事情好烦恼的呢？”男子充满无奈的眼神说：“我在烦恼我的满头白发啊！”

世上有无尽的烦恼，而无尽的烦恼往往是自己寻找来的，所谓“自寻烦恼，自找麻烦”。就像故事当中的男子，事情并没有这么难，但是内心的担忧一起，便一发不可收拾。阴水性人不懂得收敛自己的担忧，造成一辈子的恐惧。阴水性人如何转化禀性，以下说明。

叫停脑袋里的负念

阴水性人时刻烦恼，“天下本无事，庸人自扰之”，我们就是庸人。阴水性人平时要懂得将自己负面的念头打住，时刻在脑中提醒自己“停！”每当遇到事情忧烦一起时，就要赶紧在脑中告诉自己“停！一步一步做下去就好了”。我这样讲并不是告诉你不用思考了，而是要你将负面的思考适可而止，保持脑袋的清醒。

水性人本来就有着从容自得的天性，只要内心能够保持平静，智慧自然孕育而生，一点也不需要费力操办。那么何谓平静的内心，我以七里禅师的故事来说明，大家可以以这心境作为标杆来学习。有一天晚上七里禅师正在诵经，有个强盗进来抢劫。强盗拿出一把尖刀，对七里禅师威胁说：“钱拿出来，不然要你的老命。”七里禅师对强盗说：“不要打扰我诵经。钱在抽屉里，自己去拿，但留一点给我买食物。”说罢继续诵经。强盗拿走大部分的钱，正当要离开时，七里禅师说：“收到别人的礼物，应该要说声谢谢啊！”于是强盗向七里禅师致谢后立即就走了。任何人碰到强盗都会心生恐惧、惊慌失措，鲜有人能够保持平静心，从容地应对。

如能让自己面临事情时，保持内心的平静，不烦不躁，不忧不惧，水性人自然能够得出应对的方法，处理得当。

认己不是，化愚痴

既然别人会骂你，会指责你，就是代表着我们的的确确做得不好，因为我们性中多烦，多愚鲁，被情绪阻碍了行动，明眼人看不下去了，才会指点我们。我们要更愿意接受，当下反省自己是哪里做得不好，才惹得对方生气，还要再请对方多多教导，向对我生气的人认错，这样对方反而会耐心地教导你。阴水性人被骂后，当下就慌了，就像是强盗来抢劫一样，内心的平静不见了。这时我们要愿意承认错误，愿意承认自己做得不好，不要被内心的害怕障碍了，不要被骂声、被对方态度吓住了，当下真诚地请教他人，真实去了解哪些做得不好，哪些做得不让对方满意。通过不断的反省、改进，渐渐地就会知道怎么处理，因为当你内在平静时，会有一天突然明白事情要怎么做，就像是恍然大悟一样的。这是阴水性人的天性，是与生俱来的智慧，不要被情绪障碍了。

改变怠惰的心，怠惰会让自己更不愿意承认错误，因为承认错误代表着要重新修正、改变、调整，那将会是来回反复的过程，这时候阴水性人的心里就会再生起了烦念，只要一烦，就不愿意改变了，又只想放着不管了。这时整个心念都是“做这么好要干嘛，又不会加薪！”“主管真是挑剔，这根本不是问题好吗？”“有必要事事都顺从你吗？难道我真的一无是处吗？”这种种心念，会造成后续的心智模式：“逃避、懈怠”。因此，当下就要愿意承认错误，愿意放低身段学习，不论自己是否有理，都要虚心受教，往自己身上找问题，再想办法理解对方，做久了之后，烦念就会渐渐化除，正向积极的能量就会慢慢展现了！

“承担”是改变烦之禀性最好的方法。遇到事情退缩，并不是因为事情真的太难，是因为心智模式认为做不到、觉得太难所导致的错误判断。这样的模式，只要当下愿意承认错误并积极承担、接受任务，就能够改变烦之禀性了。承认错误，积极承担，不断地修正自己，自然能够启发内在的智慧，走出自己内心的困境。你会发现以前办事不明事理的地方，非常可笑，你会越来越上手，越来越从容不迫，每当你看见过往不足的地方，做事不圆满的地方，那就是你智慧的流露，你进步了，自然就不会再犹豫不前，再想依赖他人了，此时迎接你的，就是轻松自在的人生。

当我们了解禀性的运作过程，以及心智模式运作下的因子，禀性就不足以担忧，我们就不再糊里糊涂地过日子，内心将收获平静与祥和，生命的结果必然是充满着智慧与幸福。我们每个人的内在都有着良善的天性，发挥我们本自具足的内在能量，禀性根本无法作用。问题是我们愿意行动吗？我们从来不缺少智慧，我们只是被禀性情绪给阻碍了，我们不需要向外求法，真正的智慧大法在我们的心中，我们何不向自己的天性良心求教呢？

在禅宗《五灯会元》的故事当中，记载一位石头希迁禅师与青原行思禅师的对话，这段对话当中充满禅味，不禁让我们反省，我们四处拜佛求解脱，不知是否也代表着我们内心的彷徨与无助呢？石头希迁禅师本是唐朝六祖惠能大师的弟子，六祖入灭后，他去找寻青原行思禅师。禅师们当天见面后，有着一场很精彩的对话，青原禅师问："你从哪里来？"石头希迁禅师回答："我从曹溪六祖处来"。青原又问："你从曹溪那里得到什么？"石头希迁禅师又答："我去曹溪之前就没有缺少什么。"青原再问："那么你何必去曹溪呢？"石头再答："要是我不去曹溪，我怎么会知道我没有缺少什么呢？"

我们访寺拜佛，无一不是为了求智慧，求解脱，我们都想改变人生的苦难，可我们不明就里，拜着拜着成为一种迷信与妄想，希望神佛保佑我们升官发财、子孙兴旺，越拜反而内心越空虚。一位真正的明理者，随着不断地学习与觉悟后，会明白一切问题的根源来自于自我迷失。如果不懂得反省，还是认假为真，做下了种种错事，那拜佛有何意义？如我们懂得悔悟反省，那就像石头希迁禅师所说的，我们从来就没有缺少什么！我们只要回归内在天性，化除禀性，何来迷茫痛苦？智者云："如不回头，谁为你救苦救难！若能转念，何须我大慈大悲！"这不就是最正确的金玉良言吗？

每个人都有主要的禀性

每个人一生当中，都有一个到两个主要的禀性在运作，换言之，我们这一生就是被这一两个禀性主宰了。当我们了解各种禀性运作的关键后，那我们要怎么知道自己是属于哪种禀性呢？在这里给你一点小建议，遇到事情时，先问问自己的起心动念，真诚地面对自己内心的情绪，然后问问自己，你是以什么样的心态看待这一切，你就会找到自己禀性的运作模式。也许每次状况不同，比如说：当“别人不遵照我的意思做，我就生气”，我内心是因为“想管人而得不到预想的响应,心里不是滋味”的心态作祟呢？还是“不容许别人反驳我意见，我看不上对方”的心态作祟呢？依着这样的方式来归纳自己的禀性模式，反复对照书中的解释，深入了解自己内心的遮障，久而久之，你就会看明白自己。

又比如说：当“遇到别人有进步与成就受人表扬时，我心里就很不舒服”，当下我内心是因为自己明明比对方努力，为什么是他有成就而内心不服的心态作祟呢？还是自己只要看到别人顺遂,不论是谁，就会有嫉妒的心态作祟呢？还是因为放不下自己的尊严，认为我也不差，为什么只表扬他人的虚荣心态作祟呢？这些心态背后的禀性是什么呢？答案只有你自己知道，你心里清清楚楚，你骗不了自己。只要你愿意留心观察每种禀性的运作方式，不断觉察，并反复对照书中的解释，久了之后，你必定能看清自己心智模式的运作，你必定不再受错误心智模式的控制，你的头脑会越来越清明，你的意识会越来越澄澈。直到有一天，你内在本自具足的智慧会大显，当下照破无明，你就能体会本自具足的喜悦与祥和！这时世界上的任何东西，都不能与你内在的喜悦相提并论，这就是得道，这就是你本来拥有的，其实我们本来就什么都不缺了！

如何落实化除禀性？

想要化除禀性，第一件事情要“真诚面对自己的起心动念”，六祖惠能大师说：“常自见己过，与道即相当”，要想看见自己的过错，就必须真诚面对自己所有的起心动念。每做一件事情时，请扪心自问是天性还是禀性，把你的良心拿出来，检视每件事情的存心为何？你就会明白心智模式的运作。很多人看不见自己的心智模式，是因为他认为这样做没有什么不对，既然没有不对，那为何我们的健康、生命、生活、家庭、事业处处都不顺呢？我们总认为上天对我不公，他人故意跟我作对，或是环境际遇不好才让我失败的，那么既然我们是对的，为何别人、上天、环境要跟我们对立呢？如果我们从头到尾就是不愿意反省自己，而选择让错误的心智模式牵引着我们一生，那么我们现在所遭遇的后果，又有什么不能接受的呢？

想要化除禀性，第二件要做的事情就是“真心忏悔”，就是老一辈人说的“翻良心”。我们为什么没有办法忏悔，为什么翻不出良心来？因为觉得自己什么都对，为什么需要忏悔？我又没有做出什么伤天害理，杀人放火的事情，我要忏悔什么？我又没有吸毒犯法，我到底要忏悔什么？我们看不见自己心念的恶，却执着于一定要有犯罪的恶，那当然翻不出良心来！所有禀性造下的问题，全部都是一开始起心动念的错误没有觉察，怎么我们执着于结果上的错误，却不敢面对内心上的错误呢？自己讲得一副义正词言，请问杀人放火，伤天害理是身为一个人应该做的事情吗？忏悔就是承认自己心念上的错误，人只要一承认错误，禀性下的心智模式自动就消失了，天性良心就显现了，这时你所感受到的生命力量，就是你内在的智慧能量，何必扯了一大堆不相干的事情呢？只要一一面对自己的内心，在“当下忏悔”这个地方下功夫，慢慢地，禀性就会化除。私心一除，天性就展现了，久而久之，就会越来越轻松自在。

化除禀性之第三件要做的事情就是“在现实的生活当中实践”。人离不开人群，人生所有的问题都跟人有关系，我们所学的任何东西，最终都要在生命的关系中应用，必定要在生活当中实践，不然一切都是空谈，于生命无益。我们不能逃避生活，更不可能逃避生命关系中的伦常，伦常才是我们生命当中的真正功课，我们不能因为跟对方相处得很痛苦，就选择逃避，这样没有办法化除禀性，生命也不会真正的受益，内心更享受不到真正的清静。因为“佛法在世间，不离世间觉”，所有一切的改变，都是建立在人间，那要怎么在日常生活当中面对禀性呢？又要如何在家庭五伦关系中应对呢？这是我们第三章所要说明的，再请读者们从这些关系当中，找出自己观念不正确的地方，检讨自己那些不圆满的地方，从中改正，一一落实，相信最后必定自在清静、家庭幸福、人生圆满。

第三章

转化生命中的禀性

现代人不强调伦常了，认为那是封建礼教，这个时代还有谁管这些古老的东西，大家顶多知道五伦是什么，至于为什么要做，要怎么做，学校没有教，自然没有人理会了。伦常是古人的用词，用现代的语言来说就是人际关系，也就是生活，生活就是修炼的道场，是考验我们心性的地方，是真实改变我们命运的地方。以前的我，认为现代化工商业社会，一切以利益为重，自己都顾不好了，哪有时间去管别人。我们从小被教育着竞争才能出人头地，纵使我们在帮助别人，仍会处处提防对方，因为害怕别人胜过我们，所以私底下钩心斗角、争功推过、互相陷害。我想现代大部分的组织文化都是这种气氛，古人所说的尽忠职守、体恤下属，早就抛到九霄云外了。现在的社会，谁开的工资高，人们就不顾及过去恩情，马上换工作，我们所考虑的都是自己的利益。而上司根本不关心下属，老板所在意的都是自己的利润与目标是否有达到，员工只是老板的生财工具，工具坏了换一把就好，彼此之间就只剩下利益关系而已！

我们现代人看起来知书达礼，其实内心都是很污秽的，我们把固有的仁义礼智信抛在脑后，选择相互竞争，让自己的生命过得很辛苦。过往，我总觉得自己做得很好，认为没有做什么坏事就是好人了，就应该要有好报了，殊不知起心动念的恶意，就是造恶的根，无形当中都在造恶，禀性不化命运怎么会好呢？怎还期待自己事事如意呢？当我学习伦常道之后，我才知道自己所做的事情，根本还称不上一个好人。我反复对照古人一生的所作所为，再检讨自己的问题，并重新理解圣贤经典后，我了解到经典是圣贤实践过后的记载。所有的道理都是要透过实做、实践，不断在生活上运用，才会有所感受，这不是知识、不是教条。圣贤智慧不仅可以作为人生重要的准则，还可以作为躲劫避难，安身立命的护身符。当我内心有这样的反省与觉悟后，我的人生开始觉得踏实了。

我们都知道圣贤的教育、思想很好，可是我们偏偏做不到，当发生问题时，我们时常处在天理与人欲的挣扎之间，最后都是否定圣贤教育，觉得圣贤讲的话离现实太遥远，那些道理根本派不上用场。我们觉得用不上，绝对不会认为是自己的问题，反而会说是圣贤讲的太难了。我们自己做不到，只要找个合理的借口，轻易推诿就行了，但对于别人，我们却拿着圣贤的标准去要求，大肆批评对方，这种双重标准的心态，我们可曾感到羞耻呢？圣贤讲的往往与我们的人性私欲相反，怎么不说是我们的禀性太强，却说是圣贤讲的话太难做到？我们给自己找一个非常合理的借口，认为这世上要真是照圣贤的话去做，那一定会以失败收场，最后被淘汰的人一定是自己，这根本就是一派胡言。怎么不检讨自己，就是因为我们心里根本不相信圣贤这一套，才自作聪明地胡作非为，导致今天的下场。

老子在《道德经》上说过："不知常，妄作凶！"是我们自己背离了真常之道，随意造作胡为，才产生了种种人生不顺，怎么我们不反省自己的所作所为，却怪罪于天理不公呢？古人曾说："不信你看看吧！越是不尽伦常道的人，如父母不慈，子女不孝，兄姊不友，弟妹不恭，朋友不信，将来越吃苦受罪，没有福享，准是苦恼无边啊！"这不就是我们背离常道所感召的苦头吗？我们还觉得圣贤教育不符合现实吗？

接下来我们所要说明的是：如何在亲子关系、夫妻关系、职场关系、手足关系、朋友关系当中转化禀性。我并不从学术上做文字探讨，而是跟大家分享我在实践过程中的受益与转变，与如何透过圣贤经典教育来化除自己禀性的经过，供大家参考。这是我不断落实圣贤教育后的一点点体会，与圣贤相比，根本称不上什么智慧，但也希望对大家有所帮助。圣贤所传给我们后代子孙的一切，都是为了帮助我们化除禀性与走出错误心智模式的束缚，让我们有正向、光明、良善循环的成功模式。这样的正道，让我们走得长久，走的心安理得，让我们一生真正有所保障，更是遇到困难或人生重大决策时的重要依据，不仅自己一生受益，子孙也永远受益。哪怕我们起步晚，我们也不能放弃，哪怕我们没有聪明才智，也都要好好学习，这与《朱子治家格言》所说的“子孙虽愚，经书不可不读！”是一样的道理。

认清生命的重点

进入生命的修炼，必须先谈孝，孝顺的道理，我们耳熟能详，从小听到大。我们都知道孝顺就是要听父母的话，不要让父母操心，不要让父母生气，要感恩父母一生的辛苦，但现实生活当中我们就是做不到，或是做得很形式化。我们心里会觉得，我们受了高等教育，懂得比父母多，难道还要事事听父母的话，这样的孝顺有意义吗？做这些有什么好处？大多数人都认为这是礼教束人，或认为这是为了控制后代子孙的偏见说法。我发现这些说法都是自己不想做的借口，其实是我们不想面对难以处理的亲情关系，是我们不想面对自己丑陋的内心，才给自己找的歪理。我认为真心行孝就是化除禀性最好的工夫，古人所说“百行万善孝为首”是有道理的，如果我们对自己最亲近的父母、公婆、配偶、孩子等，都无法面对，都难以改变或是彼此怒言相向、放不下仇恨，那就别说自己多有能力，多有境界，多有体悟了，那根本就是自欺欺人，逃避现实的一派胡言。

我们不愿意低头认错，反而指责父母的过失，认为“天下无不是的父母”是礼教吃人，其实这都是禀性作祟下的错误心态。如果我们总是看不惯父母亲的某些行为，挑剔父母的言行，心生怨恨，难道我们就没有令人看不惯的行为与言语吗？我们自己为人父母之后，就没有缺点吗？我们何不静下来反省自己？父母看似不合理的行为，其背后的苦衷与用意我们真的理解吗？也许真的有某些行为不好，为何我们无法感化,反而是一味地怪罪呢？然后将自己一生的不幸推给父母，难道我们不用为自己的人生负一点责任吗？难道人生不是靠自己打拼的吗？我们何不切身反省自己，是不是我们越看不惯对方的地方，也正是自己禀性用事的地方？自己最不喜欢父母的地方，也与父母亲有着相似的禀性模式，不然怎么会相互产生共鸣？

未化除禀性前所呈现的一切都是偏见，随着自己不断化性之后，我静下心来体会父母的所作所为，发现他们也有自己的人生功课需要突破，也有自己的难关、苦处，也有自己的缺陷，他们已经尽了最大的努力，人生接下来的路，该是由我们自己去走了。我们不了解他们的局限，不体谅他们的付出，反受禀性的影响肆意批评，偏见之深，造成了很多误解与悲剧。我们大可不必如此，因为带有仇恨的行为并无法有效地解决问题，只会不断加深自己的禀性，反而让自己苦恼、怨恨不断，更无法释怀对方。其实事情没有这么严重，当我以化除禀性的工夫来重新看待“天下无不是的父母”这句话后，我慢慢发现，所有我们认为父母的不是，都是我们不知感恩后的结果！

古德云：“不管父母慈不慈，但问自己孝不孝。”倒找一面，找自己错的那一面。找找自己没有做好的那一面，问问自己良心！我们从来不问问自己做得好不好，一味地要求别人做好，要求他人处处遵照我们的意思来办，我们自大不已，认为自己都是对的，内心没有恭敬心，不懂得尊重父母，还处处要求他们来配合我们的一切。我们把自己当作官老爷，拿着严苛的标准评判父母，请问我们自己又做得如何呢？每个人都有自己的本分、本位。本分立稳，问题自然就没有了。为人父母，只管自己慈不慈，不管子女孝不孝；为人兄长，只管自己宽不宽，不管弟弟敬不敬；当先生（丈夫）的，只管自己义不义，不管太太（妻子）顺不顺。道在自己身上，凡事寻思自己的本分，就如同当父亲的要寻思怎么当好父亲的道，当儿子的要寻思怎么当好儿子的道。曾子说过："君子思不出其位"，意思是说，我们脑子要想的是怎么做好自己的本分，而不是整天想着要别人怎么做好本分。当我们事事以自己要如何尽本分来思考之后，便不再用禀性看人，也就不会再偏颇地看待一切。

我们必须了解，人生的很多问题都必须从"孝"来落实，才能化除内在的禀性问题。我理解很多人这一辈子都想发财、成功、家庭和睦、亲子关系融洽、夫妻同心同德，我也不例外。但是学了这么多方法，为什么就是没有办法实现？想尽办法解决问题，怎么问题永远解决不完？努力打拼追求，可为什么结果总是不如人意？我们来看看《大学》是怎么说的："是故君子先慎乎德：有德此有人，有人此有土，有土此有财，有财此有用。德者，本也；财者，末也。"以前我总是弄不懂，为什么圣贤要这样讲？何以笃定一个人只要有德，钱财就会来？钱财不用去打拼，就会自己来，这怎么可能？可是圣贤的智慧讲得这么明白，我怎么感受不到呢？这一段话的意思就是说，作为人，最重要的首先是德性的培养，一个有德性的人，会有属于自己的团队；当有了自己的团队，大家会齐心经营，才会有成功的事业；有了成功的事业，自然会有钱财流进，有了钱财之后，再将部分的钱财拿去用在德性的培养上，加深自己的德行，形成良善循环。所以德是本，而财是末。圣贤认为只要有德性，赚钱是迟早的事，与其汲汲营营地想钱，不如培养自己的德性。圣贤并不是叫我们不要打拼赚钱，而是告诉我们要先培德，有德才有后续的一切，那么德到底要怎么做才会有？什么样的德才是根本？

老一辈常说：“是财不会散，是儿不会死！”这一句话的意思是说，只要是凭借着自己的德性所赚进来的钱财，绝对不会流散。这句话千真万确，因为我看过太多实例见证了，了解很多人一生赚了很多钱，为钱忙碌算计，但最后还是将赚来的钱赔光了，或是人生最后结果不好，活得相当狼狈。这都是因为不了解钱财的法则，误以为只要有能力就可以掌控持有它，其实它是需要德性的涵养才能够持久善终的。老子有言：“金玉满堂，莫之能守。”我们每一个人都想金玉满堂，但只知拼搏却不知如何保持，殊不知我们自身没有德性时，最终根本守不住钱财。既然守的功夫在德，那何谓德呢？那德之本又在哪里？

《孝经》一书讲明：“夫孝，德之本也！”当我看到这句话时，我才恍然大悟。为何很多人一生钱财难关重重，或是家庭不和睦等，因为最基本的孝道没有做好，把重点摆错方向。一心追逐钱财，用尽心机、手段，花这么多时间、精力在无关痛痒的地方，在圣贤眼里这是末，因为根基不稳，一有风吹草动，就翻覆了。所以圣贤提醒后人“德者本也，财者末也”，因此君子首先谨慎于德行。而德之本在孝，这也就是为何古人苦口婆心地告诫后人，百善孝为先，因为真心行孝所要突破的内心障碍，远远大过于在外面无关痛痒的行善布施。如果孝这点突破不了，其他所做的善行，都仅仅只是点缀，做做表面而已，不会有多大的效果。因为根都不稳固了，就如同一棵头重脚轻的树木，只要遇到大一点的风，就会翻覆、连根拔起。这也就可以解释，为何很多人行善布施，却没有收到好的结果。如果没有建立在尽孝的根本德性上，其他所做的善德奉献都只是表面功夫。如果只是为了赢得称赞，或是存在动机不良、别有用心的情况，那生命最终也发生不了什么改变的。

《孝经》有云：“不爱其亲而爱他人者，谓之悖德；不敬其亲而敬他人者，谓之悖礼。”没有学习圣贤智慧，总是不了解，认为我们已经做了这么多好事、善事，为何我们的人生现状改变得这么缓慢，甚至一点变化都没有？我慢慢了解，过去所谓做的善事，根本都是表面，都是为了形象。我们看起来像是很有爱心地在做善事，其实根本就不是真正的爱心，是别有目的。扪心自问，其实都是很虚假的，因为我们做的这些善事，根本就没有对自己的父母亲做过，外面所做的这些事情，只是为了想得到好名声，满足内心的虚荣心而已，这根本就不是真正的行善。如果连自己父母亲都无法真心的行孝、奉养、关心、谅解与包容了，那在这样的情况下所行的善事，根本就不是德行，称之为“悖德”，当然做再多也不容易改变现况！

如果我们目前看似成功的人生，是靠着自己处心积虑所营造出来的结果，却没有运用任何一点德性涵养这成功时，那么眼前再好的事，终究必坏。这就是为什么那么多人风光一时，最后多是以失败收场，或是明明行善布施很多，可是家庭、子女、夫妻关系，甚至事业关系上仍是充满着很多危机，只要遇到一点考验，随时都可能分崩离析。这都是本末倒置所造成“悖德”的后果，在此，我们就可以理解为何老子强调“莫之能守”的工夫，而非一时金玉满堂的风光了。反之，目前看似不好的结果，只要我们当下愿意改变，真诚反省问题的根源，修养自己的德性，虽然现状不好，但心性变好，结果终究必好，这样我们就可以明白古人所说“事坏人好是有道，事好人坏是无德”的道理了。既然知道问题的根源点在孝，那我们就须从孝道下功夫，以下先用树木来作为比喻说明，如图 2 所示。

果实：
代表我们目前的结果状况，如子女、家庭、钱财、事业、健康、感情等等。

树木：
代表我们自己。

树根：
代表我们的根，如父母亲、爷爷奶奶（祖父母）、祖先们。

图 2

我们先将树木比喻为我们自己，而果实就是截至我们目前的人生结果，像是子女、钱财、家庭、事业、健康、感情等状况。那树木的根，就如同我们生命的根一样，源源不绝地提供养分，像是我们的父母、祖父母，这样不断地类推下去，我们可以想象自己的根源，就如同树根一样深厚。有趣的是，我们都知道，一棵树木要长得高大，必须要将肥料、养分、水等灌溉在根部而非枝叶上。那么请各位静下心来想想，我们人生目前的所作所为，是将重点、心力放在自己的根部还是枝叶上呢？当我们把精力摆放在错误的地方，人生会有什么样的结果，自然一清二楚，我们无须怀疑，也用不着抱怨他人。如果我们只会将水分、养分放在末端，却不在意根部是否健康茁壮，那么一心期待好的果实又怎么可能呢？以下我再简单从木字的意涵中说明，帮助各位了解根部的重要性。

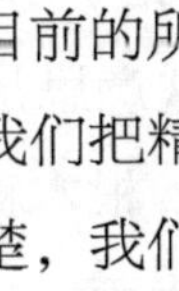
图 3

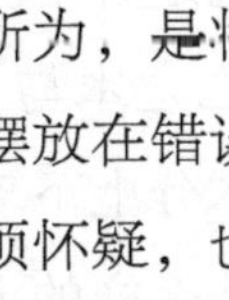
图 4

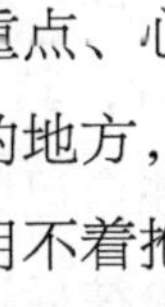
图 5

“木”的象形字是这样写的（图 3），从图像可以了解，上下对称关系，根部有多深，枝叶就有多茂盛。我们想想古人造字时，怎么不只取土地以上的“木”形来造字，还要将看不见的根部也一同写进去，是否有什么意涵？我们平日常听的根深叶茂一词，向来是形容基础牢固，事物自然就会兴旺发展，那我们想要生命的果实有多丰盛，根部就相对要够深厚，道理我们都知道，可我们有这样做吗？

从一个木字，我们可以了解古人所要传达的意涵。反观现今的社会，大家强调的都是如何创造更丰富的果实，我们不断把重心放在末梢，非常用心、苦心地经营。然而对于自己的父母或是有恩于我们的长者，根本不在乎他们过得好不好，更别提用心照顾他们与知恩报恩了。我们在德性上的根基不稳，看似事业顺利，其实只要遇到点风雨，一下子就危机四起，说倒就倒，这不就是古人造字所要提醒后人的地方吗？然而在这个木字的上端多加一横，意指我们如果只懂得把心思放在枝末上面，哪怕多一点点的心思，就是个“末”字（图4），那就会成为一颗头重脚轻的树木，岌岌可危。所以圣人教诲我们把重点放在根部，强调孝道，稳固根本，透过行孝来改变自己，转化自己的禀性，开始涵养德性，那就是务本。《论语》有言：“君子务本，本立而道生。孝悌也者，其为仁之本与。”这意思是说，孝悌是作为一个人的根本，君子在自己的本分上下功夫，根本稳固了，一切的发展自然就顺利了。不论往后遇什么样的大风大雨，才能守得住。所以在木的下面加上一横，就是要我们在根本上面多用一点心思，那就是“本”这个字的意思（图5）。

当我意识到自己所有的人生问题是在孝道没做好时，我开始真切地反省自己与父母相处时的内心活动。当我怀着惭愧的心检视自己的过往时，我才看明白自己的禀性是如何造成现在的局面。那时的我就好像突然清醒了一样，我重新看待家庭的一切，我改变了自己的言行举止，内心有了一种笃定的力量，我开始感觉到踏实，就好像船舶靠岸，双脚踏上了陆地，一切都有了方向，不再感到迷茫。我过往在外面所追求的答案，不断研究的方法，其实圣贤经典都已经告诉我们了。

我不断地反省生命中所遇到的困难、失败、不如意等，就犹如树上败坏的果实。果实不好，是因为根没有照顾好，也就是说，是我内在错误的心念，才造成今天的困难，而家人只是我整体人生心念的缩影而已，问题不在他们身上。

为什么我说家庭只是我们整体人生心念的缩影呢？《大学》这一部经典有提到："孝者，所以事君也；弟者，所以事长也；慈者，所以使众也。"我们从这一句话来反省自己，当工作、事业不顺、不如意时，追根究底就是孝没有做好；得不到长上的信任，追根究底就是悌没做好；与人的相处关系出了问题，归根究底就是慈没有做好。因此，当一个人时常不服上级、长官，看不惯同事、朋友，听不进前辈的建议，或是与部属、夫（妻）、他人相处关系不好等种种人生问题，都是来自我们跟父母、兄弟姊妹、孩子等错误心态的延伸而已。因为我们内心世界对待父母的真实情绪，就是我们对待上司的真实情绪；我们对待父母亲的内心看法，就是我们对待上司的内心看法。禀性的运作模式都是一样，我们没有觉察，只不过是不自觉的转移而已，因此我说家庭就是整体人生心念的缩影。

很多人怨恨自己的家庭、怨恨自己的父母，一心只想要逃避，远走他乡。出门在外打拼事业，但总感力不从心，困难重重，事事不顺，感觉像是没有根的浮萍；或是似乎有些成功，但总感内心空虚，感觉人生渺渺茫茫，甚至这些成功非常短暂，成败都在转瞬之间。这些原因都来自我们并没有从父母亲身上得到根的力量。我们必须了解，单想靠自己一个人打拼，内心没有父母亲的力量、祖先的力量、根的力量，我们哪有可能突破种种困难，成就一番事业？我们怨恨父母亲，就像是断了根的树木，我们得不到源源不绝的力量，纵使我们百般努力地打拼，也许会有一时的结果，但通常不会长久。《百孝经》记载："诸事不顺因不孝……福禄皆由孝字得。"乍看之下，我们会觉得这经典根据的是什么？但如果静下心来反省，不也就是"根好了，果实自然就会好了”的道理吗？

具有讽刺的是，更有些人，花很多心力、气力、时间、钱财去学习开悟之道，其实圣人早已经说过：“人道尽，天道达”，人道是所有道的基础，但却最不为现代人所重视。上天给我们最简单的一条修持方式就是在家出家！试请想想，人生在世带给我们痛苦、不如意的，是不是都在五伦关系当中？是不是因为五伦关系上的不和谐，才造成我们生活上的痛苦呢？那为何不从这个地方开始学习？朱熹《白鹿洞书院揭示》按语道：“天下无伦外之人，故自无伦外之学。”我们过往花这么多时间、精力学习的是不是伦外之学？我们是不是该转个向？转而学习如何将圣贤讲过的话真实地在五伦中落实，透过五伦来化除自己的禀性，最后明达天道，故《中庸》说：“天下之达道五……曰：君臣也，父子也，夫妇也，昆弟也，朋友之交也。五者，天下之达道也。”不也就是这个意思！

我们不必舍近求远，《中庸》记载了一句话：“子曰：‘道不远人；人之为道而远人，不可以为道。’”意思是说，人常为了追求心灵的平静而逃避五伦关系，以为这样可以清静了，其实人伦没有圆满、伦常债没有了尽，人生怎么可能会轻松，内心又怎么会有平静的一天呢？真正可以磨炼我们心智的、化除我们禀性的，都在我们日常生活中所发生的事件，这五伦就是最好的道场，最好的修炼场所。圣贤并不是说不要学习专业技能，或是其他能让我们身心成长的课程，而是不要我们假借学习的名义，远离伦常关系，逃避现实生活。圣贤是提醒我们要将所学的道理真实运用在家庭、生活、工作当中，并不是在课堂上听得很舒服，自以为很有觉悟，可是一回到家，看到妻子、丈夫、儿女、父母就心生厌恶，其实这样的觉悟，只不过是一种自我催眠而已，并非真正明道之人。

接下来，我借由圣贤经典与我个人实践后的体悟，来说明如何在亲子关系、夫妻关系、职场关系、手足关系与朋友关系中转换禀性。

我从中挑选影响我至深的圣贤经典来跟大家解说，透过了解圣贤经典的义理来转换我们的禀性思想。每位读者可依自我反省后的体悟，自行运用，并在生活中落实，改变过往的错误行为。我相信只要愿意身体力行，一定会有所成长。

一、亲子关系中的自我觉察

我们一生深受父母的影响，不论是亲生父母还是养父母，我们大多都在亲子的互动当中，发展出我们的主要个性，尽管有些人是爷爷奶奶、外公外婆所养大，但这仍属于亲子关系的范畴，因为在成长的过程当中，他们是我们人格的主要塑造者。我们可以说，亲子关系并非单指我们的生身父母，有些人的身世特殊，可能是吃百家饭长大，但只要在我们人格养成的阶段中，对我们有养育之恩，且真实与我们朝夕相处的人，我们都可以视为父母看待，不应分别对待或产生错误的自我认知。每一个人的福报不同，成长的条件就不同，身世的好坏，并不代表命运的好坏，因为命由心造，任何因缘的到来，都有着我们所要面对的生命功课与成长的课题，我们应该正确地看待，而非过着自怨自艾或消极悲观的人生。

人生的过程，本来就不可能事事尽如人意，纵使是一母所生，兄弟姊妹之间都不容易公平对待，那就更别说人生的际遇要处处满意了。生命最忌讳的就是错误的比较与盲目的追求，因为每个人的生命功课不同，你最期望得到的美好，说不定在别人看来一点都不重要，反而你所认为的平凡，却是别人一生都追求不到的幸福。我们总是看不见自己所拥有的好，却羡慕着别人所拥有的一切，幻想着美好，错误的攀比，盲目的追求，把自己搞得晕头转向，最后什么都得不到，还失去了本可以享有的福报。

在生命的伦常关系当中，父母、子女、兄弟姊妹都不是我们可以自由选择的，那是一出生就决定好的因缘，不论对方的好坏，我们只有接受与学习的份，没有抱怨与逃避的权力。谁的一生当中没有伤痛？谁的一生当中没有苦难？如果我们对于自己的出生不满意，认为自己的童年不幸福，或是无法谅解父母曾经犯下的过错，或是因他人所造成的伤害耿耿于怀，而让自己活在痛苦悲愤的情绪当中，甚至怪罪对方一辈子，走不出伤痛，那我要说，这样的痛苦是我们自己执着后的选择，跟别人没有关系，请看清楚自己内心的真相。如果我们在成长的过程中，不懂得在逆境当中学会自我突破、自我努力、自我负责，以及自我改变等生命智慧，反而是处处期待他人配合、他人改变、他人要尽可能地满足我们的需求等偏差思想，那请反省一下自己，我们跟小孩子有什么不一样？我们所追求的幸福与成功，又该有多么遥远呢！

在我与任何一位成功人士相处的过程当中，我发现他们所有的共同点，就是把过去的伤痛、不圆满、否定、打击、吃亏、受骗，甚至是不合理的对待，都视为人生进步的动力。他们不断地激励自己向上，甚至突破自己的局限，最后开阔了自己的视野与胸襟，反而活出了更宽广自在的生命态度。在逆境当中，他们一样会难过、沮丧与愤怒，但他们不会让伤痛成为自己一生走不下去，或从此挥之不去而过着颓废人生的荒唐理由，这就是他们与我们不一样的地方，也是我们最需要学习的地方。很多人受了过去的种种打击，造成自己一时想不通，执着在伤痛的情绪当中，让自己的心念偏差，从此把自己生命应行的道，应尽的本分都忘掉了，宁愿让自己过得灰心丧志、醉生梦死，最后当然得不到想要的美好结果。

家庭当中有太多说不清的恩怨情仇，人生更有太多说不尽的是非对错，如果我们一心执着于恩怨情仇，非要争个是非对错，拼个你死我活，想想看我们得到了之后，又将会失去什么？家庭是一个讲情与义的地方，我们与父母、子女的相处方式，是一个只讲孝与慈的绝对关系的方式。不管过去发生了什么样的事情，或是我们所认为的种种不公与伤害，只要是违背孝与慈的心念态度，都不是我们在伦常道上所要行的路。越是用着自己的禀性情绪行道，亲子与家庭关系只会越来越糟，生命的状态必然是越来越低落，人生之路所感召的因缘，将会是充满着荆棘与坎坷。除非我们愿意回心转意、愿意反躬自省、愿意放下与对方争论好坏的对立心，然后听从圣贤的教诲，真心依着本分去做、抱道奉行，这时才有办法过上好命的人生，才能享受到生命应有的福报，这就是力行伦常道的奥妙。生命的伦常关系不是依着我们个人的好恶来做选择的，不是说你今天高兴了才做，你今天看不惯了、不高兴了，那你就不做的相对关系；而是不论你高不高兴，你都要学会接受与学习的绝对关系，因为伦常道上，只论你有没有真心受了与改变化性，根本不论你所认定的公不公平与喜不喜欢，而这也是道的运作法则之一，我们自己要心里明白。

（一）为人子女的本位在"孝"

有时候我非常感慨，在坊间书店中，要找一本如何教养孩子的书籍有一大堆，但要找一本如何孝顺父母亲的书籍，却没有人写，我常想古人都还有留下《孝经》《父母恩重难报经》，怎么现代人连写都不写了。从这件事情可以知道，现代人根本不重视孝道，也不想深入了解，我们肤浅地认为只要给父母亲吃、穿、住就是孝顺了。很多人常有一些想法，我已经拿钱回家了！我时常买好吃的给我父母亲了！我还把他们接过来照顾，我也没有做让父母蒙羞的事，我已经很孝顺了啊！我不禁要说："这些事情难道不是本分吗？这是基本的，如连这些都做不到，身为人子能不惭愧吗？"

一辈子爱慕自己的父母

我们看看圣贤是怎么说的，子曰："今之孝者，是谓能养。至于犬马，皆能有养，不敬，何以别乎？”子曰：“色难，有事弟子服其劳，有酒食，先生馔，曾是以为孝乎？”圣贤已经说的很清楚，并不是有吃、有穿、有住，就是孝顺了，最重要的是尊敬，脸色要好、要喜悦、要温和！我们透过这句话要反省自己的内心，为什么当我们在侍奉父母亲时，我们感到不快乐，感到不愿意？觉得自己做得很勉强，甚至陪他们讲讲话，内心就是不耐烦、不想听？我们内心总是有很多意见想要反驳，我们总是想要教育他们，我们从来没有听懂父母亲要表达的，我们根本不懂父母亲的心。我们与父母有种种不愉快的冲突，并不是因为我们不爱他们，而是因为我们内心没有真正的恭敬父母，我们认为自己比父母亲还行，比他们懂得还多，也认为自己要做的事情比照顾他们还重要，没有这么多闲工夫陪父母亲讲这些不重要的陈年往事，要讲也等我有空再说。

会有这样的行为、心态，就是阴木性中的心高气傲、不服人等因素在作祟。我们内心不自觉地想要父母亲仰望我们，恭敬我们，甚至还希望父母亲把我们当作大人物一样的看待，事事对我们言听计从。也就是因为这些偏差的想法，才阻碍了我们与父母的亲近关系，心里不懂得尊重父母，还表现一副高高在上的样子，这些错误的言行举止，就是导致我们不能真心行孝的原因。就像过往，我自以为受了高等教育，是个有文化的人了，就可以开始对父母亲指指点点、嫌东嫌西了。这导致我总是看父母亲的不好，眼睛所见的都是父母亲的缺点，认为父母亲的行为与时代不合了，处处看不惯他们，还认为他们有很多错误的观念，瞧不起他们，我不懂得尊重，甚至认为他们不愿意改变，不愿进步。在我的眼中，我所看到的都是他们的缺点，可想而知，这样的相处关系，必定不和谐，只要触碰到价值观的不同，随时可以爆发冲突。

很多人心里对父母亲过去所做的一点不圆满事情，有着很深的怨恨。那个心结一直存在着，在禀性的驱使下，误认为父母亲对我们没有一点恩德，还觉得父母亏欠我们很多，是造成我们一生受苦的主因。心里总是想着：“他们都没有做好父母的责任，凭什么我还要对他们好？他们根本不值得我孝顺，我辛苦得还不够吗？”既然内心充满着仇恨，那就更不用说真正的孝养父母了。遇到这样的情况，我们必须静下来反省自己，而不是反过来检讨父母亲的问题，请问父母亲到底亏欠我们什么，难道我们自己没有问题吗？为什么父母亲一定都要支持我们的想法，不然就觉得是对不起我们？为什么父母亲没有办法满足我们想要的条件，就是造成我们不幸的主因？为什么父母亲做出不圆满的行为或过失，我们就要抓着不放，然后怀恨在心一辈子？想想这些背后的原因到底是什么？

这些问题都是来自恨之禀性当中的自尊心、虚荣心、面子放不下等心态作祟，这是阴火性人的特征，怪罪于外，让我们的悲惨能够获得别人的同情，可以理直气壮的责怪他人。阴火性人总认为自己是对的，把所有的失败都怪罪给父母亲，好让自己可以不用承担失败的责任。这代表着我们内心不愿意面对真相、不愿意长大负责，这是非常没有能力的一种表现。我们认为怪罪可以让自己的失败合理化，让自己的心情好过一点，这真的是不明就里，相当糊涂。当我们对父母亲的误解，长期放在心里发酵，最后会导致内心的仇恨，对所有人、事、物都是愤恨不平，也许起因于微不足道的小事，但禀性会不断放大那个不如意，终究一生都有一种放不下的包袱，这就是我们自作孽的结果。

为什么圣贤强调尊亲，曾子曰：“孝有三，大孝尊亲，其次弗辱，其下能养。”孟子亦说：“孝子之至，莫大乎尊亲！”圣贤背后的用意就是不让你的禀性用事，造成错误的事件解读，最后成为解不开的人生问题。当我们内心有恭敬心时，我们会去善解一切，我们不会过度的把事情放大，我们会看见这一切都是禀性在争理，越想争理会越让自己陷入一种不能自拔的情绪当中，造成我们一生执着的痛苦。另一方面，当内心有恭敬心时，我们才懂得谦虚与尊重对方，不然随着社会地位或是学识成就越来越高时，无意当中所流露出的骄狂自大、处处要别人遵从我们的意见办事、遇事又不容许他人辩驳等蛮横霸气行为，就会造成做人做事上的重重困难与阻碍。

这些都是阴木性人与阴火性人在禀性的作用下，所产生出的一种气势凌人与蛮横嚣张的乖戾行为。他们的内心不自觉地想要压制对方，透过压迫的行为好让自己拥有一种优越凌驾感。这样的行为，只会让他的伦常关系陷入一种疏离感，无意当中伤人伤己。如果我们是依着这样的方式在孝养父母，那就真的像是在饲养犬马一样。接受你照顾的人内心要非常仰慕你，还要处处感恩你，看你的脸色，如果得不到这样的回报，你还不高兴，你就更有理由责难他们，请问缺少尊敬的孝行，真的是孝吗？用着蛮横霸气的存心做善，真的是行善吗？这样的行为能够改变生命吗？这么做不仅没有任何功德，还造下可怕的罪孽，这只是在滋养禀性，谈不上尽孝、谈不上修行，我们何不反省自己的问题在哪里？

如我们愿意静下心来反省，请试着回想看看，并依着人情常理来设想，当我们六岁以前，还不会自己料理自己，生活当中的吃饭、洗澡、把屎把尿等事，是不是全仰赖父母亲的照顾？他们夜以继日，睡不安稳一个好觉，只要一个不注意，孩子很容易生病感冒；只要一个不小心，孩子摔得鼻青脸肿，我们就在父母劳心费神的照顾下长大，我们却认为理所当然。现在我们长大了，也了解他们的辛苦与不易了，难道我们一点体谅都没有吗？《诗经·蓼莪》记载着："父兮生我！母兮鞠我！拊我畜我，长我育我，顾我复我，出入腹我，欲报之德，昊天罔极！"这是古人教导孩子体恤父母辛苦的诗句，提醒孩子要懂得回报，懂得感恩，不要当个忘恩负义的不孝子，反观我们现在的心态，有一点感恩之心吗？

现今的社会价值观改变了。我们今天稍有点钱财、地位、知识或是文化，就自以为很了不起了，可以回家管父母亲了，可以要求父母亲了，可以把父母亲当小孩子来教了，还要他们处处遵照我们的意见办事了。只要稍微有点意见不合，就大声、不耐烦，甚至要挟送老人院，想想往后我们的孩子要是这样对我们，我们做何感想？平心而论，我们今天所做的一切，只不过是回报当时父母的养育之恩，我们并没有多做一点，怎么我们的态度这么差劲？如果当时父母亲没日没夜地照顾我们至少六年的话，那我们也做基本的回报，也一样没日没夜地做六年，每天做，请问我们心甘情愿吗？如果愿意，那再问问自己的心态，是否有如父母亲当初照顾我们般的爱心？如果有，我们再来谈公不公平，再来谈是非对错的大道理，我们能接受吗？

作为孩子，我们的本分就是尽孝，我们只问自己孝不孝，不用管父母亲做得好不好。我们先做好自己该做的本分，调整好自己的心态，先把自己敬爱父母亲的心拿出来，借此来修正自己的个性，改变自己的禀性，因为越亲近的人越难心悦诚服地做。这也就可以理解，为何古人强调“百善孝为先”，因为最难做的善在家里，不在外面，如果家里这个善我们做得好，外面做的善，才会得着道的力量。古德云：“道是尽的，不是要的。”伦常道上，只管尽好自己的本分就好。我们想想看，当我们捐钱给慈善单位时，我们是不是一心一意的相信他们会好好善用这些款项，我们根本不去管它们要怎么运用这些钱财，我们就是做好一个捐助者的角色而已。如果我们对于这样的外部机构都可以有如此单纯的心思，那为什么我们对父母亲所尽的一点孝心，却有这么多的相对性要求，还想要有什么回馈，这是不是自己禀性分别后，所产生不必要的问题！

从现在开始，无论父母做什么，我们都先满心欢喜地认同，我们先看父母亲做这件事情的用意或他们的出发点为何？了解他们的苦衷，先不挑他们的刺。还记得在我们小的时候，不论父母亲做什么，我们是不是都满心欢喜地爱父母亲？那不是因为我们傻，是那时候的我们没有分别心，我们的天性就是爱父母，我们要反省自己，怎么今天越学习知识道理，内心却越不喜欢父母、越看见父母的不好？当然，如果父母亲的作为有不合圣贤教育的地方，我们要劝谏，但一定是脸色和悦、声音温柔。孔子说过："事父母几谏。见志不从，又敬不违，劳而不怨。"意思是说，孩子内心对父母恭敬不敢违抗，却又小心翼翼地劝谏父母亲、帮助父母亲改变，如果父母亲不同意，我们也不忤逆他们，仍是任劳任怨地帮忙达成，圆满父母的不当之处，这样的行为自然能感化对方，家道终能圆满。

在我学习圣贤道理之后，我发现自己过去的心态上，有一个很大的错误，那就是我不知不觉地站在一个批判者的角度来看待一切。但如果我站在一个化禀性的角度来看待所发生的事情时，我发现，意义会完全不一样。我慢慢了解到，我们越批判父母亲的地方，正是与父母亲有着相同模式的地方。我打个比方说：如果你认为"父母亲很迷信，观念很守旧，总是放不下老一辈的那些做法！"当你对父母亲有这样的批判时，你跟父母亲的相处会很不融洽，你的内心不容易过得去。但如果你拿来反省自己，你会发现，很多人也必定认为你是一个很守旧、很多观念无法更改、很固执己见的人。当你了解到自己也是如此时，你内心对父母的不满也就消失了，取而代之的是，你想面对真相来改变自己，想让自己活得更好，不想再跟他们一样。我们与父母亲有着相同的模式，只是我们看不见自己的问题，如果你觉他们很固执死板，那么我们也一样固执死板，只不过在不同的地方上显现而已。换言之，当我们越不批判父母的问题时，我们就越能看清楚自己的盲点，并懂得找方法改变它；反之，如果我们越用批判的方式要对方改正缺点，那么我们也就越难走出自身的盲点，也就更难改正自己的缺点。

其实对方就是我们内心的一面镜子，如果我们很讨厌对方的某个缺点，那就代表着我们跟他有相同的缺点，我们自己也改不了这个缺点，我们也很讨厌自己是那样。比如说：你很讨厌对方跟你相处时，处处占你便宜，那么你必定也是一个处处想占人便宜的人，只不过在不同面向展现，你自己不知道而已。如果我们可以把别人的缺点看得一清二楚，那就代表着我们跟他有着相同的问题，不然你怎么可能看得这么清楚？学道之后，我们要了解，人生中所遇到的不顺，都是因为禀性的相互吸引而来，你越看不顺眼的事情，它就越会在你的身旁出现，而你越看不惯父母的地方，你的禀性无形中就在与父母亲的禀性嫁接（接枝）。

我们越看父母亲不好的地方，自己就会跟他们走向相同的模式，结果必定不好。在家庭中，身为男子，如有不尊敬父亲，怨恨父亲不好，看不起父亲的种种心态行为，通常其事业、工作会难关重重；身为女子，越是不敬爱自己的母亲，怨恨母亲的种种不好，通常最后自己的婚姻关系，也会越来越不好。这是因为怨恨之气，会阻碍我们内心的善念，最后会让自己越来越像父母亲，这都是禀性嫁接的缘故，这也就是为何圣贤强调真正的孝行要先从尊敬父母亲的心态做起，只要心态摆正了，后面的路才会好走。

看见父母亲的德行

让我试问各位，请你想想："你父母亲有哪些优点值得学习？请真心写下让您佩服的地方！"就我大部分讲课的经验来观察，每位学员当下都要想很久，通常都是勉强地认为，而且还不敢确定是不是真心佩服的优点。如果我再问："这些优点能够让你真正地感佩父母亲，并且放下你内心对他们的怨恨吗？"那刚刚写下的答案，恐怕就不再是了。我们大多数的人，内心看到的都是父母亲的缺点比较多，认为他们没有什么优点，否定他们一生的作为，当然也就不可能真正看见他们的好。孔子强调："父在、观其志；父没（音'殁'）、观其行。"请静下心来反省自己，为什么父母亲还健在时，我们从来不想了解父母亲的志向与愿望？偏偏要等到他们不在人世时，才后悔当初呢？为什么我们总是看不见父母亲的优点？否定他们背后的用心呢？父母亲一生辛劳的背后，一定有好的德行留下，值得我们效法与学习，请问我们讲得出来吗？父母亲这一生的作为一定有符合八德（孝悌忠信礼义廉耻）的行为，为什么我们都视而不见呢？

不论父母亲做得有多么不圆满，他们一生当中一定有做到符合八德之一的行为，这些行为的背后必定有着一股令人敬佩的精神，那就是他们要传承给我们的生命精神，这股精神足够让我们面对人生的所有问题，这就孔子所说的父没观其行的最主要用意。我自己切身的体会是，在我慢慢了解父母亲、祖父母甚至是先人辈的故事后，我突然觉得自己所吃的苦根本算不上什么。当我更进一步设身处地地体会他们背后的辛酸与艰苦时，我发现他们内在的德性都很值得我们学习，与他们内在的精神相比，我感觉到自己内在的能量很渺小，禁不起一点打击，也看见了自己自私、不懂得感恩的一面。当我再跟他们的德行相较之后，我反省自己的所作所为能不能称得上是德行，并留给后代子孙学习时，我不敢说大话了。就在一段时间过后，我不再狂妄自大了，当我看见自己处处挑剔、怨天尤人，或因为一点事情就要脾气、使性子等不成熟的行为时，我内心开始感到羞愧，觉得很丢父母以及祖祖辈辈的脸。

当我越来越看得懂父母亲、祖辈们的德行时，我慢慢地转换看待父母亲的眼光了。父母亲的行为没有什么不一样，但我的内心世界改变了。我眼中所看到的父母亲变得伟大了，我在心里面给了他们崇高的位置，并真心的佩服与敬爱他们，认为他们的德行是值得我们后代子孙学习的，我会把他们的故事讲述给下一代听，让他们继承这样的精神。现在我很敬重自己的父母、祖辈们，只要想到他们，我心里就是感恩，这心态上的转变，帮助我重新看待周遭所发生的一切。这不是说他们从此之后就没有缺点了，而是我学会了关注德行而非放大缺点。慢慢地我发现，我看待周围的每一个人也不一样了，我似乎看得见他人背后的用心与优点，我懂得感恩与尊重对方，我的生命之路开始出现了转机。这时我才了解，为何圣贤要我们观其志、观其行，因为当我们处处看的都是别人的优点与德行时，我们就是在转化禀性，就不容易产生负面思考，才不会让自己陷入痛苦与执着当中，反而会觉得处处都值得感恩，处处都是机会，人生越来越正向积极。

在这个过程当中，我慢慢体会到《中庸》说过的一句话："夫孝者，善继人之志，善述人之事者也。"那时，我不禁静下来思考，我能否说得出自己父母亲一生的事迹德行，我要怎么跟我的孩子讲述父母亲的故事？当我检讨自己之后，我竟然对于父母亲一生的奋斗过程一无所知（我并没有真正的关心过我的父母），我觉得自己好惭愧。我们都想听那些有名人士一生的功业，想听有钱人背后的成功故事，我们爱慕虚荣，崇拜那些高大尚的虚名，但真正伟大成功的人在我们旁边，我们却一点都不想去了解他、认识他，想想真觉得自己很势利、很可耻。就在我慢慢了解父母亲一生的辛苦过后，我看见他们的不容易与自己不足的一面，我开始打从内心的敬佩他们，并渐渐地感受到父母亲的精神，这时我的内心才开始注入了他们的力量。虽然我们做的事业不同，我们所要面对的人生功课不同，但父母亲给我们的精神，就是我们面对困难时，最好的力量泉源。现在，我感觉到不是我一个人在奋斗打拼了，过往孤军奋战的感觉消失了，取而代之的是父母亲、祖辈们支持的力量，他们温暖着我的内心，这时我才体会到老一辈人说的"家火"（闽南语），指的并不是财产，而是精神传承。

同时，我持续了解我的爷爷、奶奶等长辈的精神与德行，听长辈们讲述祖先的故事时，我体会到每一代人都有很值得学习的地方。人没有十全十美的，只有不断地感恩与尊重，后辈子孙才能继承祖先们的精神，才能嫁接他们好的德行。惭愧的是，我们都不了解祖先的精神，看不上自己的身世；可叹的是，我们也不懂得佩服，所以也不觉得有什么可以传承给后代子孙。我们不想听老人家讲故事，我们看不上前辈的德行，抛弃自己的祖德，是我们把自己的根给断了，然后过着自卑的生活，四处寻找精神力量，是我们把自己人生的路走苦的，我们还怪罪给上一辈的人，难道我们不可笑吗？我们人生现在遇到困顿，并不能埋怨父母亲，父母亲是我们一生的守护神，他该给我们的，都已经做了，我们自己该做的，我们要自己承担，一代人有一代人的责任与困难，只有我们愿意恭敬的承接家族的一切，并且升起感恩与敬畏的心时，才能真正地继承家风，这时我们的生命才会出现一种踏实又笃定的力量，那就是根的力量。

现在，当老一辈人在述说他们过往的故事时，请静下心来听懂一切，请你回去了解你的根，这是他们一生的辛苦，是你这一辈子精神的支柱。这些故事背后有着你需要的力量，这是你一生在找的力量，也是最根本的力量。如欲上求佛道，也必须在基本的人道上下功夫！过去的我不了解，以为要抛家舍业才能求得大道真传，竟然还以为礼敬佛像比孝养父母来得有意义？想想真是可笑，如果我对一个佛像都可以这么礼敬了，那么生我、养我的父母，为什么我无法恭敬的去服侍他们？当我回归伦常道，并真心向我的父母亲磕头认错、忏悔时，我才发现，我过往的内在是多么的慎高，多么的不愿意臣服。当我看见自己内在很多禀性时，我才明白，无论我们内心有多么虔诚的礼拜佛像，只要我们对自己父母亲都无法真心诚意地孝敬，那么我们所学习的礼敬诸佛，也只不过是做做样子的伪君子而已。不论我们在道场寺庙学习多久，只要我们没有真正做到恭敬父母，生命还是不会发生任何一点变化的，这不是因为我们学的道没有效，是因为我们宁愿欺骗自己，也不想依道而行。

前程一片光明

孔子曾经说：“吾未见能见其过而内自讼者也。”意思是说：能够发现自己过错，并且在内心里咎责自己的人，我实在没有看过。这段话记载于《论语》当中，我自己在反省改过的过程中，也有如此的体悟，因为我们看不见自己的禀性如何作用，当然无法觉察自身的错误，更别提真正的改过迁善了，至于在内心谴责自己，那就更不用说了。我们总觉得自己是对的，那种自以为是的行为，只会把别人折腾的一团混乱而已，这些行为的背后通常都是贪、争、搅、扰等情绪用事，最后的结果当然是苦不堪言。

以前我总是觉得自己没有错，但是，当我开始看得懂自己的禀性作用时，才发现自己的内心其实很污秽。大部分的人跟我一样，一开始都不敢承认，甚至害怕暴露，不认为自己真的这么差，觉得自己情有可原，所以更加掩饰或是强词夺理，其实那只是让自己的内心负担更重而已。孔子说“过则勿惮改”，意思是说，知道错了，不要害怕改正，要勇敢承认错误，改就好了。“好就是好，歹就是歹！”，我们害怕自己的缺点暴露，不愿意纠正、爱掩饰、好辩，这是恼之禀性在作祟，而改变自己的唯一办法就是面对真相，把自己想钻洞躲藏的心掐死，这时道心自然生起。可惜世人很难做到这些，因为在这个世上讲的是利害关系，如果暴露了自身的缺点，那不就等于自掘坟墓，所以学再久，也改变不了任何现况。然而，外面的社会我们以此为理由，但是在父母、亲人面前，我们又要讲什么利害关系，讲什么面子形象呢？家里讲的是良心与真情，没有人在乎你有多大的头衔与权威，放下内在的心知造作，把我们在外面的丰功伟业全部放下，回归我们本分上应有的心态。我们就是孩子，定在自己的角色上，打从内心的臣服于父母，这时道心自然升起，生命自然发生改变。

当我体认到我就是孩子时，我无须在父母亲面前表现出一副骄傲的样子，我回归自然，道心良知升起了。我的心低下了，我才能反省自己过去的种种不是：我态度上的自大，我讲话的傲慢、不恭敬以及做了哪些行为伤害了父母亲的心……我越想越难过，内心顿时生起了忏悔的心，我感到羞愧万分，情不自禁地痛哭失声，那时我才明白自己有多么不孝，我才发自内心地想跟父母磕头认错。《孝经》记载："五刑之属三千，而罪莫大于不孝。"以前我不懂这用意，现在我才明白为何古人把不孝的罪列为最严重，因为不孝的心念一起，后续什么样错误的思想都可能形成，什么样偏差的行为都有可能会发生，而一个人命运就在这一念之间，这也就是圣贤为后代子孙考虑的地方，可谓防微杜渐。

就在我鼓起勇气向父母跪着忏悔时，我内心的污秽好像被洗刷了一样，身心顿时轻松了起来，我从来没有这么畅快过，我内心感到一片光明，前程充满希望，人生好像得以重新开始。这时我才明白，真诚忏悔的眼泪，是可以洗刷罪孽的，古人说过："弥天大罪，一悔便消。"真的是如此，当我愿意坦诚一切，我禀性中的阴金性就转化了，我纠结的心放下了，而我多年的过敏性鼻炎，就在那几年不断忏悔的过程当中，渐渐好转。同时我也更加了解，禀性会让人身体产生疾病，只要愿意透过忏悔、翻良心真诚改变，身体定会越来越健康，这是因为心态健康了，身心自然舒畅的道理。[1]

家庭是心智模式最初形成的地方，如不从孝道上改变，不容易有快速的察觉与突破，这也就是为何《百孝经》特别说明："处事唯有孝力大！"的原因。在我真心落实孝道的过程当中，我发现自己过往很多做人处事、婚姻生活与工作事业上所让我感到困扰的问题，都可以在我与父母亲的相处关系上找到答案。现代心理学家曾经过说：人生出门在外所遇到解决不了的问题，非回家好不了，因为问题背后的心智模式在原生家庭时就形成了，外面的问题，只不过是家庭模式的延伸而已。所有的问题必须先从家庭开始改变，禀性心结化不开，外面的问题是不可能解决的。在此我们要留意的是，我们生命的问题是跟人产生的，我们如果不懂得反省与改过，却靠着求神拜佛来祈求神

[1] 疾病与禀性的关系可以参考本书第五章附录。

迹显现，那么纵使磕破了头，拜断了腿，我们还是在痛苦当中，因为我们是跟人过不去，不是跟佛像过不去，我们要先搞清楚对象，然后拿出勇气与智慧面对，而非迷信逃避。

举个例子来说，以前我跟人有一种莫名的隔阂感，不论我怎么改变自己，总是不容易与人相处，内心很不自在，而在我落实孝道之后，我慢慢了解了问题的症结所在。这个问题来自于我跟爸爸的相处模式当中，有着我阴金性的禀性运作，而我自己没有觉察。记得从前父亲跟我讲话时，我总是一副爱听不听的烦躁样，但有一次，我竟然虚假地跟他说："爸！我很喜欢听你讲这些道理，听你讲人生体会的事情！"父亲非常惊讶地回答我："你真的喜欢听？"我说："是啊！"就在我往后的日子里，这个场景不断地在我脑中浮现，我不断地反省这一段对话的过程，以及我父亲惊讶的表情和我内心的真实心意。我体会到父亲一定认为我在说谎，因为我表现的态度根本就不是真心想听的样子。而我再次反省自己态度上的冷淡，还有我真的是想听吗？其实我内心真实的想法就是不想听，但我却说出虚情假意的话，这是我阴金性的运作，我竟然浑然不知，难怪我与人相处都会有种莫名的距离感。我不论在任何地方都是这样，这才是我问题的症结点，不是别人的问题。

行孝道的过程中，我反省自己的脸色很难看，而父亲还是一样苦口婆心地讲，不仅没有骂我，还充满着耐心引导我。我不仅没有做好，还让他很担心，甚至连跟父亲讲话时的表情都不好，态度不恭敬，漠不关心的样子，我反省之后感到相当惭愧。当下我才明白，自己在禀性下的行为有多么令人讨厌。这样的脸色、态度，无意当中与他人产生了多少误会，不知道错失了多少好因缘，这不就是我应该要修炼的功课吗！现在，我非常留意内心的真诚度，很多人会告诉我说，我的脸色现在比较有笑容，不是那么严肃了，比较容易亲近了。我想想这之间到底发生了什么事情，原来当我真心调整对待父母亲的态度与脸色时，对外所展现的一切，很自然地就改变了，这就是《百孝经》所说的："处事唯有孝力大！"确实如此！

谨身节用，孝养父母

我想大部分人都是这样：有好的东西，先想到自己。比如赚钱加薪了，一定是拿着钱先对自己好一点，给自己过好一点的生活，做法大概就是买名牌穿戴好一点，上馆子吃好一点，或是去旅游；如果有了更多钱，再给家庭、孩子用好一点的东西；如再有钱，便想买个更有品牌的车子、更豪华的房子；如再有多的钱，就还想要投资，再创造更多的钱，最后真的有用不到的钱时，才会想到要给父母亲。我们总是先想到自己，或是自己的妻子、丈夫、小孩，最后才想到父母，我们口口声声说在意父母，其实我们做出来的行为就是自欺欺人。我们处处考虑的是自己，只有在遇到困难时，才会想到找父母帮忙，如果父母亲不帮忙，我们便心生怨恨，说他们偏心，不懂得栽培。如果我们真有好处时，则自己留着先用，我们总是合理地说："我不是没有想到父母，是自己真的不够用，如果我有更多，我一定会拿出来。"那如果真有多的情况下，就会像上述讲的那样，自己都享受完了，才有父母的分。如果父母真的跟我们要，我们内心会像割肉一样的痛苦，计较得要死，我们不会说自己吝啬，我们心里会想："我需要的时候，你不也没给我什么，凭什么现在我要给你们。"

有些人心里会觉得，这都是我努力打拼的结果，父母亲也没有栽培我什么，也没有帮助我什么，凭什么现在要对他们这么好？或是想把钱给父母亲，他们只是拿去吃喝玩乐，我干吗要累死自己，让别人过爽日子？但是圣贤可不是这样说的，《孝经》说道："用天之道，分地之利，谨身节用，以养父母，此庶人之孝也。"这意思是说，依据天时的变化、四时的运转，配合所属的环境，靠着自身力量，依着正道去耕种、工作、做生意等方法赚取金钱，自己洁身自爱，循规蹈矩，节约地使用金钱，将赚到的钱部分拿来奉养父母，这是我们一般人应该做的孝，也是每个人该做的本分事！圣贤强调，这是庶民之孝，也是每一位老百姓都应做到的事。圣贤强调，不论你是什么地位，都应当孝敬父母，当然地位更高，有更高的要求，这在《孝经》当中记载得很清楚。

当我们还不懂得回报，就表示我们内心还不是真的感恩对方，我们对孩子可以无怨无悔，但对于自己的父母却不容易做到，这是因为我们内心还纠结着很多算计与过去的恩怨情仇。透过实际奉养、回报的过程，我们会看见父母亲的德性，借此我们可以一步一步地调整内心，虽然在做的过程，情绪仍会反反复复，还会发现自己潜藏着很多怨恨与心结，但我们的内心已经升起了感恩心，我们会克服内在情绪去孝亲、去回报父母。久而久之，我们内心的种种禀性情绪消失了，性格转换了，生命会感到越来越踏实，这是因为我们用心在根部，而根部所带给我们的力量就会越来越强。我们眼睛看不见道的运作，但“根深叶茂，本固枝荣”的原理，就会在我们的生命当中展现，生命的奇迹就会发生。这时你会更加认真地去实践孝亲之道，更加恭敬，所以《孝经》有说：“故亲生之膝下，以养父母日严。”意思是我们慢慢长大，懂得报恩了，在做这些事情的过程当中，会越来越懂得尊敬父母的道理，严字就是尊敬之意，而道所回馈给我们的就是越来越顺遂的人生。

静下心来反省自己，如果我们在奉养的过程中还做不到尊敬，就代表我们还有怨、恨等禀性在悄悄运作，我们还没有将心结放下，那都是过去所形成的信念与看法，这会阻碍我们了解父母，以及解读他们的所作所为。如果我们拿着怨恨在尽孝，这么做的结果不会改变人生，因为内心运作的还是禀性，命运的转机仍是时候未到。我们的心胸必定要宽阔，我们要重新了解一切，透过尽孝的过程，我们会看见自己的丑陋面，我们也会看见父母亲另一面的心思。我们会重新审视一切，这会解开我们很多内心的挣扎与人生观念的迷茫，很多人在尽孝的过程当中，有了新的人生，这就是圣贤要我们谨身节用，以养父母的用意。

我自己在学习落实孝道的过程当中，有多次发现自己常有不甘心、不愿意等情绪爆发，自己好不容易有点进步的心性涵养，一下子又推翻了。这种情况通常会发生在每个月、每个礼拜都要这样做时，我潜藏在内心的种种不满、计较、埋怨就会悄悄浮现，伺机让我陷入禀性的运作，而且浑然不知。这是因为过往禀性运作太习惯了，如果只是做个一次、两次，我们都可以保持警觉，但如果是长期实践，我们就会失去觉察，禀性就会蠢蠢欲动，让我们随时跳回旧有的窠臼。每当情绪爆发后，事情越做越不顺，生命又陷入一团混乱时，我才懂得反省自己，才又再次改变自己。这时候，我们必须找出让我们不满与计较的原因为何？在什么样的情况下特别容易动禀性？这些心智模式早已悄悄地运作很久了，如不是我们想真心尽孝，根本看不见问题点，而这问题的答案就是解开我们人生障碍的关键答案。在此我建议读者可反复对照第二章检视自己，了解自己的问题点，找出改变的关键。

“安”父母的心

孝并非仅仅奉养，还要孝父母的心，安父母的心。从父母最担忧的事上去做，就是安父母的心；圆满父母有亏的地方，就是补上父母的漏，这都是孝心。曾子说过：“父母所忧，忧之；父母所乐，乐之。”以前我总是认为，父母担忧的我也要跟着担忧，父母喜欢的我也要一同喜欢，这样做我不就没有自己的喜好了吗？没有自己的人生了吗？其实圣贤的意思不是这样的。圣贤的意思是指如果父母亲担忧子女出门在外不懂得照顾好自己，那我们就要挂心父母亲这个担忧，要懂得照顾好自己；如果父母亲担忧子女之间相处会不会融洽，那我们就要挂心父母担忧兄弟姊妹当中的什么事情？或是最放不下谁？如果父母担忧子女成家立业后婚姻状况，那我们就要挂心父母亲的担忧，经营好各自的家庭幸福，让父母安心。我们要了解父母的忧心之处，把这样的事情放在心上，做好自己的本分，不让父母担心，让父母亲的心能安下来，这就是为人子女的孝心。

父母亲固然望女成凤、望子成龙，但他们内心真正在意的是子女是否平平安安，健康快乐，家庭能否幸福美满。我们自以为做了很多孝顺的事，也许这都不是父母亲所在意的事，有时间陪老人家聊聊天，跟他们到处走走拜访亲友邻居，他们就很心满意足了。当我越跟父母亲相处，我越了解父母亲要的其实不多，他们在意的就是子女身体是否健康，工作是否顺利，是否能够养活好自己，夫妻相处是否能幸福快乐？至于子女有多大的功名成就、名利富贵，或是有没有带他们出国玩，让他们吃好的、住好的，这些根本就不是父母亲最在意最关心的事。他们所需要的是儿女内心里真的有他们，愿意打电话回家问候、关心他们，有空回家陪他们聊聊天，真心地想跟他们相处，彼此之间没有隔阂，一起做事时多点耐心，愿意听他们讲讲心事，人老需要帮忙时，子女能够和颜悦色地对待，这就是父母亲所需要的，都是我们力所能及的事，但都因为种种因素，我们几乎都做不好。

如果这些都做不到了，那就更不用说要帮父母亲补漏了。如果父母亲真的做了不圆满的事情，我们更不可能心甘情愿地付出，或是代为赔礼认错了。子夏夫子说过：“事父母，能竭其力”这意思是说，侍奉父母要能够尽心竭力，全心全意为父母亲着想，这才称得上侍奉父母。想想真的很惭愧，我们现在连陪伴父母亲讲讲话的耐心都没有了，怎么可能会尽心竭力地侍奉父母？现代人的阴火性都很重，彼此之间不懂得相互尊重，更不愿意花时间了解对方，一心只想要他人配合我们，做人处事或是稍微一点不顺心，就怒火相向、怀恨在心，这样的性格，何来孝父母的心、安父母的心？不同的时代，本来就存在着很大的思想差异，我们无法尽心竭力地侍奉父母，是因为彼此之间无法接纳对方的人生观以及生活形态。身为子女的我们，不懂得调适自己的心态，体谅父母的难处，正确理解他们的用意，却反过来要求父母改变来配合我们，再加上禀性上的误解，所造成一连串的冲突，最后辛苦受罪的都是自己。

我以自己为例子说明，以前我总是认为父亲要我赚很多钱、光宗耀祖。我会有这样的认知是来自于我父亲的影响，从小我就常听到父亲总是在说谁多有钱、有势、有名、有地位，他们每个月赚多少钱，生活过得多富裕，也常拿我跟其他人比较。我心中不甘心被比下去，想努力超越他们，但每个人的能力不同，这超出我的负荷，反而让我活得很有压力，很没有自信心，觉得自己处处不如人。因此我内心生起一种反感，觉得父亲就只在意钱，而他所比较的那些人，我内心都很讨厌他们，不喜欢他们。就因为这样，我们之间有着一种冲突，每当他有所比较时，我就会跟他起口角，我说服不了他，他也不认同我的看法，久而久之，我就不太喜欢回家了，彼此相处也不太想多说些什么了。

当我不认同人生的成就只能用金钱来衡量时，我内心就认定“父亲的眼中就只在意钱”，我要获得他的认同，我必须要很会赚钱，只要我赚到钱了，我就可以在他面前大声讲话。我怀着一股愤恨的心去打拼，越是愤恨，我越是无法平顺，我想要赶快做到有钱有势，可是我偏偏做不到，我越是做不到，我内心越是恨他，越认为他很势利，他就只在意钱，他只想满足自己的虚荣而已。我心中认定，“他看不上我的所做作为，他瞧不起我的工作！”在我学道之后，我了解这些想法其实都是阴木性的作用，都不是真实的情况。因为我内在有不服人的因素，我受不了他人对我的批评及不认同我的做法，当我的观点无法得到对方的重视时，渐渐地我会转向一种恨气，自动曲解所有人、事、物的原意。我心中错误地认定，让我开始怨恨我的父亲，往后他的所作所为，我自然看不上，也都不认同，因为他不尊重我，那么我也不想尊重他，这就成了阴火性之间的斗争，家庭关系当然也就失去了和谐。

学习伦常道后，我首先力行孝道。我反省自己过往与父亲的种种口角与恶劣的态度，我认为身为孩子的我，不管我讲的话有没有道理，我都不应该用恶劣的言语来对待父亲，这一点是我的错，我承认是我的错。就在有一天，我鼓起勇气跪下来跟父亲忏悔，当时的我泪流满面，泣不成声，父亲也红着眼眶，此时他讲的一句话让我震惊："赚钱多少是天命！人生重要的是要活得有贡献！有价值！"就在当下，我内心长久的那种愤恨、对立、想证明自己是对的那种冲突感消失了，取而代之的是从父亲那边得到一种认同，那就像是一股无形的支持，默默地转动我内在的禀性。慢慢地，我理解父亲过去所讲的话，背后的用意就是担忧我太理想、太过不切实际。他是站在一种保护我的立场，父亲真实的内心，不是我想的那样，而我却因为自己的禀性，造成了十多年来的吵吵闹闹，针锋相对，我难道不该为自己的现况负责任吗？

为什么我们无法安父母亲的心？因为我们都是用禀性在看待一切。我们为什么不愿意多陪陪父母亲讲讲话？为什么与他们相处时没有耐心？因为我们被禀性阻碍了一切，而这样的结果就是自己找苦吃，找罪受。其实事情本来可以很单纯地处理，我们根本不必如此大费周章，折腾自己。当我开始懂得反省自己时，我才看见自己如何错解父母亲的想法，怎么把这一切搞得一团混乱，而我的整个人生的运作方式，都是一样的模式，难怪我走到哪，也都是差不多的结果。当我学会尊重，学会恭敬，学会聆听，学会理解父母亲的用心，学会处处看父母的优点之后，所谓父母亲不圆满的处事行为，我很自然地能够谅解并圆满地善后。那就好像我们思想的不成熟与行为的不圆满，父母亲也常常帮我们补漏，处处替我们设想一样，这一切都是很自然的行为。而这也就是子夏夫子所说的："事父母，能竭其力"的真正意思。其实全心全意地为父母亲着想根本就不难，补漏其实就是提醒与关爱。

处处留心皆是孝

很多人的家庭中，父子、母子之间都没有什么话讲，或是感觉有距离，彼此之间的问候关心很少，回到家就像是回到宿舍一样，不闻不问。也许我们的家庭关系存在很多问题，一时之间也不知道从何说起，心里总想要论个对错，有的人一心只想争赢，有的人是怕自己认错就一辈子抬不起头了，如果大家真是这么想，那最后吃亏受苦的一定是自己。如果我们没有办法打开自己的心扉，重新看待这一切，我们又有什么力量去面对外界的变化与挑战？真正的力量来自于内在富足，当我们拥有转换内在禀性的力量时，外在的挑战与困难都微不足道。学道之后，我们要愿意面对自己的错误，真正的勇者、真正的善人是敢于面对内心的纠结，愿意率先突破僵局、化解问题的人。这样的人，令人钦佩，值得学习。

真正力行化除禀性的人，不会陷于现实环境中的困境而选择放弃，反而把难处视为自我改变的动力，他们会从反面来激励自己，这是一种积极的人生态度。古人在《百孝经》说的“孝从难处见真孝”，不就是一种积极转换内在能量的功夫境界！当一个人遇到困难时都愿意坚守正道，那么人生还有什么难题可以考倒他。我们再看《弟子规》里面怎么说的：“亲爱我，孝何难，亲憎我，孝方贤。”这不就是古人告诉我们德行的培养是在逆境当中成就的，这样更显得尊贵与令人敬佩。我们先把过去的恩恩怨怨放在一旁，古谚说“道找一面”，即找自己错的那一面。如果是我们态度不好，讲话不得体，这就是我们不对，不管对方做的是对是错，我们要先坦承自己错误的那一面，这不关面子问题，这是关系自己内心踏实与否的问题。“认自己的不是”，行自己该行的道，这是化除禀性的最好做法，我们一定要去做。

本分要做的事情很多，如有兴趣，可以多看古圣先贤的书籍，书中记载很多我们现代人丢失的重要观念，书中的每则故事都可以让我们有很大的突破与反省。如能真正落实，一定会带给自己生命上很大的转变，相信读者会有更多的感受与信心。期待我们一同来实做与改变，慢慢体会圣贤思想是实学，不是学术理论。经典的记载都真实不虚，并非空谈，更非守旧。只要我们确切落实，转化为化除禀性的功夫，才有办法尝到圣贤思想的滋味！生命也才会有所转折，开花结果！

（二）为人父母的本分在"慈"

在这个地方，我并不是要告诉各位怎么当父母亲，或是怎么教育小孩，这些方法，坊间的书籍有很多，我也不需要赘述太多。在此仅是提出圣贤的记载与我自己的心得，供大家参考，并从中了解圣人所说的慈道。慈爱不是溺爱，更不是一味地顺从或是当个烂好人。以前我总是不懂何谓慈道，是仁慈吗？如果都是用慈悲心，那是非对错该怎么教？如果我对孩子放任不管，或是对他太好，他根本就是骑到我的头上（父母亲太过包容，孩子有恃无恐），那是否要训孩子、打孩子？还是继续使用威权教育？我们都知道这不是最好的办法，我们也都知道，打骂是在没有办法下的蠢方法！教育孩子考验着我们的智慧，这智慧要怎么产生呢？要从"慈"道中来，因为在慈心的情况下，我们才会明白对方的需要，才能看见对方内心的欠缺，必然能得到最好的教育方法！

耐心是教育的第一步

《大学》中说："慈者，所以使众也。"我们先透过这句话来解读慈。仔细想想我们所处的环境当中，比如在职场、团体、组织里，面对众多部属、同僚，带领不好、互动不好的原因，跟慈道有没有关系呢？我们反省自身与孩子互动的过程中，孩子的反应是不是相当考验一个人的慈心？我们动不动就不耐烦，就发怒甚至打骂，请问这些行为背后的种种心理因素，与我们带领同僚与部属相处的情况类不类似？如果我们与孩子都互动不良，也不懂得怎么教，甚至无法掌控自己的情绪，那么我们怎能领导部属、员工上道呢？《大学》有云："其家不可教而能教人者，无之。"意思是说，如果身为一位家长，家里的成员都教不好，面对来自那么多不同家庭、有不同个性的组织成员，能够领导得上下一心，这是不可能的事情。这也难怪现在的组织、团体总是问题一大堆，不论企业怎么进行培训，问题都没有办法改善，因为真正的问题在不懂得慈道，并非不懂得管理。

身为一位家长、老师，我体会到教育的背后需要很大的耐心，换言之，慈道的背后就是"耐心"。时常有人问，我是请他来公司上班的，不是来教他怎么工作的，教他工作不是我的责任，请各位想想这句话有没有道理？我们都希望来工作的人，什么都懂，什么都不用教就可以把事情处理好，听起来合情合理，但是如果我们站在"使众"的情况下，请问不教，他们会吗？同理，孩子不耐心地教，他们就会吗？既然我们要教，却教得这么生气，而让孩子越来越没有信心，所领的团队越来越没有共识、没有默契，难道我们不用负责任吗？这孩子是我们教坏的，这团队是我们领差的，是我们自己没有能力，我们不愿意承认自己的失败，反倒怪罪他人、归咎环境，而我们一样薪水照领，好处照拿，还要孩子尽孝、员工尽忠，请问这样合理吗？我常想，一个时常归咎于外的人，也代表着"他对自己的人生也是束手无策吧！"你说是吗？

当我们在教育他人的过程中，常常认为对方很差劲，反应很慢，我们快看不下去了。有时候，是我们太放大自己的能耐了，把自己看得太了不起、太行了，反而把领导、教育别人看成儿戏了。事实上，我们这么看别人，说不定在某些能力比我们更强的人眼中，我们也是个烂苹果。就像我们也很需要别人给我们时间，多点宽容，允许我们有失败的机会，让我们一步一步地建立信心、提高能力。我们都希望对方提携我们，那我们身为领导时何不谦虚一点？何不厚道一点呢？我们希望别人能设身处地地考虑，要别人跟我们共患难，但我们却没有同理地对待别人，也不愿意陪伴他们成长，这背后的心态是恨之禀性作祟。如果凡事只考虑自己，考虑的都是自我的立场，那背后的心态就是恼之禀性，最后团队中都会是同构型很高的人，如心机、算计心都很重，导致团队最终失败。

教育是一种自我提升的过程，身为教育者要有慈心，慈心的首要条件就是耐心。耐心是让我们不断找寻出适合双方的核心要素，不论是夫妻关系、亲子关系、职场关系，都一样适用。在双方磨合的阶段，要能够容许他人表达意见与想法，通过不断了解，达到彼此之间的尊重，却又不逾越彼此许可的相处模式。可惜很多人在磨合的阶段，耐心不够，包容力不够，非常容易导致败局或是前功尽弃。我们通过亲子关系练习这样的方式，很快就会掌握平衡的方法，并且看见自己的卑劣行径及失去理智下的惯用手法。以下我以自身作为例子来跟大家说明。

过去我与父亲有很多价值观、意见上的相左。在学道之后，我反省自己在争辩的过程当中，常用的伎俩就是态度恶劣，脸色不屑，语气威胁，讲话故意中伤他人，贬损他人自尊心，以迫使他人顺从。如果争辩过后，没有达到我的目的，我便怀恨在心，将自己失败的理由怪罪于他人，整个心智模式就是恨之禀性的行为。反观我父亲并没有因为我恶劣的言行而失去理智，没有仗着父亲的权威乱加打骂，他不受我的言行影响，不被我激怒，反而很冷静地面对我，给我成长的空间。父亲一直在慈道上做得很好，他不管我孝不孝顺，愿不愿接受他的建议，他只做好本分地教育我，如果我现在听不进去，他会想其他办法引导我，让我自己体会与反省，从小到大都是如此。现在我想起过去的种种忤逆，真觉得很不懂事，而父亲的种种行为就是慈道的展现，这是他耐心、包容、自我学习与不断反省后的突破。内心不计前嫌，处处想方设法引导，让对方领悟，自己还要不断成长并改变，才有办法放下对孩子的那份担忧与控制，这样的心路历程就是慈道，也是为人父母伟大的地方。

古谚说“道是尽的，不是要的”，父亲从来不会要求我尽孝，他只做好自己的父道，他不会去埋怨我。过去多年以来，无论我怎么刺激他、激怒他，他都不会做出不合理的行为，总是私底下苦恼，绞尽脑汁地想办法，锲而不舍地引导我向前。现在回想，真觉得自己很折腾父母亲，他们不知道操了多少心，怎么我还看不见他们的伟大呢！在一般情况下，遇到子女这样的顶嘴争辩，身为父母的早就暴跳如雷，狠狠地怒骂一顿了，有些父母甚至控制不住自己的情绪，就像是发泄一样地痛打，导致亲子关系决裂，彼此水火不容或是不再沟通了。想想身为父母的你，当下是否愿意耐住自己的禀性，控制住自己的情绪，不仗势欺人，放下自己的身段，并静下心来了解对方的心声，努力听懂对方的意见呢？如果我们真做到这一步，那么你一定会有足够的智慧看出双方的差异，并理解是何原因障碍了对方的解读，进而找出真正需要引导与教育的地方，共同解开双方执着背后的禀性，最后的结果一定会有所不同。

这样的行为，让我理解在宗教上，很多大师对于众生的开释、教育都是充满着耐心与包容。他们一步一步地引领，只为了引渡众生出离苦海，过着身心自在与安康的人生。同样的道理，身为学校的老师，为了让学生明白，想尽一切办法，就是为了引领学生走上人生的正轨，活出生命的价值。这样的内心，令人敬佩。古人说：“师徒如父子”，我想意喻如此。老师与父母的内在，都有着一样的慈悲心，这就是身为领导、父母、师长所要尽的道，可惜现在的父母、老师、领导，忘记了本来的初心，受到孩子、学生、信众、部属的反应而失去了应有的气度与高度，从此失去了耐心，更与之对立冲突，最后延伸出不必要的问题，相互抱怨，相互指责。这都是不依道而行的后果，我们要懂得自我检讨。

我们身为父母亲、教育者、领导者，不是整天盼着天才出现，就是埋怨自己时运不济。我们羡慕着别人的孩子、学生、部属，而看不见自己的无能，这样的行径，让人相当不屑，真有人才也不会想跟随你。如果你真有本事，你真的很会教，那么你就能把平凡的人调教成才，而不是整天嫌弃自己的孩子不成材、学生愚钝、遇不上得意门生、部属不上进等等，圣贤说“托起愚人，才是贤人”，我们何不检讨自己的无能，怎么还有时间怨东怨西呢？今天，我们身边会出现这些人，就表示我们需要学习生命功课，我们不仅有引导他们变好的责任，还要从他们身上，发现自己需要改变的地方，修养自己的心性。要知道，如果他们学得不好，就表示我们教得不好；是我们智慧不足、能力不足，无法把他们领在道上，我们要检讨自己，找出自己的盲点，想办法提升自己。不要一心只想推卸责任，然后把问题归咎于他人，越是抱怨只会让我们显得更加无能与势利而已，这会让人对我们充满厌恶，反而更看不起我们。我们要能切身地自我反省，化除内心的狂妄自大，并愿意耐心、按部就班地引导他人，这时慈悲心就会慢慢显现，只要慈悲心一流露，智慧就会出现，自然能把人领好了。要记住，一切的教育与领导都必须从慈道开始落实，而非嘴上的能言善道，或是喊喊爱的教育口号骗人骗己。

已故南非前总统曼德拉曾说过：“当我年轻愚昧的时候，我的想象力从来没有限制，我梦想改变世界。当我老练以后，我发现我不能够改变这个世界。因此，我将眼光缩短了些，我决定只改变我的国家，但这也无法达到。当我进入暮年以后，我最后的愿望仅仅是改变我的家庭，但是，这也不可能。如今我躺在临终的床上，我突然意识到：如果一开始我仅仅是改变自己，然后作为一个榜样，我就有可能改变我的家庭。在家人的帮助和鼓励下，我就有可能为国家做一些事情，谁知道呢？我甚至可能改变了这个世界！”。我想曼德拉的这段话，我们应当有所体悟，真正最该改变的人，其实是我们自己，我们不用整天想着改变别人、想着要教育别人。如果我们真的很想教育别人，那么就先改变自己，先让自己受教，再来谈教育他人的事。

不动禀性的教育

孩子不同阶段的成长过程，有着不同的教育方式，这些方法，很多专家学者的书籍均有说明，我在此并不多加论述。我只强调一些古人记载的重点，让我们从另一个层面来检视自己的立身行道，更帮助我们了解禀性是如何养成，以及如何进行有效的教育方式。每个人皆有禀性，小孩也不例外，小孩的禀性在母胎当中就已经开始萌芽了，父母亲属于何种禀性，小孩的身体与性情自然会受影响，胎教很早就有记载了，并非是现代医学才强调的。

妈妈在怀孕期间，父母亲有什么样的禀性，通常与孩子的体质有明显关系，古人有言：“阴木不化，怒气冲冲，小儿落草就得抽风（肌肉抽搐）；阴土死板，又强又拗，生下小孩面黄肌瘦；性格太弱，阴水愚鲁，往往生孩寒风在腹；又急又躁，阴火内延，生孩不育，非狂则憨；阴金好分，口如刀锉，小儿生下虚喘咳嗽。性质不良，家庭不幸，何故夭伤，胎中受病。”这段话中所说的各项禀性，如各位不了解，还请各位读者仔细参照第二章说明。一一对证自己，你就可以了解自己孩子哪些行为是受我们禀性所影响的，通过孩子这个果，来检视身为孩子的根——我们，到底自身的心性出了什么问题。我们是孩子的根，今天果实出了问题，如我们还不懂得检讨自己，只知一味打骂管教又有何益？这样的教育方式，只是不断加深孩子的禀性，将自己的苦又延伸给下一代，让他们往后过着跟我们一样痛苦的人生，这不是为人父母所应尽的慈道，这不是教育，是毒害。

孩子从出生到两三岁，称之为婴孩，这阶段的孩子和父母亲的心情，有一条无形的线牵着似的，如果孩子是爸爸照顾得多，孩子与爸爸的性情就有着较深的关系，反之亦是同理。这个阶段的孩子，如果父母的意念不清明，小孩必好哭，所以父母的意念要清明，不要时刻胡思乱想、担忧不断，只要意念之中常保高兴、快乐、平静，并认为我的孩子最乖、最有出息，小孩也必定乖巧。在这个阶段的孩子有着浓厚的“接受提示性”，比如孩儿手内玩物被人夺去，父母可以提示的说：“我的孩子最有礼让之心，别人拿去了就不要”，渐渐的孩儿就不哭闹了。就是小孩子不听话，也说他听话；好哭，也说他不好哭，日子久了，自然能改过了。这样的教育方式，重点在于父母亲的心念不能烦躁散乱，不然怎么引导孩子也没有用。

这阶段的教育，父母亲必须要有超越平常的耐心，以及全心全力陪伴孩子的心理准备，不然无法面对孩子所有的行为，而提示性教育就无法发挥效用。提示性教育的重点，就在于潜移默化孩子内在的禀性，让孩子从小就养成转换情绪的习惯，日后才不容易受禀性的影响，而执着于自己偏颇的信念，误了自己一生。记得有一次我看着自己一岁多的外甥女，晚上到了睡觉时间她还在玩玩具，这时候她的爸爸过来要拿走她手中玩具，抱她去睡觉，外甥女开始哭闹，他爸爸口中就念：“你最乖了，晚上睡觉不可以玩玩具。”就这样心平气和的重复好几次，刚开始她还紧抓着不放，还有点哭闹，几句话过后，她的神情就变得冷静，看似在思考且慢慢地将手中玩具放掉，然后乖乖地上床睡觉。这一个过程，孩子就是在转换沉潜于内在的禀性，透过大人话语的引导，一次一次的化除内在的情绪执着，孩子性情越好，天性就越清明，往后人生的路自然走得好。

这样的教育模式慢慢养成之后，孩子会越来越容易教育与引导，但前提是爸妈要非常有耐心，不能因为孩子的行为或自己情绪的不稳定，而强硬要求孩子改变，错误的行为只会加深禀性的作用，因为禀性的调整需要一段缓冲期，不论年龄的大小，都需要一个转换时间（通常年纪越大，需要的时间越长，也越不容易转换）。此时，你要是太强硬地将手中东西拿走，会导致孩子顽强抵抗，父母必然大动肝火，双方情绪对立的情况下，孩子就不容易接受引导，年纪越大，就越不好教，往后我们就会产生“这孩子很不听话”的偏见，那么他就真的会越来越不听话，这样的结果是我们自己造成的。同理，如果每次禀性的转换都可以成功，那么日后就会越来越容易教育！重点在于我们的禀性不可因孩子的禀性一起起舞，因为你的性情清明了，你才能引导孩子的性情也清明。

我时常观察现代人教育孩子的方式，错把呵护当慈道，因为父母亲以前没有给我们什么好的物质条件，所以现在只要你能做得到的，你会尽可能地满足孩子的需求，你就是不要让孩子跟你有一样的遗憾。我认为这样对待孩子的呵护算不上慈道，因为身为父母亲如不懂得教育孩子化除禀性，任何的呵护与照顾都会变成一种溺爱。一味地呵护，代表着我们的内心认为“孩子什么都不会”“怕孩子如果得不到他想要的，往后就会发生什么问题，比如自卑、怕被取笑、被排挤等”，在这种心念下所养育出来的孩子，往后势必吃不了苦、承担不了一点事。如果我们认为孩子什么都不会，或是往后会出什么问题，那就代表着我们“瞎操心”，表示我们没有教育孩子的本事与转换心念的能力。我们不知道怎么教，内心就会演变成什么都想管，什么都想掌控，只能照着我的意思走最安全，要他们活出我们内心的期待与规划。这种不切实际的心态，会与现实越来越远，孩子被束缚着，或是成为我们人生功成名就的另一种展示品，四处炫耀比较，最后孩子会产生很大的逆反，通常结果都会让人很失望，还可能会让自己丢尽了颜面。

我们让孩子学习更多的知识、技能，希望他比别人强、比别人优秀、往后的生活过得比别人好，只要孩子稍有休息，唯恐落后进度、比不上他人，把自己搞得紧张兮兮，时刻担忧得要命。说也奇怪，我们不担忧孩子内在的心理素质是否够健康，却整天担忧孩子的成绩表现有没有让你满意，我们从来不传承上一代人的精神与祖先的德行给孩子，却让孩子在成长的过程中，充满着压力、恐惧与疲倦感，让孩子提早耗尽了上进心、学习的热忱。这种悖道的教育方式，难道我们还执迷不悟吗？就这是为什么现在的孩子，稍微遇到点绿豆般大小的困难，就一蹶不振，从此自甘堕落，或是自暴自弃了，这不都是我们教出来的，难道我们真的不知道孰轻孰重吗？可悲的是，我们现今教育孩子的方式都是贬损老人,或是有意无意之间埋怨上一辈人的缺点，我们在孩子的内心种下这些厌恶、鄙视、不知感恩的心，养成孩子不知孝悌、不明礼让的行为，造成孩子一生行为的错乱，这就是我们所谓的教育？

当孩子的内在没有孝悌等心时，也就是说这棵树的根部已经腐败了，那么他往后结的果实自然会问题重重，孩子的人生，还是走上我们的老路。你心里厌恶着老人，孩子的心里也厌恶着我们，你以为孩子会听得进我们的教诲吗？你认为老人讲的那一套是腐败，孩子也认为我们讲的这一套也是腐败，孩子无意间复制我们的模式，一代一代之间，不断重复发生错误的行为，这是我们希望的结果吗？我们不用想孩子怎么看我们，我们想想自己是不是如此就行了，如果我们都没有孝悌的心了，我们又拿什么教育下一代？我们自己都讲不出父母、爷爷奶奶、外公外婆、祖宗的德行了，孩子又如何学习感念我们、孝顺我们，进而培养自己的德性，为自己积福。而我们恰恰是他们的根，请问我们到底是爱孩子，还是害孩子？

接着，孩子从三四岁到十二岁这阶段的教育，称之为儿童教育，这阶段的孩子有浓厚的接受提示性、报答心和积蓄性。天性是天道在人身上的一种展现，其中报答心就是天性的自然流露，我们可以从孩子天性的纯洁，感受到天性大过于禀性的运作力量这样的生命状态，它是何等的截然不同。因为此时孩子的内在污染很少，我们可以随处观察孩子的行为，纵使我们有时打骂不得体，但孩子很容易体恤父母的辛苦，很自然替父母的难处着想，想分担父母的家事，或是看到父母难过时会来安慰我们等，这都是孩子与生俱来知恩报恩的心，而禀性情绪根本发挥不了作用。这时父母应要教导孝悌忠信等古人故事，教育孩子如何在日常生活中落实，也可以时常提问孩子，你长大要怎么孝敬爷爷奶奶、爸爸妈妈等，或是你往后遇到类似故事中的困难时，你会怎么想、怎么做等，透过提示性的问话，建立孩子内在的正知正见，让古人的德行深植于孩子的天性当中，庇佑孩子一生。

通过正确的提问，会让孩子的意识清明，思绪保持在一种清晰的状态，同时内在的天性又不断地与古人孝悌忠信等精神结合。根基扎得稳，纵使往后人生遇到考验和逆境，自然能有转换痛苦的智慧，这是因为内在的正能量充足，所以禀性等负面作用上不来！但是，这个阶段的儿童，是非判断能力是有限的，所以父母在教育上必须保持“是非”分明的态度与原则，不可随着自己的性情好恶而变化不定。例如儿童的行为正确，就用笑脸嘉许；行为不对，就用严肃的面孔，使他知道这种行为不受欢迎，久了儿童自然养成正确的是非观念。若是儿童表现出一些小聪明，明明是不对的事情，可是引人发笑，父母也笑起来，这等于是鼓励他继续这样做。或是由于偏爱，孩子会撒娇，就放任他的过错，也等于是害孩子。所以保持正确的是非态度与原则，在这个阶段是非常重要的，如果初犯时不注意纠正，等发展成习惯想再教就迟了。

此外，很多父母常常因为此阶段儿童天性的好动，比如好敲打东西、撕破投掷物品等，或是有时像个小恶魔般地无理取闹、不听管教等，自己控制不住脾气而乱加打骂，形成不当管教，伤害了孩子的天性，还激发出了孩子的禀性，给自己往后的教育设下了难处，这根本就是自讨苦吃。其实这是儿童发育过程的自然行为，不可强加压制，因为不能发泄活力，最容易生病。父母要因势利导，发展儿童的体育能力，也可借此过程看见自己很多的禀性执着，比如说易烦易怒，以及对待很多事情没有耐心，稍有点麻烦事就容易暴躁焦虑等性情不定，这其实是我们所要修炼的功课，不应该因为自己的缘故，而让孩子跟我们一同受罪。我们可借由孩子来修炼自己的教育智慧，因为孩子在无理取闹时，很容易翻覆我们的理智与容忍度，让我们做出冲动的行为。当我们受禀性情绪的影响时，会不自觉的否定孩子、打击孩子，或是讲出严厉不当的话，打击孩子的自信心，作为自己情绪的发泄，因而失去了修炼自己与引导孩子的宝贵机会。这样错误的教育习惯养成之后，我们将为此付出惨痛的代价，想想一朝之忿就只为了出口气，这又有何意义呢？

这阶段成长的孩子，内心都想要得到父母的肯定与认同，并获得父母的喜爱与关注。可惜在这个阶段中，我们通常控制不了自己的脾气，只知打骂、批评，孩子无形当中失去了上进心，或是产生了逆反心理，因而埋下了青少年阶段，与我们激烈冲突与对抗的因素，这就是为何孩子大约在十二岁左右，就好像变了一个人似的，而我们往后的任何教育方式，就再也没有多大效果了。其实儿童阶段的孩子为了得到父母的肯定与喜爱，他们会自动激发内在的进取心，只要我们懂得适当的引导与鼓励，孩子会主动做好，如真有犯错，孩子自己也会觉得羞愧，会主动意识到错误，并且愿意改变，所以一时偏差的行为非常容易矫正，根本不需要我们大动肝火。孩子在十二岁以前的教育方式，只要我们稳得住自己的性情，其实很容易教，可偏偏我们动性耍脾气，反而给自己惹出了一堆麻烦事，说到底，我们就是一个缺乏耐心与慈爱的人。通过教育，我们可以反省自己的禀性如何造成身口意的错乱，更能看见自己的言行是否一致，以及能否坚持自我要求的责任心，这是我们修炼的好时机，千万不要迁怒于小孩。我的意思并不是要你放纵孩子胡闹，而是借由孩子的言行举止，时刻观照自己内在的起心动念，看清楚自己的禀性如何受了刺激，让我们更懂得平静地处理事情，而不是等出了篓子又后悔莫及。

古人在教育子女的思想中有提到："十二岁以前，每个孩子的禀性都深受父母亲的影响，尤其影响孩子的身心健康。故孩子在十二岁之前，如身体有病、性情不好，父母必须先从心态上反省自己，因为孩子与父母之间，似乎有一条无形的线牵引着彼此，孩子不断地接收到父母经由禀性所传递出的信息，无意间展现出父母亲内心的真实情绪。"先前我们已经有所讨论，孩子在母亲怀胎受孕时，禀性就随着父母亲所在的环境种下了性情，什么样的禀性，会有什么样的疾病，我们已经大体了解了，那么性格是如何产生的呢？我们可以想想，孩子在十二岁以前，大多都是懵懂无知，你给他什么，他就只能接受什么，环境当中无论发生什么样的刺激，孩子照单全收，好的坏的全部都在他的内心发生变化，性情也就这样一日一日地养成。那么孩子特有的情绪反应，以及不能理解的行为模式，又是如何产生的呢？这其实是我们做了亏欠天理良心以及不懂得反省改过，所造下的后果。如果我们不懂得翻良心，还自以为神不知鬼不觉，更不认为自己有错，那么孩子会替我们承受罪业，这时身体病痛、行为乖张等让你无法想象的事情就会出现，那就不是我们简单几句话就可以处理了，这是天理循环的必然现象，必定要付出惨痛的代价。

请问各位，到底是孩子无理取闹的行为让我们的禀性爆发？还是我们的禀性太强，孩子接收到我们禀性的信息后，代替我们表现出无理取闹的行为呢？学道之后，我时常观察孩子的言行举止，我发现孩子就像我们内心世界的一面镜子，无意当中演出我们内心世界的想法与情绪。只要我们愿意静下心来观察孩子的情绪反应与行为模式，我们会看见孩子好像在宣泄我们内心隐忍、压抑的情感一样，其实真正的问题在我们内心的情绪禀性，只要我们不改，孩子永远不容易变好。身为父母，我们总是想尽办法要管教孩子、要求孩子，怎么我们从来没有想过要管教自己、改变自己？当我们不断改变自己内在的禀性问题时，我们会看见孩子的性情与行为自然变好，根本不需要我们特别的要求。而这样的结果，只不过是根好了，果实自然好了的道理，只要我们做到心口合一、言行一致，教育本来就不是什么难事，根本不用费太多的心思，事情没有我们想得这么难，问题在于我们愿不愿意改变自己而已。

我们都希望孩子好，都希望孩子有良善的行为举止，我们大多都会不由自主地用责罚的方式，要求孩子做出良好的行为表现，其实这无意当中造成孩子心理的偏差。《孟子·离娄上》这样说：“父子之间不责善。责善则离，离则不祥莫大焉。”这里所说的“责善”，就是以善来要求对方做好。譬如，父母亲都会要求孩子具有某个好的行为，但孩子一时之间做不到，无法满足父母亲的期待时，那会产生什么样的结果呢？父母可能会因为某种深切期待的落空，反而生气、着急了，在求好心切的心态下，指责孩子的不好、否定孩子的努力，认为他不够用心或是嫌弃他不聪明、不上进，或是因为自己耐性不足而产生厌烦的态度，严肃的脸色、冷漠的语气，使得亲子之间的感情很容易出现嫌隙，孩子内心偏差的思想就开始产生了。

责善的教育方式，会让孩子在内心当中产生了某种偏差信念，而我们无法得知。比如说：孩子怎么做都比不上哥哥、姐姐，内心反而升起了自卑感，容易自暴自弃。或是有些孩子无形当中背负着很大的内心压力，容易产生紧张焦虑感。更有些孩子心里会觉得父母不重视我、不爱我，只在意成绩表现，所以在其他行为上，便产生不必认真做的想法，形成敷衍随便的处事态度。这些种种偏差的信念，我们都不易觉察，因为责善的教育方式，让我们失去尊重孩子的心，忽略了对孩子内心世界的了解，造成孩子在内心反感我们的所作所为。当孩子的内心不再信服我们，那么我们想要孩子达成某些好的行为举止，也就不可能实现了，这也就是为何孟子提醒父母，父子之间不责善的用意。

我们能否想想，自己是真心想聆听孩子内心的真实想法吗？是真的想了解孩子内心的感受吗？这些要求所带给孩子内在的冲击是什么？我们责善的过程正确吗？我们是否有尊重孩子的意愿？这些要求的背后所产生的信念为何？我们能否帮助孩子解开内心的困扰？我们的一言一行不断形塑孩子的心智模式，当孩子习惯于禀性的作用后，就会形成他一辈子的枷锁，不仅自身无法察觉，纵使想改变也走不出来。这也就是为何古人说：“三岁看八十，七岁看终身”的缘故，因为心智模式一旦建立后，当事者很难觉察，最终只是不断重复着错误的行为模式而已，这样的结果才是生命痛苦的主因，我们怎么还说是为孩子好呢！我们怎么能对自己的教育不负责任呢！

当孩子慢慢进入十二岁至十八岁的阶段，我们称之为青少年教育，这阶段的教育着重于孩子的自我责任感与价值观的解读判断，以及如何建立挫败后的自信心等。这阶段的父母所要具备的是开放的心胸，接受挑战的器量，还有接受不同价值观的包容力。教育的目的，在于让我们清楚地了解观念是如何形成、信念是如何产生以及内在的心理变化是如何影响我们生活的一切的，最终让我们走出错误的心智模式，活出清明自在的生命状态。透过一代一代的进步，让我们身上的包袱，一代一代地放下，当我们自身能够清楚地看待一切事物的来龙去脉，并用着清明的意识进行教育时，这才算是负起教育孩子的重责大任。如果我们自己都混乱不堪，又如何引导孩子的生命价值观呢？我们只不过在无形当中，将自己错误的心智模式，一代一代地传承下去，让后代跟着我们一起受苦而已。孔子说：“己达达人、己立立人。”唯有当我们自己的内心能够通达无碍时，我们才有办法引导他人通达无碍，如果我们对于自己的禀性都无法化解，对于自己错误的行为都无法觉察改变，那我们又谈何教育后代子孙呢？

当然我并不是要你回头去怪罪你的父母亲，一代人做一代事，每个时代的挑战与困难不同。上个年代的父母亲，能过上温饱的日子就很好了，根本没有机会去了解这些，身为孩子的我们要去感恩父母、要去体谅父母，反过来帮助父母化解内心的禀性问题，而不是反过来指责父亲。《孟子·离娄上》说："夫子教我以正，夫子未出于正也。"意思是说，父母亲教我们要做好，可是我们却反过来要求父母亲，说他们自己也未必能做好，凭什么教我？这样的行为只会增加我们内在的禀性，形成更多的怨恨恼怒，更加走不出人生困惑。有的人在结婚生子之后，心中对父母怀着怨恨，便将父母的种种不好讲给孩子听，或是夫妻俩吵闹，彼此忍不下这口气，便将双方的不好告诉给孩子。结果孩子无形当中与不好的嫁接，这其实是在打毒针给孩子，孩子内在会随着父母一同气愤，因而掉进错误的认知，这将会是家庭纷争的开始，也是孩子内心痛苦的来源之一。

这样的问题来自于父母亲各自将错误的解读方式，毫无顾忌地告诉了孩子，孩子的价值观，无意当中受了你二三十年来扭曲的价值观影响，他在没有辨别能力的情况下，只能照单全收。他所能了解的世界，是透过你的眼睛而了解，他所解读的世界，是透过你的嘴巴而解读。同样的道理，他所知道的父母亲与祖父母，就是依据你所告诉他的一切。你越讨厌他们，他就会活得越像你指责的那个人。不相信的话，我们反省一下，自己怨恨父母亲的某些地方，是不是恰恰是我们与他们非常相似的地方？几乎有着一样的问题。因此，与其告诉孩子不好的，不如说正向、好的，有德性的事。《中庸》提到："夫孝者，善继人之志，善述人之事者也。"这是在告诉我们，正向良善的人，凡事都往好处学习，因为正向会吸引正向，善能量会聚集善能量，最终受益的人还是自己。

可惜的是，我们太过于求好心切。我们想要教育孩子更好，反而越关注孩子的缺点，越看越气，越看越不顺眼，结果我们失去理智了、恼怒了，教育的方法也错用了，结果越教越差。没有人愿意长期被管教、被强迫、被否定，孩子也是。我们要理解，“管教就是用禀性压人”，只会让人越感束缚并想逃离，不然就是造成压抑的个性，内心充满着愤愤不平的情绪，往后定会在其他地方爆发，惹是生非。这阶段的孩子，需要你更多智慧的引领，循循善诱，通过德性的感化，以身作则。如果家中的祖父母懂得帮忙，可以讲述孩子的爸妈平日辛苦的地方，父母亲有哪些优点、德行等，让孩子懂得敬爱父母，懂得感恩，自然事事从“找好处”的角度来看待，不断启发天性，树立正向的心智模式，往后的人生自然少走弯路。

我朋友的姐姐就是一个很好的“找好处”例子。我朋友在家中排行老末，是比较受到父母疼爱的孩子，在学校成绩优秀，更是受到老师嘉奖，小时候姐姐曾经因为大家都对妹妹较好，而心生不满与嫉妒。但有一次自己恍然大悟，转换思考方向：“我就只有一个妹妹，我为什么不以她为荣，反而要跟她生气？”从此之后，她非常照顾这个妹妹，妹妹有任何的成就她也感到光荣。出社会工作后，因为这样好的个性，在职场上也很自然地照顾同事，所以人际关系非常好，不论到哪里工作都非常顺利！这就是转换禀性之后的人生际遇，并不是因为她的运气好，而是因为天性与道相合，道自然会帮助我们在好的道路上行走，让我们的人生之路比他人顺遂。所以善继人之志，善述人之事者，就是一位懂得找好处、凡事往好处想的人，而这样的心态养成，是从小教育孝悌之心后的展现，也正是孩子在这个成长阶段，我们所要懂的教育方式。

这阶段的教育，我们再看《孟子·离娄上》怎么说：“教者必以正，以正不行，继之以怒；继之以怒，则反夷矣。”意思是说，我们一定都是以正面的道理来教育孩子，但也许无法马上达到我们要求的标准，这时父母很有可能不自觉地以怒言来责备管教，而这样的行为早已与我们的本意相违背，最后只会得到反效果。这段话在提醒着我们，禀性用事下的教育，对于孩子是终身的痛苦。如果我们的打骂只是为了要求一项技能的养成，那只要个三五年，多则十年的时间就可以养成了，但是孩子内心错误的心智模式，却使他痛苦一辈子，这是因小失大，远远偏离我们教育的用意。所以孟子告诫我们留意自己在情绪下所造成的教育行为，不要因为一时的心急，造成反效果，纵使孩子往后拥有了名利地位，只要内心感受不到幸福快乐，那外在的一切又有什么价值意义呢！

教之以八德道理

教之以理，并不是指夫妻吵架时的公说公有理、婆说婆有理的偏颇歪理，这些理乍听之下很有道理，但如果真要实践，问题重重，越做只会问题越多。因为这些理，只是为了掩藏自己内心的不足而不断进行的争理。我们当下没有察觉，被情绪主导着思绪，一心只想辩到底、不顾一切代价地想争赢，所以讲出来的话，根本就是不考虑后果的激愤之词，全部都是歪理，双方只会越讲越混乱而已。如果我们用着这样的歪理来教育孩子，那将会是一场灾难，因为孩子在十二岁以前，看似懵懂，其实内在天性的作用大于禀性，只要有人跟他讲清楚是非对错，孩子都可以理解，而且当下很容易自我反省，懂得认错，自我改变的速度很快，甚至还会反过来规劝父母呢！如果这时候我们的标准不一、心念含糊不定或是蒙骗孩子，这时孩子心里会很矛盾，如果我们还讲些为自己辩护的道理、歪理，往后孩子会不明就里，价值观错乱，人生的五伦关系会一团混乱。如果这时候孩子的内心是天性作用，他知道你是错的，但是他的口才辩不过大人，他内心不服气，等到长大之后，就会不再信服你讲的话，最后你们的伦常关系也好不到哪去。

有的人会想，如果我教的这么清楚，孩子的内心会不会活得很拘谨？如果教得这么明辨是非，那到社会上该怎么办，这样的性格不是更痛苦，他能适应社会的灰暗吗？或是说我把孩子教得这么乖巧、懂事、处处反省自己，岂不往后让人欺负吗？如果你会这样想，表示你有很多过度的担心。孩子的成长教育，就像一个刚入门的运动选手，如果连基础动作都不稳定，就学习很多变化式，那只会毁了这个选手的一生，也就是混乱孩子的价值观，毁了孩子一生。变化是在孩子成熟之后的教育方式，不是在孩子成长时期的教育方式，请不要用错方法了。另外，教育孩子正确的是非善恶观念，并不是指你个人的好恶价值观，是透过圣贤故事而让孩子有分辨善恶的能力，有判断对错价值观的智慧，以及懂得做人处事的进退法则，这样在往后的人生道路上，才懂得趋吉避凶，而不是像我们一样糊里糊涂，恣意妄为，尽干些蠢事又后悔莫及。回想看看，我们在社会上面临这么多似是而非、身不由己的情况，不就是因为没有明辨是非的智慧与化解困难的能力吗？难道会是因为我们专业能力不足吗？我认为人生遇到困难时，最惶恐的是没有一个可以依据的准则，以及能够判断最终后果的智慧与处事的法则，我们的行为处事就像是随便猜，根本不知道现在的做法会招致什么样的后果？要是我们有明确的法则，知道做了这些行为之后会有什么惨痛的代价，那还有谁会进退两难，身不由己呢？

《礼记》中有一句话：“君子有三患：未之闻，患弗得闻也；既闻之，患弗得学也；既学之，患弗能行也。”意思是说，人活在世上，最怕的是有宝贵的道理我们不知道，知道了不去学，学了之后又不去行，荒废自己人生。我最常听到学员的话就是：“要是早让我听到这些道理，我就不会辛苦这么久了。”但我要说，早些年纵使让我们听到这些道理，我们听得进去吗？人没有亲身感受时，是不愿意相信、不愿意采纳的，非要自己摸索、吃亏、摔得遍体鳞伤，才有所觉悟。而我们所悟的人生智慧却只是圣贤智慧中的沧海一粟而已，我们又何必这么自作聪明冥顽不灵呢？那么我们现在知道问题在哪了，我们是否愿意重新看待圣贤智慧的教育呢？

如果我们从小就明白圣贤的观念与道理，具有辨别的智慧与能力，往后遇到困难与抉择时，自然懂得应对。我们试着想想，当我们人生经历太多挫折、代价才换得一些经验后，会不会想要告诫后代子孙，希望他们不要重蹈覆辙？纵然我们称不上圣贤，但我们一生总会有一点智慧，如果像我们这样小智小慧的人都想要告诫后代了，请问圣贤留下来的智慧经典何尝不是同样的道理？如果我们排斥圣贤的智慧，否定上一代的告诫，无疑是封闭了自己的光明道路，这只会让我们的生命越来越坎坷而已。那么如果我们认同圣贤教育的重要，请问要从哪里开始着手呢？

图 6

图 7

当然是从教育着手，首先我们看看“教”的古字是什么意涵。如图 6 所示，《说文解字》说明：“教，上所施下所效也”，“教”字从孝、从攴（音“扑”）。攴是象形文字，像手有所执持之形，含举手做事之义，换句话说，就是实践、落实。故教之原义就是：让人们学习力行孝道，以身作则。《孝经》云：“夫孝，德之本也，教之所由生也。”教这个字，孝占了一半。因此，无“孝”不成“教”，“孝”乃“教”之本。有了孝作为根基，才能受教有方，一切的教育才能扩展开来，才真正能化育子弟。既然“教”离不开“孝”，那我们来了解一下孝字（图 7）意义为何？

东汉许慎《说文解字·八篇下老部》说：“善事父母者。从老省、从子、子承老也”。孝字上面部分为“老”，代表着年老的双亲；文字下面部分的“子”，代表子女。“老”在上，“子”在下，会合其字即意味着：“做子女的，顺承父母就是孝”。从行动上来看，“子”背着“老”，含义即父母年老体衰行动不便，需子女背着代步，其中充满着感恩、报恩、关怀之意。更重要的含意是，“子”永远在“老”的下面，这意味着臣服、低下，意味着没有抗上、不服，懂得尊重的心态。讲这么多，不要忘了重点，孝是要实践的，不是嘴巴讲讲的。如果我们没有做，内心没有变化，拿什么来教孩子，教的会有效吗？

可惜的是，我们现代人还教这些吗？我们都知道重要，却也不知道怎么教？我们自己都不敬爱父母亲了，又拿什么教孩子？因为要教孝的人，必定要自己先行孝。如果我们不先力行孝道，我们的慈道一定会摆错方向，要么是严格的管教，要么是不明的溺爱。慈道的重点是“领”不是“管”，教育是通过以身作则力行孝悌五伦八德，无形当中感染孩子、引导着孩子。成长阶段的孩子有很强的模仿性，很容易受大人行为影响，当孩子眼睛所看到的都是我们以父母为重所流露出的真心时，孩子的天性启动，自然会知道孝敬，明理懂事，不会无理取闹，而我们所做的行为自然烙印在他的脑海中，孩子看过我们怎么孝敬父母，往后才做得自然，不会别扭。

如果我们愿意反省自己，看看现在的孩子，为什么不懂得如何照顾父母、关心父母、孝敬父母？那是因为我们平日，从来没有做过这些事情，孩子从小到大都没有看过，没办法学习，等他长大之后，当然也不知道怎么做。更糟糕的是，我们没有做好就算了，心里还不断地怨恨父母、讨厌父母，在父母面前讲话大声、行为态度很恶劣，这等于在暗示孩子长大后也可以这样对我们，当往后孩子表现出跟我们一样的行为时，他自己也不知道错在哪里！有时候，我们对父母亲的不满隐藏在心里没有表达出来，孩子一样都感受得到，在这样的环境当中，不断的潜移默化，往后孩子势必会一样的对待我们。为什么古人说：“孝顺还生孝顺子，忤逆还生忤逆儿，不信但看檐前水，点点滴滴不差移。”因为孝悌五伦都是天理循环，最后都会回报到自己身上，何不问问自己做了什么榜样？

我们把大部分的心力放在孩子身上，为孩子们考虑一切，想尽一切方法栽培他们，只为了让下一代有成就，这样的行为我可以理解，但我们心中摒弃父母、老人，厌恶与他们相处，想要远离他们，或是一想到要跟他们相处就厌烦，认为花再多时间、金钱在他们身上，他们也无法改变，对我们没有任何好处，我认为这样的行为，我们要反省自己的心态。我们喜欢跟孩子相处，大过于跟父母相处，我们在意孩子，大过于在意父母，孩子是我们的孩子，但父母好像不是我们的父母，这心态是悖道，重末轻本，最后必有无妄之灾。我们是有爱护与教育下一代的责任，但不应忘记孝悌为做人根本，自己要先做到才有能量引导下一代，这样的心态才是正道，本立道生，我们往后的子女教育才会顺利。不然我们对孩子的苦心栽培，最后全部都会付诸流水的，我们想要在孩子身上出现的结果，都会成为反效果，这就是《孔子家语·正论解第四十一》所说的“损人而自益，身之不祥；弃老而取幼，家之不祥”的意思。千万别小看圣贤的一小句话，真的是一语道破人生迷惑，有些家庭一直不顺遂，孩子总是不平安，是不是应该反省夫妻两人在孝道上到底有没有真心欢喜地做好？

当我们力行孝悌之道于生活中，亲自实践的同时，配合古人所提倡的男子“孝悌忠信礼义廉耻”与女子“孝顺和睦慈良贞静”等八德教育，自然长养孩子的天性，使生命不受禀性的影响。尽管男女八德不尽相同，但每一个字都是我们中华文化的精髓，不论我们从哪一个字入手，都是化除禀性与改变命运的良方，也是身为父母所要做好榜样的地方。如果我们从生活当中教育孩子如何培养八德，以及如何在生活中做好八德，孩子自然懂得提醒自己，改变自己。孩子脑中有正知正见，往后人生遇到抉择时，自然有智慧判断，才不会用混乱的情绪应对进退，为此付出惨痛的代价，走上跟我们一样的道路。此外，我们在教育的同时，要告诉孩子，父母、祖父母的所作所为哪些符合八德，让孩子更明确知道八德是如何在生活当中实践的，孩子会懂得观察，懂得体会父母难处，自然会敬佩、会要求自己、会感念父母，好的人格特质就会形成，家风自然传承，这就是德性教育，这就是扎根教育，这就是“教”字的意涵。

我们父母的一生，一定都有做到、符合八德的某些品质，我们可以去听听老人家一生的故事，故事背后所要传达的是什么精神。只是我们从来没有听懂，我们觉得这件事情没有什么大不了的，觉得老人家永远只会讲过去英勇事迹，只是会吹嘘。想象一下，有一天我们的孩子愿意听我们一生的故事，我们是什么样的心情？也许不是一件什么大不了的事情，但就是一种精神，因为我们活出了那个字的意义，我们做到了，所以值得骄傲。因此我们要将父母亲的德行与精神，讲给孩子听，让他们善继祖德，这会让孩子有生命力，遇到困难时会有精神支持他，让他不孤单。反之，如果我们不教德行、精神，纵使孩子有再多的钱财、知识、技能，一样会感觉生命的空洞孤单、家庭没有温暖，这就是为何古人在孩子求学的阶段，讲述这些故事让孩子了解的原因。

另一方面，中华文化自古以来的忠孝节义等八德故事非常多，这是老祖宗留给我们后人的无形资产。我们通过这些故事来教育孩子，通过故事中的精神，厘清人生的处事观念与做人准则，这些都是培养“是非对错”等判断力的正理，是最具说服力的教材。这些观念与做法，不仅我们自身可以受益，更可以让我们反省过去的行为有哪些问题。而孩子也可以从小养成自我反省的习惯，懂得改变与调整自己禀性，日后再学习道家、佛家的智慧哲理，会让他的人生走向新阶段。那时孩子的人生，我们已经不用担心了，他就像是一棵根基很稳固的树木，自然会有很好的果实！

在此我以“三娘教子”的故事为例，分享我如何运用于自身。故事是这样的：小东人在学房里，听同学说三娘并不是他生身之母，他放学回家，晚间照例背书时，就故意地不好好背诵。三娘督促他，他就冷言冷语讥刺三娘说：“你并不是我的生身之母，若有我的亲娘在，我哪能受你的冤枉气呢！”三娘听了这话，一怒之下，就把织布的机头割断。家奴老薛宝，听到母子吵闹，出来问明原委，就向小东人说："三娘为着教养你读书，日夜在织布，望你长大成人，光宗耀祖。你万不该恶言相加，赶快头顶家法，请娘亲责罚。"于是小东人便跪在三娘面前，认罪说："孩儿年幼无知，忤逆娘亲，请教训孩儿，打儿几下。"三娘说："儿快起来，是我不会做娘，不该和你一般见识，来动肝火。"从此篇故事，我体会到"贤人争罪，愚人争理"的智慧，改变了我往后看待事物的心态。

在我的生命有越来越多历练后，我认真了解古人所流传下的八德故事，每一篇都有非常重要的寓意，价值非凡。简单的一篇故事，我们往往做不到，这不仅是孩子要学的，更是成年人要检讨反省自己的，因为这些故事里面藏着改变命运的密码。每读这些故事时，我时常反省古人为何做得到，我们为何做不到？反复对照自己内心的想法，体会古人这样做的想法与心态，慢慢地我发现，我们与古人不同的地方在于我们的禀性、私欲太强。我们用禀性在处理事情，难怪家庭、事业问题重重，永远有处理不完的问题。同样一件事情，古人用天性（孝悌忠信礼义廉耻）来处理问题，所以他清清楚楚，不会被事情的表象蒙蔽，越活越明白。所以问题的根源在心的选择，根本不是问题本身有多难。

这则故事我看完后，我心里常想，如果我是三娘，我听到儿子讲这种忤逆的话，当下我会怎么做？那如果我是孩子，我会去母亲面前认错吗？我讲得出口吗？如果发生在现实生活中，家庭的亲子吵嘴，我们愿意各自认错吗？身为父母放得下自尊心吗？还是赌气让这事件变成亲子之间隔阂的开端？同样的事情，完全不同的结果，如果我们有更多德行故事在脑中，我们会更懂得应对进退，我们不会让蠢事一再重演，也不想把人生搞得一塌糊涂。我们了解古人的故事之后，最重要的是学习古人的精神并亲自实践，我暗自存心，告诉自己往后遇到类似的事情，一定学习他们的做法，然后再把做到的这些事情，教给孩子，让他懂得在生活中运用。当我们不断地力行，并且自我改变之后，道会在我们身上展现，因为我们自身有道，说服力就会非常的强，因为我们讲的是事实，就不是在说教了，道会启动孩子内在的天性，孩子自然会信服、佩服父母的德行，慈道自然也就做到了。

慈道能改变无明意识

讲慈道离不开孝道，因为“手抱孩儿时，方知父母恩”，当我们在尽慈道时，我们才可以理解父母的为难与辛苦之处，才会了解对方的苦衷与立场。很多时候是当我们到了那个位阶时，我们才懂得在位者的不容易，才能谅解。正如孔子所说：“不在其位，不谋其政。”孔子要我们尽本分，不要老是批评与议论他人，如果身为子女一回到家，总是想要凌驾于父母之上，这个家一定乱七八糟，夫妻之间也是同样的道理。不论我们身为何种角色，我们都要懂得反省自己，古德云：“当我们得着对方的道，就是享着对方的福。”那为何得不着对方的道呢？因为专看别人的不对，把自己该尽的道（本分）给忘了！古人又说：“我们从小当孙子、当儿子，自己有了儿子当爹娘、有了孙子当爷爷奶奶，一辈子连一个人也不会当，连一条道也没有行，闹个空来白走！人就是由这里丢的，命也是从这里坏的。”

“讲道不离身，打铁不离砧”，古人于祠堂供奉“天地君亲师”，其中君亲师令人尊敬，是因为具有引导后人的重责大任，故身为君亲师者，更特别着重修身，强调正己化人。因此要教育他人，必须自身做得好，能拿得出自身做例子来说明，才能让人相信、敬佩。因此想要改变他人，就必须先改变自己，这样的教育方式就像是打铁离不开砧板一样，才能到位。透过教育子女的过程，我们可以重新检视自己观念形成的过程，以及观念如何影响当下的作为并了解自己的行为模式，所谓教学相长就是此意，然后我们再决定要给予孩子什么样的观念，以免重蹈覆辙。身为领导者，最怕的是自己不清不楚，那还谈什么教育？如果自己都受着禀性影响，孩子还怎么受教？

其实心智模式没有这么根深蒂固，重点在于我们愿不愿意重新修正自己，只要我们愿意重新开始，透过事件了解自己禀性的发动过程，并愿意以天性看待一切，当下就是自我改变。我认为圣贤传下五伦八德中的每一个字，都是提炼后的智慧精髓。过往我没有感受到圣贤经典的生命力，经典中的字词对于生命的价值，我一点也无法理解；直到我开始尽道后，才了解五伦中的十义是何等精华，更慢慢了解每一个字就是一种化除禀性的功夫。只要我们愿意对照自己的问题，我相信，不论是对自己、对下一代都是最好的教育方法。作为教育子女的家长，最重要的是不要再欺骗自己，因为我们就是欺骗自己久了，最后才搞得自己是非善恶都分不清的。

孟子讲过一句话："诐辞，知其所蔽；淫词，知其所陷；邪辞，知其所离；遁辞，知其所穷。"我们是否愿意反省自己讲出来的某些话，就代表着自己的内心问题。这意思是说，当我们讲出偏颇一方、袒护一方的话，就代表着我们的心有被什么蒙蔽，一定是什么禀性在用事才会这样。再反省看看，当我们讲出放荡无礼、争理辩驳的话，就应想道我们的心不知又陷溺于何种利害关系了，或是又在巩固自己的何种利益了（不一定是金钱）。再反省看看，当我们讲出歪理、邪僻不正的话时，就代表着我们的心背离于正道，想贪图些什么。再反省看看，当我们讲话支支吾吾，闪避不正面回答，就代表着我们的心屈就于什么、想隐藏些什么，不然为何不敢光明正大？我们使用的言词，都已经透着自己的禀性，我们自己知道吗？我们拿着这样的言词来教育子女，难道不是祸害子孙吗？那请问我们现在是用正道教孩子，还是用禀性教孩子呢？

现在我时常反省自己讲过的话，发现自己无形当中就透露着禀性。我没有察觉，不代表没有禀性用事，当我反复思量自己讲话的背后是何居心时，我才能真正地看清自己。我不想再欺骗自己的良心，因为要去想很多理由来为自己说词，这样的人生我过累了，最后什么是真，什么是假，我自己都混淆不清了。在教育他人的过程，我会不断地反省自己这样教对吗？这么教之后，又该怎么接下去教？这样不断地反复思量、谨慎小心，这就是慈道的展现，这也是一种责任感，因为我们的一句话可以影响他人的一生。在这过程当中，我看见孩子的真心和我们的虚假，我们有很多自我设限与框架，我发现真正应该受教的人其实是自己，我相当的惭愧。透过孩子的真心，我得以检讨自己，我认为教育是内在自我系统冲突与和谐的过程，我们应当感恩，是孩子改变了我们，是孩子让我们可以尽慈道，是孩子让我们的意识得以清明。

往后，当我们不知道该怎么教、该怎么选择时，请依据圣贤经典亲自实践，通过实践后的智慧来教，绝对可以放心。我的父亲就是将圣贤经典智慧作为教育我的准则，我非常有信心地说："受圣贤教育的孩子，不用担心他的一生，因为内在的智慧会引领他走向人生的光明面。"我也相信，唯有孩子明白懂事，身为父母的我们，才能真正放心地安享晚年。

二、职场关系中的自我觉察

现在已经不是以往的封建社会了，我们不需要跟君王、上司磕头顶礼了，但不代表君臣之义就不存在了。古人提出的三纲，是一种关系的纲领与秩序，其中有父为子纲、君为臣纲、夫为妻纲，这是社会秩序的一种普遍认知，如果大家没有这样的认知，那么家庭、社会、工作一定会混乱。这样的关系并不是要奴役后者，或要求后者绝对服从与不分对错地遵照前者的言行，而是指前者必须作为后者的表率，引导后者，这就是"纲"的意思。我们应该想想，我们了解它的真实意义吗？我们还重视吗？也许有人不服气，为何一定要这么做，不做不行吗？不是不行，你当然可以依着自己的想法来做，只是我们太聪明了，通常聪明反被聪明误，结果吃亏受罪的都是自己，因为我们自认为聪明的想法，其实都是禀性，都有局限性，只会徒增弯路！

职场关系是身为现代人非常重要的一环，一生中职场所占用的时间与家人相处的时间不相上下，有些人甚至以职场为重，疏于照顾家庭。现代人的三大问题，就是职场问题、亲子问题、夫妻问题，其实就是圣人讲的三纲五常。也许我们受的教育程度都很高，但若我们这三项关系都不及格，人生也活得不快乐、不幸福。静下心来想想，现代化教育真的有让我们更好吗？我时常怀疑，各家学者理论这么多，谁是对的？圣贤讲这么多，为什么我们不去做做看？有的人会说，圣贤的标准太高很难做到，那么反观那些专家讲的话就容易做到吗？而且能经得起时间的验证吗？

三纲几乎底定我们一生心智模式的运作方式，关系奥妙、互相影响，在这三项关系中的人，几乎会把我们所有的禀性给唤起。君臣关系只是父子关系的一种延伸而已，当我慢慢将圣贤的话落实于生活中才了解，圣贤的逻辑系统、因果关系、次第关系等环环相扣，非常稳固。人生会遇到的问题，只要愿意从经典去找，都会有答案，可惜这些内容，现代教育不讲、大家不重视，宁愿靠自己瞎摸索，最后还不是又走回圣贤经典这条老路，我们真的有比较聪明吗？

（一）为人部属的本位在“忠”

工作的态度，其实就是对父母亲态度的延伸，《论语》中有子说过：“其为人也孝悌，而好犯上者，鲜矣；不好犯上，而好作乱者，未之有也。”当我察觉内心有不自觉地想顶撞、反抗上司及长辈的想法时，我就知道，这源自于我内在没有恭敬父母的心，这是怒之禀性的特质，往后工作之路会越来越不顺。有子这段话的意思是说，一个孝悌的人，会对上级、长官、长辈顶撞，会态度不好，无礼，这种情况少之又少；而如果对于长官、长辈都不会无礼，那会在外面作乱、反抗、偷抢拐骗，这是从来不会有的事。过往我从来没有想过圣贤讲的话是要拿来反躬自省用的，而这是多么有智慧的话语，我以前怎么都不觉得呢？反而还觉得圣贤讲这些话要做什么？为什么不教我赚钱的方法，工作的方法，都是讲些没有实质意义的话？

这是我们不了解圣贤的内涵，也是我们现代人肤浅的地方。当我克服自己禀性，在对待父母的态度上有所改变之后，我看待世界的角度已经转换了。我懂得与长官、上司、长辈相处，我了解到，并非不能有不同意见，而是不需要将意见变成内在的对立，与主管争执，水火不容。过往我总是用不服的心态看待一切，对于主管的任何意见我都可以不服，现在我会停下来问问自己，我不服什么？又是想反抗什么？为什么我不能试着反过来想，我该怎么帮忙？怎么做会更好？怎么做会更顺利？主管的计划遗漏些什么吗？我可以做哪些补充？我可以态度和气地讲，可以平静地给予建议。有一天我恍然大悟，我对待上司、领导的内心活动，竟然与对待自己父母亲的想法是一样时，我终于体会圣贤为何说“其为人也孝悌，而好犯上者，鲜矣”的用意了。现在的我已经改变了！我的事业也不一样了！这就是圣贤的智慧，必须我们亲自实践，真实地改变后，才能体会经典的妙用，如果只是停留在脑袋里的“知道”是不会有任何改变的。

认认真真地做三年

在职场关系中，有时为了生活、为了钱，我们会刻意忍耐，我们通常会压抑自己的情绪，但是久了之后，积累的情绪一样会爆发，反复循环。如要突破这样的模式，就必须问问自己，背后是什么心态障碍我们改变？有时候静下来想想自己，我们无意中所讲的话背后，是否隐藏着自圆其说的包装。有人常说：“工作不就是为了养家活口，何必要做得这么辛苦？”简单的一句话，反映了你的心态，问问自己内心有什么不满？也许有人会说：“每个人的人生价值观不同，我并不想求事业上的成就，我只想求个安安稳稳，多点时间陪陪家人孩子就够了。”同样的，这句话背后的心态是什么？你讲这句话是真心的还是包装过后的自圆其说？

当我们把工作讲得如此放得下，但我们面对亲子关系、夫妻关系时，真的就比较有耐心、真的更用心照顾与经营家庭吗？真的愿意多花点时间陪伴家人吗？还是说面对家庭就如同面对工作一样的不满与压抑情绪呢？或是随随便便应付了事呢？我们还不愿意承认吗？其实我们面对一件事情的态度，就是面对所有事情的态度，我们仔细想想会发现，自己在职场上与在家庭中的态度是一样的，那我们真实的问题是什么呢？我试着解释我处理过的大部分案例，供大家参考：这样的人在职场上，希望事事顺心，生活上也希望别人处处配合他的心意，所以当他面临不顺时，会先压抑着情绪，内心时常感叹，自己怎么这么不顺利、不如意，要办一件事情怎么有这么多阻碍，怎么无论走到哪里总有人要跟我对立呢？难道不能让我顺利一点吗？就因为事事想要顺心的性格，导致总是在忍耐，这时不再压抑的想法产生了：“难道我只能忍耐吗？难道我不能呈现出自己最真实的一面，我不能表达自己的情绪吗？”最后他爆发了。所以他不论在家庭、在工作、伦常关系当中，大多都是失和，因为没有人可以让他如意，而他处处都在忍耐。这也就是他在职场上不断爆发情绪，反复发生错误的主要原因，而他为何看不见自己的问题呢？

请问，希望处处顺心的性格是怎么来的呢？是在成长的家庭环境当中，父母长辈总是顺着我们的心意而来的。我们没有觉察自己性格的问题，直到婚后在夫妻关系当中，也要对方顺着我们，甚至在社会上、工作环境当中，也要上级、同事来顺着我们的心意。我们不疑有他，只要他人稍不顺我们的意，我们内在的不平，就会转变为愤怒，感觉自己受尽委屈、吃尽苦头，然后把问题放大，搞得大家不愉快；或是稍微多做一点事，多付出一点时间，就急于想要换得他人的重视、表扬与升迁，如果得不到，自己又痛苦得要死。再想想看：要老板配合我、要上司了解我的想法、要妻子/先生听我的话、要孩子依着我的意见做、要朋友先关心我……这样的想法是不是我们把自己摆得太高了，最后反而什么都得不到，还惹得人讨厌。试问为人部属的心态定位在哪里？在“忠”，而忠的观念是什么？就是“无功不受禄”“论功行赏”，而我们那么急功近利，处处想要顺心如意，总是把自己摆第一，那么在职场上怎么可能会顺利呢？如果我们有“忠”的概念，那我们再反省一下自己，我们做出了什么功绩，值得加官进爵？如果只是做好本分该做的事情，没有任何卓越贡献，那不就是现在这份薪水的待遇吗？有什么好委屈的。

忠是一种服务与贡献的精神，如果我们有这样的认知，我们再进一步反省自己，人人都想要得到好处，但请问我们凭什么得到？我们是否认同“想要怎么收获，必须先怎么栽”的想法？讲一句比较俗气的话：“我们想要得到满足，但我们是否愿意先满足别人！”我们都想要拥有，但都不想付出，请问这种事情可能发生吗？我们心里总觉得自己做了很多事，却没有得到什么好处，觉得自己吃亏被欺负，心里赌气不想再这么用心做事了，仔细想想这一句话合理吗？如果我们从头到尾只是做好本分该做的事情，也没有什么建树与贡献，我们怎么不反过来检讨自己每个月拿薪水时，怎么一点也不会觉得心虚呢？怎么不觉得自己在欺骗领导，占公司便宜呢？

人都是“见人不见己的”，我们总认为自己对，很少想自己错在哪里。过往我总是多做一点就开始抱怨，开始向对方要道，我留意自己，当自己陷入禀性当中时，会觉得自己吃亏，处处不公平、不合理，不自觉地开始向对方要道，怪东怪西，怨东怨西。每当我开始要道，我的工作就会越来越痛苦，很多不满与负面情绪就开始出现，不用短短几天，就会心生离职、放弃的念头，认为这一行没前途，否定自己，对未来充满悲观等想法。学道以后，我开始反省自己，“道是绝对而尽的”，我不断提醒着自己这一句话。我觉悟到自己没有服务与奉献的精神，我更感受到“会有这样的工作际遇是我的生命安排，会遇到这样的人是我禀性所吸引来的”，这是我要修炼的功课，我必须透过这样的环境、这样的人，才能改变我的个性，才能化除我不好的禀性，我要感恩一切。我内心深深地感受到：如果我现在不做出改变，往后不论做哪一行都会是一样的结果，不改变一定会走到绝路，我不希望自己这一辈子是这样的结果。

学道之后，我了解人对事情的看法是受心的影响的，如果我们不愿意用天性来运作，自然就是由禀性来运作。换言之，如果我在工作上面无法尽忠，那最后受苦的一定是自己，过着自怨自艾的职场生涯，那么我的人生最终都是由禀性掌控，这不是我想过的人生。然而当禀性情绪发动时，还要扭转并检讨自己，那又是何等不容易的事。情绪爆发的当下，纵使有再多好的道理都很难说服自己，这就是禀性的顽强。禀性不容易改，若非透过不如意的环境，我们真不愿意改变自己的心智模式，而我们会遇到这样的环境，其实是有原因的。打个比方，有的人脑袋就像水泥，不经过铁锤的敲打不能松动；有的人脑袋就像是钢铁，不经过熔炉不会软化，至于会遇到铁锤还是熔炉，那就看我们自己的禀性有多顽强了。所以不要抱怨外在的环境，要想想自己内在有多么的顽固，这一切不都是自己的禀性所感召的吗！不正是我们的生命功课吗！

要克服禀性的顽强，有时候我们可以用另一方法来转变自己，比如说：如果这样的工作我们都受不了，看看我们的主管、上司他们要承受更多的压力，他们也不好受，我们又有什么好计较的呢？难道我们没有可以学习与提升的地方了吗？这就是“从反面找出好处来”的力量，让我们更有动力，也是圣贤常用的方法，如能事事这样想，就能转化当下顽强的禀性，启动天性，让自己找到提升的动力。另外，还有一种可以克服当下即将爆发情绪的办法，那就是愿意“受了（音‘瞭’）”。因为古人说过：“若是受不了，心里含有怨气，这件事情虽然过去了，将来必有逆事重来，正因为受而未了的缘故。”又说“凡是从对面来的，都是命里有的”，所以我们遇着不如意的事、不对盘的人，要先能忍受，在忍受的过程当中，觉察自己的执着点，当内心真的看明白问题并愿意改变自己的同时，就能心平气和地接受逆境，自然能够受了，那么顺境就离我们不远了。

人受禀性的影响，就像是不会游泳的人落在水中，所以要有懂得游泳的人去救才行。人在五伦当中，被人事物所迷，往往认假为真，所以才会有某人不对、某人不好等错误认知，继而和他人有过节，其实是自己看不透自己的禀性，活在苦海当中。要跳出禀性的运作，最好的办法就是“素位而行”。我认为素位而行就是做事不出本位、说话不出本位、思想不出本位，当我们对自己本分竭尽全力之后，自然会看见自己有多少问题，才有办法跳出禀性的用事。当我们想的都是如何尽忠职守,那错误的想法就会被我们慢慢革除了,这就是“认命”，就是化禀性。认命不是宿命论，好像什么都不用打拼了，一切都是命定的消极想法，认命其实是积极的改命方法，就是尽自己最大的努力，做好自己的本分、认清自己的本位。积极地做好，其实才会越来越好命。当我们认不清楚自己要做什么，那么就会做这个想那个，或是羡慕别人，这全部都是出位的人，当我们离开本位而做的任何事情，只会是徒劳无功，还会增加人生更多问题，这样叫作“丢命”，往后的命会更辛苦。

为何坐着自己的位置整天想着别人的位置，或是羡慕他人，只会增加更多问题呢？因为这样的心态会让我们不愿意按部就班地做事，我们会想走快捷方式、会想偷懒、会用更多小聪明，这样就会变成禀性用事，离开了本位，讲的好听是懂得变通，但要是一个不小心，聪明过头，做事不真了，那就是投机取巧了。所以古人不这么教，我们看看《礼记·学记》怎么说：“一年视离经辨志，三年视敬业乐群。”看到这一段话时，我反省自己，我们有哪个是工作认认真真地做三年，认认真真地跟他人相处，透过工作认认真真地改变自己的个性的？我们满脑子想的都是如何快速成功、飞黄腾达，我们把工作当作自己的事业一样看待吗？反省自己在工作当中过了十多年，真正的工作态度是什么？是一天混一天的过日子就好，还是尽心尽力地做，任何事情都尽善尽美，要求自己做到最好？不论同事、主管、上司、领导是怎么样的人，我们都是自我改变，尽心竭力、任劳任怨、刻苦完成？如果我们愿意以这样的态度做三年，我相信个性一定改变很多，事业一定有转机，人生一定会变好，甚至遇到贵人提携，“出贵”都是可能的。

很多人整天想着要富有，妄想着要出贵，我并不是说这样想不好，但问题是有没有先在本位上做好自己的责任呢？我们总是好高、爱好，这样反而让我们不切实际，眼高手低，结果处处都是空。古人说过：世人都想要享福，但为什么享福的人少，而受苦的人多呢？因为一不知足，二不尽本分。殊不知要好命得把现在的事情做好，要出贵得先从尽忠职守上得到他人的佩服，我们尽管默默地做，他人无形当中会佩服我们的所作所为，这就是在长（音“掌”）我们的命，上天自会安排，往后自然会好。其实，上天不是没有给我们机会，问题是我们现在的心态，对工作不尽心，满脑子想要一日致富，处处找关系、钻漏洞，想发财想疯了，反而对手边的工作没有热情，想着多一事不如少一事，能过一天算一天，逃避责任，没有贡献，我们用着错误的态度面对工作，别人看在眼里，怎么还想提拔我们呢？纵使真给我们机会了，我们又有能力承接吗？

我们看不上手边的工作，嫌麻烦不想处理，或是不情愿面对，心里总是羡慕别人的成就，耐不住性子，却只想要一步登天。这都是阴火性的作用。这样的心态，会让我们往后遇到更大的困难，陷入更大的危机，迫使我们回归现实。为什么我们总是不安分呢？因为问题的背后，就是我们急于求成与虚荣的个性，即使给我们再好的一切也都会破灭。这是我们一生的功课，除非我们培养出足够的德性，不然好事在我们的生命当中留不住。再仔细想想，自己在工作中不断转职的历程，工作中遇到的困难是否都大致相同？一生的际遇是否依着同样的模式不断反复重演？既然我们人生所遇到的一切都是禀性所招致而来的，那么一直更换工作，攀关系、找机会、钻漏洞，对我们的生命并没有多大的效用，只会越来越糟而已。这样的结果很容易理解，就像是小学的乘法我们学不会，请问初中的数学我们学得会吗？年级越高，学习的路程只会越来越辛苦、越来越吃重，因为过去的问题没有解决，而现在要面临的问题更复杂，当然会更痛苦。既然如此，我们为何不给自己三年的时间，依着古人讲的话去做，把整个心思放在尽忠职守上，用敬业乐群的心态改变自己，用认真的态度把工作做好。我相信，只要我们人变好了，事业自然就会有转机了！

天命隐藏在工作中

古谚云："命者名也。"就比如说，我们有儿子的名分，自然享有父母亲照顾的福，这就是我们的命。同样的道理，工作中的名，就是我们的命。我们有这个名，就会享有该名的好处，同样的，我们就有该做的事与要负的责任，至于名分之下的福多福少，每个人不同，这是宿命不同，不能比较。我们不能因为父母不疼爱我们，或是偏心，我们就怨恨，或是与他人比较之后，知道比不上别人，就觉得丢脸、不满足、不幸福，反而怨恨父母，这样的行为都是"丢命"。因为就我们的本分而言，我们都有享受到的好处，每个人的条件不同，我们不能反过来要求父母，我们要想的是，我们是否有配享这份福的资格，是否有德不配位的情况发生。父母亲有没有尽他们所应该尽的责任，这不是我们要管的事情，我们要想的是我们有没有尽到为人子女应该尽的本分与责任。同样的道理，在工作当中，我们的角色与职业，就是我们的名，不同的职业有不同的优点与辛苦之处，我们所要做的事情就是把自己的工作职责做好，为公司创造出价值。不能做一行怨一行，怨老板、怨环境、怨待遇，每个行业的条件不同，不能比较，只要肯用心，行行出状元。

我们时时刻刻要体认“命者名也”的道理，命就是人的本分，守住本分就是立住了天命。古人说过，“天命长，名也准大起来”。在工作当中，只要我们愿意付出、愿意承担，不断地累积经验与专业能力，工作一定都会越来越好。古人说过：“如果我们不尽职、不尽力、喜虚荣、做假事，有名无实，命就立不住了，往后也无福可享。”如果我们今生先富后贫，先顺后衰，代表着今生该尽的本分没有做好，该了的伦常债码没有受了，这是因为我们不甘愿、不愿意接受现实环境的挑战，所产生极力排斥、想尽办法逃避，或是以为耍耍小聪明就能躲过一劫，所造成的后果。是我们自己先把该名分当中的好处都享用完的，那么剩下的就只有该名分的责任，我们还有什么好怨的？何不反省现在有哪些正是让我们立不住命的错误心态与行为呢？

在此，请不要误会我的意思，我并非要各位一辈子只能在同一个老板下做事，难道有更好的工作待遇不能追求吗？难道有机会不能自行创业，打拼更多的财富吗……这些都是可以的，但千里之行始于足下，重要的是当下的工作，我们抱持什么样的态度和价值观在做事，我们是想要草草了事，还是尽心尽力呢？当我们做事随便、敷衍、不负责任，这等于丢命，耗损自己的福报，为什么这么说呢？请您想想，我们每一个人的工作，都是在服务，而工作当中，与我们服务有关的人有多少，相处的人有多少，或是透过工作间接要满足的人有多少？这服务能贡献多少人，就代表着我们天命的大小与人生的价值有多少。譬如一位门市的店员，他所要服务的顾客有多少，就是他工作的天命，当他让每一位来店的顾客满意时，无形当中就是在长天命；反之，如果该店员所服务过后的每一位顾客，都是抱怨连连，无形当中就是在消天命。请问最后该店员还会有工作吗？还会有升迁的机会吗？这不就等同于丢命了吗！

每个人的工作不同，要满足顾客的内容就不同，自然挑战也就不同。当然，工作中所遇到的任何困难，都有着化除禀性的因缘合和，与实现人生价值的生命功课。当我们尽天命做了该做的事情之后，无形当中就是在改变命运。因缘在不断变化，通过工作挑战，改变一个人内在的心智模式，渐渐地因缘就会越来越好，生命状态也会越来越好，这就是离苦得乐。当一个人愿意高高兴兴地负起责任、有忠诚度地面对自己工作上的问题时，就等同于愿意面对自己的人生问题，实践了生命价值，生命当然会越来越好。禀性在工作的磨炼中慢慢化除，内心世界改变，外在实相就会开始转变，我们想要追求更好的工作待遇、创业、投资等机会就会到来，生命就会开始变好，所以工作就是天命，千万不能随便看待。

我们要把现在工作上所遇到的问题，视为转变命运的关键机会，只要走过这一关，迎接我们的就是光明大道。我们根本不用汲汲营营地找寻成功方法或是致富的机会，我们所要做的事情，就是处理当下的问题，这就是我们致富的机会。在不断处理问题的过程，我们就会找到属于成功的方法。当我们愿意透过工作来化性之后，我们的杂念妄想会渐渐消除，天性不断展现之后，自然会有引领我们最快的路径出现，比如遇到某位贵人的提携、遇到好的投资机会，人生从此飞黄腾达，或是脱离困境，最终有苦尽甘来的转机。依着化性这条路走，从而圆梦的人非常多，这是因为我们在实践天命，最后人生的路越走越宽广，助缘越来越多，这就是道的力量，也是很自然的事。

我相信每一个人都想要在自己的工作岗位上尽忠职守，然后受到赏识，升迁拔擢，公平竞争。可是很多人都存有疑惑，我们不是不愿意做好，是现实环境的运作根本不是这样，我们想要好好做人，可其他人拍马屁、斗争、推诿，这样的环境根本没有办法改变，我不这样做，又怎么生存？也有些人因为职场关系中的人事问题，搞得小环境乌烟瘴气，逼不得已也只能自扫门前雪。这些种种问题，我们应当静下心来反省，我们本来的工作责任是什么？我们是不是尽心圆满工作上的职责，别人要怎么做，我们管不着，但我们自己是否问心无愧？如果身旁老是出现那些拍马屁、说三道四、用尽心机、陷害、爱抱怨、不诚信的人，请静下来反省自己，看看自己过往是不是也做过类似的事情？《大学》记载："言悖而出者，亦悖而入。"意思是说，你现在听到那些让你心烦意乱、遇到那些让你看不惯的人，不就是因为你曾经也说出憎恨伤人的话，做出违背良心的事，最后报应到自己身上吗？请问，我们愿意反省自己的过去吗？愿意当下改变自己的恶念吗？

无论外在所遇到的环境多么恶劣，我们都不需让自己陷入不满、抱怨、愤世嫉俗、厌恶世界不公平、焦躁不安等想法和情绪之中，这都是禀性所创造出来的假象，只会让我们往后的路越走越辛苦。我们要懂得感恩周遭所发生的一切，如果没有发生这些事情，我们是不愿意改变的。生命的本质只有一个目的，带领我们往更好的生命质量走，只要我们愿意转向，愿意认清自己的心智模式，这些事件会给我们很多生命启发，所以我们不需要着急自己的努力不被人重视、不需要担心别人抢走我们的功劳、不用妒忌别人因为拍马屁而升官加薪，我们所需要担心的，就只有自己是否有相等的德性，以配享这份福报。这就是孔子所说的"不患无位，患所以立"，要相信天理是循环的，最后道会还原真相，我们是不会吃亏的。

当我们已经尽可能地做好自己工作本分，但我们仍对于现状感到不满，或是现状并没有因此而改变，那就意味着我们并没有从过去的心智模式当中改变。简单地说："我们仅是做事，却不修心。"我们内在不好的心智模式，比如骄傲、虚荣心、偷懒、爱计较、处处看人不爽、想走捷径、想攀附权贵等心态依然存在，当然现状也就不会发生任何改变。这些心态会持续让我们在工作、生活当中产生不圆满，这些不圆满都是冲着我们的禀性来的，除非我们真正地转换心智模式，不然生命的现状并不会有太多变化。这时我们可以检讨过去的心智模式，因为过去未解决的问题，一定会再重复发生，而现在所遇到的让我们感到不满的事情，只不过是再给我们一次修炼的机会，让我们重新面对而已。

请试着将所有心力专注在我们的工作当中，每天都要踏实地完成工作，并用心体会自己的转变，从中改变自己的禀性。同时，从你今天所转变的自己与创造出来的价值当中，规划出符合实际的未来期许，这才是追逐梦想，而非禀性妄想。就这样不断地改变，让自己内在的正向能量越强，转动的因缘就会越好，珍惜当下的这份工作，它就是启动我们变好的关键！

改变职场上的运势

《孝经》有曰："爱亲者，不敢恶于人；敬亲者，不敢慢于人。"意思是说，能够爱慕自己父母、亲人的人，因为内心有着一颗孝悌、慈爱的心，自然不会以厌恶的态度来对待他人；而一位尊敬、恭敬自己父母、亲人的人，他内在存有着恭敬心，自然也不会对他人傲慢无礼。每当我看见这句话时就会反省，当我还有厌恶他人、厌恶公司主管及领导的心，是不是有某些心态就像是我对待自己的父母亲一样，只是我平常没有留意到？我对他人态度傲慢，对某些同事、主管态度傲慢，是不是某些心态也像我在对待自己的父母亲一样，而我从未留意过？那不就是代表着我内心还时常有着不亲爱、不敬爱、不尊重的心，代表着阴木性当中的抗上不服人的禀性还是很强呢。

《大学》中提到："孝者，所以事君也。"意思是说，如果一个人在家里懂得孝顺父母亲，那么他必定懂得事奉国君，也就是懂得辅佐上司。古人为什么会这么说呢？首先，我先检讨我自己，过去我总是将心力放在不服上司的做法与指令、处处想要挑上司的毛病上，如此又怎么会有多余的心思为公司贡献呢？我总是将心力放在怎么谋取自己的利益、福利，又怎么会跟上司一条心呢？这样的心态不就是从小只考虑自己的立场与利益所养成的个性吗？既然如此，又怎么会考虑父母亲的辛苦、为难，因而心怀感恩呢？那么一个人如果对自己的父母亲都不愿意感恩回馈了，又怎么可能真心为他人付出与贡献呢？

再看看《孝经·事君章》的这段话，子曰："君子之事上也，进思尽忠，退思补过，将顺其美，匡救其恶，故上下能相亲也。"这意思不就更明白了吗？如果我们对自己的父母、兄弟姊妹、亲人等都不愿意相互照顾、圆满、补漏了，那么在职场当中又如何能真心为主管、为公司做贡献，处处为公司设想呢？如果人的心都是这么自私自利，那么对于主管、上司所要推行的政策，又怎么可能会尽力圆满达成呢？如果凡事只考虑自己，那么上司、主管真有不足之处，又怎么可能做到帮忙补救或是牺牲小我，进而让同事上下之间合作无间、彼此信任呢？孔子讲的话，指出了为人部属所要想的事、所要做的事，可是我们愿意这样做吗？我们通常认为，那不关我的事，我为什么要做得那么好？这不就是恼之禀性的想法，如不转化，怎么会有成功的一天呢？往后当我们需要帮助时，又有谁愿意伸出援手呢？

有些人常常会有这样的想法：我们替老板赚这么多钱，老板对我好吗？有回馈给我吗？他们只在意自己的利益而已，一心只想要压榨我们，凭什么我要处处为他想、为他卖命，这样对我有什么好处吗？当我达不到工作绩效时，只知道批评我，他有感谢我过往的功劳吗？这么现实的环境，我们还讲这些仁义道德，会不会太单纯了、太理想了？或是有些主管，根本就是想要借由我帮他升官，其实他根本就不在意我的死活！我们越想越气，越想越觉得不值得，难道这一生就是做这些事情吗？这样的思想，让我们的心量越来越狭小，越来越不愿意付出，最后一心一意只想要自保，这就是恼之禀性。这样的人，一生工作多不顺，人生钱财大多也都不如意，如果愿意仔细反省，会遇到这样的领导、上司、工作环境、单位等，都是禀性感召的缘故，是自己恼之禀性的问题，怎么不反省自己呢？不信你仔细回想，这些问题一定都冲着你的吝啬、嫉妒、算计的心态而来，他们让你无法如意，而你又不愿意让自己吃亏、掉价、有失身份，在内心种种矛盾、折磨之下才讲出上述的话，何不承认是自己的问题呢？

上述的种种想法，会让我们在工作当中没有进展，最后会绕进死胡同里，然后觉得处处不公平。我们看看子夏怎么说的："事父母能竭其力；事君能致其身！"我们想想看，父母亲请我们做的事情，我们是不是竭尽全力地去完成？我自问什么是"竭"其力，是尽力吗？我认为尽力是用尽百分之百的力气去做，竭其力是使出大于百分之百的力气；是竭尽心力的圆满负责，不仅要把事情做好，还要顾虑父母亲在意的细节，考虑父母的心情，要做到面面俱到、体察亲意，这才是竭其力。过去，父母亲请我做事时，我总是抱着做了就行，可以交代就好，至于是不是让父母亲满意，根本不在意。久了之后，变成我的一种习惯，无形当中已经成为我的做事态度。

当我反省到自己的心态是这么敷衍了事时，难怪我在公司里，永远不会正向去思考，总觉得主管过度要求、压榨。扪心自问，我的心态就是想要闲散无事，然后有人来侍奉我，把我当成大爷看待，这一切都是我自己懒散，想要坐享其成，好享受的劣根性所养成的性格，而我得不到却还反过来责怪主管苛刻，讲得一副头头是道，处处博取他人的同情，混淆视听，这不就是恼之禀性的行为模式吗？难道不奸诈狡猾吗？而我的下场当然就是受穷受困啊！这有什么好怀疑的呢！我开始改变心态，并试着竭其力来办理父母亲交代的事情，体察父母的心意，改变自己好抱怨与种种偏差思想，真把竭其力当作是我作为儿子的本分，无形当中，我在职场的态度也改变了，慢慢地便能体会"事君能致其身"的意思了。虽然我称不上为主管牺牲生命、为公司鞠躬尽瘁，但我可以站在主管、公司的立场想，因为唯有自己的主管、公司更好，我才有受益的机会。我不再理会主管做得好不好、公司制度好不好，我只是想尽办法做好自己该做的事情，我乐在改变自己的禀性，谁知道，最后连我自己的命运也改变了，仕途越来越顺遂，这一切都要感谢上天的因缘拨转。

我们都想改运，祈求好的事业、财运，我们以为一直换工作，找机会投资就可以达成了，其实工作只会越换越差，路会越走越坎坷，投资回报总是很差。回想看看，当我们内心不喜欢这个行业而离职时，下次又要选择行业时，我们会再回头选择以前走过的行业吗？那最后可以选择的行业是不是越来越少？每换一个新工作，就要重新学习，随着年纪的增长，工作内容不容易上手，挑战的难度也就越来越大，工作也就越来越难适应，是不是？同样的道理，一直不满意周围同事的人，最后同事会越来越让你不满意；不满意自己伴侣的人，以为离婚可以找到更好的人，通常会越找越差；不满意这个老板而想要再换一个老板的人，通常会遇到更可恶的老板。我的意思不是不能换，是心态不变，换再多都是一样的结果。人生运势得以改变，或是遇上好的工作机运，都在于我们当下是否认真对待每一件事情，是否尽心竭力，任劳任怨，不逃避问题，勇于负责面对，并从中磨炼自己且化除禀性后所得到的。等到我们该了的伦常债码都了完后，因缘一变动，自然会有一份好的工作等着我们去承接，一切都不需勉强，就像瓜熟蒂落一样地顺理成章。而什么是转运的迹象，就是当我们工作越来越好，周遭同事越来越好，老板越来越好，这就是真正的转运，这是自己化性之后的转命，根本不是求来的，是自己修来的。如果我们更换后的结果不是如此时，我们应要静下来反省自己，不要再为自己的逃避找理由了！

开启天赋能力

每个人的一生,都有属于自己的天赋。想想自己这一生,从小到大,做什么事情，你会感到无比的快乐？你会比他人更加得心应手？也许别人要投入十分的用功，你只要投入一分的用功，就可以得到相同的成果。我建议大家可以探索一下自己，因为天赋可以帮助你在工作中顺利地完成任务，也会是你成就的基石。李白说“天生我材必有用”，天赋就像是上天特别赋予你的特殊能力，它是引领我们生命之路的动力。有些人一生当中从来没有了解过自己的天赋而就此埋没了，然而我们要了解的是，天赋不会因为工作行业的限制而让你无法发挥，希望大家要记得。

不论你处在哪一个工作际遇当中，这些遭遇都是为了开启你的天赋能力，直到你发觉与注意天赋的存在，无论你想不想了解，生命的驱动力会引领你向前。仔细想想生命的际遇,正如上天安排好的戏码,看似自己做的决定，其实背后好似有一股力量推动着一切，往往又不是你所预期的，这就是因缘际遇。当我们放下人心接受生命的安排时，我们要去体会每份工作所带给我们的生命价值，天赋就是引领我们体验生命价值意义的关键，天赋就像我们这一生的使命一样，生命的主导权在天赋能力。当我们留意自身的天赋能力，会慢慢体会到上天安排着一切，要让我们完成一生的使命，这使命就是体会天地之间有道的存在，一生所有的际遇不过就是要化除我们的禀性，圆满我们的天性，让我们能够恢复清静光明的本性，这也就是我们生命的最高价值，所以说工作就是天命的展现!

天赋会引领我们的生命之路，但仅仅依靠天赋能力并不能过生活，因为要靠天赋过活，也必须要搭配其他的技能。我们一生的工作际遇，背后隐藏着因缘，这些遭遇是为了培养相对应的技能，好与天赋做搭配，就像是有天赋的弓箭手，也必须要有驾驭弓箭的技能，直到具足了相当的能力,生命才开始有了主导权。天赋若能与技能搭配,将会是大放异彩的时候，而这一切的发生，都必须从实践目前的本分、角色上做起，透过人生的际遇，不断地往心性上下功夫，化除禀性，圆满天性，自有因缘俱足的一天。如果我们感受不到工作的价值，而只是一味地想赚钱，想通过金钱证明自己的能力，这等于是浑浑噩噩地过日子而已。这也就是为什么很多人在事业上成功之后，仍然感觉生命空虚，因为赚钱并不是生命真正的价值，价值是需要通过完成人生中的使命，感受上天的恩惠，才得以体会的，这才是身为人可贵的地方，可惜我们都被财富名利所迷惑了。

在工作的过程当中，我们要反省自己一生到底想要追求什么？在人生的过程当中，很多都是我们没有办法决定的，我们很想要主宰一切、掌控一切，可偏偏事与愿违。真正主宰我们一生的是天命，不是我们的私心禀性，我们要去体会一生的天命，而不是拿着禀性人心想要操弄一切，这不是生命的本质，越是这样做，越偏离正道，越是想主宰一切而不照天命去行的人，最后下场都是自讨苦吃。我们要想了解天命的用意、人生的使命，那就更需要在生命的际遇当中，学会看见自己的禀性如何引导我们走向人生的执着与痛苦，了解是什么禀性阻碍我们天赋能力的展现，越是不断修正自己，越是体会生命的际遇，不逃避困难，处处感恩的人，最后必定在工作上有一番成就。

推荐人才改变命运

身为部属，要时刻将“进思尽忠，退思补过，将顺其美，匡救其恶”的思想放在脑中，这是最快改变自己禀性、转变自己命运的方法。而忠有三种表现方式，《申鉴》有记载：“一曰防，二曰救，三曰戒。”意思是说，错误尚未发生而设法避免，在工作岗位上时常想如何做得更好、更有效率，下班之后，反省一整日的工作有哪些做得不好，哪些错误是可以避免的，就是防；发生错误而能进行劝阻，想办法改善、挽救，称之救；最后是错误事情已经发生也无法改变了，只能明确地检讨错误，作为往后改进的重点并引以为戒。当我们时刻有这样的想法时，我们自然能与天命合一，必能培养出与天赋相契合的能力。

当身为员工的我们，处处有了“忠”的想法之后，我们内在想逃避、想找好待遇、想不负责任、懒散、想走快捷方式等禀性就会被我们化除，这就是尽己。自此天性就会展露，自性就会越来越澄澈，身心就会越来越轻松。越是依道而行，越是体会自身天命的人，我们可以自己回想看看：工作量是不是有人自动帮你分担、过往的难事不再困扰你，不然就是有轮调，有新的工作环境提供给你，让你一展长才，这都是尽忠职守、依道而行所带给我们生命的改变。反之，如果目前我们所从事的工作，大部分时间都感到非常的痛苦与无奈，或是有某部分的工作，我们感到有压力、焦虑等，那代表着我们的苦根没有尽，好的因缘还不会来，我们的禀性仍需要在这份工作当中磨炼。我们最不想面对的事情出现了，所以我们才会觉得苦、觉得紧张、觉得有压力，这时如果我们选择逃避，那么人生就是不断地恶性循环而已。我过往的经验告诉我，每份工作都有要磨炼我禀性的地方，问题不是这份工作难不难，是我们放下内在纠结的心态有多少，这就是障碍我们天赋能力展现的地方，也就是我们的人生功课。

人一生都为禀性所苦，工作上的问题，全部都是禀性所造成的，古谚有云：“天加福是逆来的，人间加福是顺来的。”意思是说，当我们面对工作上的逆事，与每天要面对的人事物，心里都不再觉得苦，或是过往一直让你觉得痛苦的事情，如今你都能从内心里感觉到轻松、简单，与体会事情背后带给你的快乐与生命价值时，那就代表着你所要磨炼的禀性已经过关了。接下来，会有崭新的生活等着你，而你必定会越来越好，这都是尽忠之后天所加的福！因为你已经彻底地转化禀性了！

在职场当中，人因为嫉妒心，会无意当中阻挠别人发展，这样的心态，会让自己感召不好的因缘，会让自己的仕途充满着变量与逆境，严重的话，可能一生际遇都不顺，时常发生危机，这都是我们过去种下阻挠的恶因，我们必须自己受了。为人举才是我们所要留意的事情，有时候我们会因为某些同事才能出众而心生嫉妒，或是害怕竞争的压力而攻击对方，排挤对方。有些人身为基层主管，看见部属才能出众，担心被取代而不敢举才，这都是恼之禀性在作怪，要小心留意，必须尽快转化禀性，不然后果不堪设想。我们遇到比我们有能力的人，我们要满心欢喜推荐。《大学》记载得很清楚，“有德此有人”，你有这样的部属代表你有德，你要善加运用，好好提携他们，千万不要罢黜他们、排挤他们，如果你的部属、同事们因你举荐而成功，你势必会更成功。反之，如果你现在遇到的同事、部属都是比你差、比你愚，处处让你不满意，代表你过去只是一个自私自利的人而已，你只重视个人利益，所以这些人是来拖慢你的脚步的，你现在必须把他们领明白，化除你内心的禀性，往后你才有可能成功。

人间所有发生的事情，全部都是依着内在禀性而显现的，如果我们连个有才能的人都培养不出来，或是都推举不出来，那不就是名不符实、做假事、虚伪的人，这样的行为不是“忠”而是“奸”了，最后岂不又丢命。因此周围同事如有才能出众的，我们要满心欢喜地赞赏他，向他学习，不要在背后说他坏话，攻击他，这样的举动会让你往后陷入困境，会让你所属的工作环境都是些说三道四的小人，或是想要排挤你，陷害你的同僚。感谢你周遭的同仁，他们的出现就是要改变我们内在的禀性，我们不能不细心体会啊！最后当我们将忠的概念融合为生命的必然，尽可能无私地奉献，并让工作圆满时，我们就会得到他人的赏识与贵人的相助，那也将是我们仕途顺遂的时候了。

（二）为人领导的本位在“礼”

我时常观察企业的用人现象，也对这样的现象感叹。我们先看看古人《礼记·檀弓下》的记载："今之君子，进人若将加诸膝，退人若将坠诸渊。"意思是说，当我们企业需要用人时，我们就紧紧抱住他的大腿，对他百般礼遇，想尽办法要他来；但是当我们不需要一个人时，我们就是想尽办法要罢黜他、要他离开，恨不得他堕入深渊，所有的恩情功劳全部忘记了。这样自私的心态，有谁还想要跟着领导打拼？身为领导者，凭着感情用事、爱憎用事，所有的决定都仅仅是自己的好恶之心，请问这样的领导，值得追随吗？而身为领导与上级的人，能够清楚明白这样的心态与行为，全部都是受恨之禀性的影响吗？可叹的是，又有多少领导者愿意承认是自己的问题呢？

再看看《论语·颜渊》怎么说："爱之欲其生，恶之欲其死，既欲其生，又欲其死，是惑也。"这难道不是人的通病吗？更是领导人常犯的问题吗？喜欢一个人时，千方百计地提拔，可是讨厌的时候又恨不得离他远远的，处处与他作对、刁难他。这样的情况不只在职场上发生，朋友、夫妻之间均是如此，甚至师生之间、父母亲对待子女也是如此，难道我们没有发现这些问题吗？而问题的根源是什么呢？我们何不静下来反省自己？目前我们挑选的这一位，不论是夫妻还是职员，从头到尾都是自己选的，怎么结婚之后，不合我意，就说对方很差劲，怎么职员做的不合我意，就说对方很差？请问是谁有问题？这都是恨之禀性在作怪，这是阴火性人的行为模式。

我们都要别人合我们的意，就是恨之禀性当中的好管人，这是无理的要求在运作了。阴火性越强的人，永远找不到合意的人选。而这样的行为从哪里最明显感受到？对自己的孩子！那种爱之深、责之切，却又无法满足你的期待，对于孩子总是有着恨铁不成钢的心态，这样的心情就是阴火性人与任何人的相处关系。那么如果是孩子的话，你会把他看成是铁；如果是职员的话，你会把他们看成渣；如果是夫妻的话，你会把对方看成废物。正因为你处处将对方看成铁、渣、废物，而你心里看对方什么不好，对方就越会是这样；你越担心害怕些什么，他就越展现那个样子，这是阴火性人的苦根。同样的道理，职场中的部属也是如此，难道我们还不自觉吗？

以心相交、真诚对待

孟子讲过一段话，让我时时警醒自己，我们来看看他怎么讲，《孟子·离娄下》中孟子告诉齐宣王说："君之视臣如手足，则臣视君如腹心；君之视臣如犬马，则臣视君如国人；君之视臣如土芥，则臣视君如寇仇。"我时常检视自己的内心，是用什么心态看待我的部属、员工与家人，我的真心是什么？我骗得了别人，我骗不了自己；我骗得了自己，但我骗不了道的运作。以前的我总是把员工、部属看成是我利益的工具，他们是我达成目标的工具、升官的棋子，他们的死活我根本不在意，如果对我没有任何用处，我就像是对待一双破烂的鞋子一样，丢弃不理。

以前我总认为，现在的环境竞争太激烈了，大家各凭本事，如果我自己都活不好了，我也不可能照顾你，我哪有时间对你们仁慈、哪里还有耐心等待你成长，更别说还要一步一步教导你。因此我的团队没有向心力，成员不会真正地尊重我，他们只是为了一份薪水来做事，工作没有热忱，同事之间的情感很疏离。学道之后，我检视自己的心态，是属于孟子讲的第二种还有第三种，因此不论我怎么招募人才，来的永远都会是那些重视自我利益、不关心团队成败的人，而我为此付出惨痛的代价。身为领导人，首先要反省自己的心态，到底把员工看成什么？是兄弟手足，还是帮我赚钱的犬马，或是如同草芥一样的无用之物？我们用什么心态看待员工，员工就会给我们相对应的结果，是看成自己的心腹，还是如同一般路人，或是仇人？不论是什么样的结果，都是我们自己创造出来的。

我们有没有想与对方真诚相处的心，对方一定都感受得到。哪怕我们为了掩饰种种私心，而讲出种种承诺，是真是假，对方也都一清二楚，因为相处一段时间下来，早就被人识破。至于我们在员工的心目中是心腹还是路人或是仇人，我们怎么会不知道呢？我认为现代的社会，没有人是傻子，大家都很聪明，大家都在看你干些什么，所以不用要什么小聪明，何不坦诚以待？先前提过“慈者，所以使众也”，身为领导者，想要领导部属，必须先有耐心、包容心。其实这样的心态，就是一种修身的过程，领导人要先懂得领导自己的心性，驾驭得了自己的情绪，这是与自己禀性较劲的过程，相当考验化禀性的功夫。因此自古以来的优秀领导人，都必须要比部属有更宽大的胸襟与包容力，才能赢得部属衷心的跟随。

孔子说过：“躬自厚，而薄责于人，则远怨矣！”意思是说，如何不遭人怨恨，我们只须严格地要求自己，而对他人尽量符合情理地处理就可以了。问题是，当事情一发生时，我们当下的理智真的愿意这样做吗？我们在盛怒的情绪之下还会这样想吗？身为领导人，“礼贤下士”是非常重要的，也就是说，对于比我有才有德的人，我要以礼相待；如果是遇到很有才华但无德，性格自大、傲慢的人，我需要有相当的包容力，才能赢得他的敬佩；而对仅有一般才能，或是能力较不足的人，我仍是要不计自己的身份前去结交，要具备上述这样的心态与身段，才有办法成为一个令人敬佩的领导人，请问我们是否有这样的认识呢？

在企业当中，我们都清楚，员工做事达不到要求，必定是有种种心理障碍或是制度上的问题。如果他们是我的兄弟姊妹，我们会怎么做？我们有把员工视为手足一样考虑与照顾吗？我们愿意帮助他们走出瓶颈，并设计一个良善的制度吗？如果我们真心这么做，员工自然视你为腹心，大家自然珍惜这样的企业与领导人。问题是，我们都知道要这么做，可是我们为什么偏偏做不到呢？有人说，一是因为怀疑，怕员工拿了好处就走了；二是缓不济急，钱都赚不到了，谁还考虑这么多；三是制度繁琐，同行企业没有范例可以学习，太过冒险；四是没有人教，根本不知道要这么做。我认为这些都是自我合理化的说法，真正的问题在于想要独自占有利益的心。

看看《史记》怎么说："夫利，百物之所生也，天地之所载也，而有专之，其害多矣！"意思是说，利益是大家共同创造出来的，如果领导人只想专有，或维护少数人利益，那么往后的祸害恐怕会很多。企业为了维护利益，进而处处防范员工，不想与员工分享，那么员工必定无心为公司付出，而我们还期待员工为公司打拼，或是有好的人才投入企业，这根本就是痴心妄想。《大学》说道："财聚则民散，财散则民聚"，从这一句话看来，企业解散只不过是迟早的事而已。古人有言："富人刻薄穷人，将来必穷；贵人欺负贱人，将来必贱。"作为领导、主管，必须要有共享成果的心胸，这样员工才乐于跟随你共患难，才想跟着你一同努力，如果我们想尽办法刻薄员工，那么最后连忠诚的员工也会有离开的一天，不是他们不忠诚，是我们自己太自私了，何不反省改变呢？

我们时常以个人的好恶来评判人，没有察觉这些好恶的标准都是自己的禀性在作用。有什么样的主管，就有什么样的部属，因为我们已经习惯用自身的好恶来评判，这只会招募跟我们同类型的人。我们看员工特别不顺眼的地方，是不是也在反应我们内在有相同的问题？我们可以把对方的缺点看得特别清楚，不就代表着我们有相同的缺点，不然为什么我们看得见？我们讨厌对方某些行为，不也代表着我们有相同的行为，其实我们也是讨厌自己这样。看见他人这样，就像看见自己这样，难道不是吗？以下我以自己为例说明。

以前我很讨厌懒惰的员工，但我其实并不懒惰，一开始我并不认同"我讨厌对方的行为，就代表我跟他有相同行为"的这个观点，我认为我跟他明明就不一样。当我看到员工没有把事情做好，我就认为他们很差劲，是来拖垮公司的，我把要求自己的行为拿来要求他们。我不断地反省，为什么这样的人总是出现在我的生命当中？最后我发现，我讨厌那些懒惰的人，其实是因为我也很想要懒惰，我希望他们很认真负责，那么我就可以轻松了，所以我的内心是非常希望偷懒与坐享其成，只是我不能这样做。这些员工的行为，只不过是反应我内心的自己而已，与其检讨他们，不如检讨我自己。等我重新看待他们之后，我发现他们已经很努力了，只是没有办法满足我的要求；他们没有偷懒，只是能力有限，他们需要的是教导与训练，领导他们是我的责任，教育他们也是我的责任，是我自己想偷懒，不是他们的问题，就在我不断调整自己过后，几年的时间下来，团队竟然培养起来了！

我体会到所有人世间的应对关系，都是“以心应心”的结果。意思是说，出现在你周围是什么样的人，就是潜藏在你内心的真实心态所感召来的。我不断提醒自己，我们用什么样的思想过人生，就招致什么样的人在身边，我们不需要怨、不需要恨，更不需要因为员工一点点的不如己意，就耿耿于怀，因为他们就是我们的缩影。《申鉴》记载一段话，作为提醒身在上位者要留意的事情：“勿以小怨弃大德，勿以小过黜大功，勿以小短掩大美。”这几句话，让我时刻反省，我们常常因为员工做的一点不如己意的事情就大发雷霆或是面色不悦，因而否定了他过去的种种努力与付出。这样的行为是不公平的，这样的行为会浇熄员工内心的热情，不再信任我们，也不敢真心以对，最后必定离我们远去。有时我们也可以反省自己是否有这样的情况出现：当部属报告时，总是很没有耐心，也不想认真听他讲什么，就只想讲自己要讲的，随时打断他，想要快快了事。这都是让部属离心离德的原因，是身为领导者所要反省的地方。

我们常因为员工有某些不得你欢心的举动，就否定他的能力，或是因为员工的小错，而忘记他为公司的付出与努力，或是某些事情做得不这么如我所期待，就否定他的优点。这都是以自己的好恶标准在做评判，这都不客观，我们可以批评得头头是道，但员工会觉得你喜怒无常，心态上就不会再认同你了，而我们想要达到的目标就不容易实现了，尽管我们再厉害、再有能力，也不可能全部自己完成，最后独木难撑大局，也只能失败收场。反之，我们再想想，如果我们把员工视为自己的手足，我们会用什么样的心态来对待，我们还会因为他们所犯的一点小错而计较不已吗？

有些主管对待部属总是抱着怀疑的心态对待，这是怨之禀性的人，就是阴土性作祟。阴土性人时刻怀疑员工，不信任员工的做法，不论员工做得如何，总是怕出问题，最后都是自己再做一次，累得要死，还怪罪部属没用。面对这样的主管，再优秀的部属都会感到泄气，因为得不到信任，还要每天提心吊胆，担心主管突然审查、批斗，这会让员工畏首畏尾，无法安心做事，那种风声鹤唳、草木皆兵的工作气氛，会让组织充满保守风气，最后组织无法面对环境的变化而失败。更有些主管，因为按捺不住当下脾气，常常会当众指责怒骂部属，这样的行为等于告诉所有员工，往后只要你们犯错，我也会如法炮制，尽管往后你不断地在员工面前强调，绝对不会这样对待他们，但员工永远不会相信你。

我们可以看看《新序》是怎么说的："为人君而辱其臣者，智者不为谋，辨者不为使，勇者不为斗。"简单地说就是，为人领导者当众怒骂员工，羞辱员工，这会让部属们感到心寒，使得有智谋的人不再为你出谋划策，有辩才的人不再为你谈判外交，有勇猛的人不再为你开拓市场。这是因为你已失去人心，因为大家知道只要稍有错误后的下场，那只会是自取其辱，又有谁愿意赴汤蹈火呢！这时候，还会主动亲近你的那些员工，就是别有目的的人，他们会留意你的喜好，迎合你的需要，支持你的决策，但是你不会察觉他们有心机，因为你会觉得他们是跟你站在同一条船上的人，所以你会偏信他们，接着开始产生很多错误的决策，问题越来越多，有才德的人会逐渐离你远去，最后围绕在你周围的人都是庸臣，而你很有可能就是一名"昏君"，而你还自以为英明，整个企业早已破败不堪，问题百出了。

身为领导人，走的是一条孤独的路，有时我们无法分辨忠奸，为何呢？因为我们的心都是禀性用事，我们从未对自己真心过，又怎么看得出谁是真心？我们都不愿意面对自己真实的内心世界，我们怎么看得出谁真谁假？我们都知道要接近忠臣，但我们用禀性做事的情况下，只会让奸臣靠近、忠臣远离。这没有什么好奇怪的，因为奸臣与忠臣自古以来就是两种不同格局的人；忠良之人，是容易把事情做好，但是不太容易取悦，奸臣反之。但偏偏领导人看不见默默把事做好的人，反而喜欢那些能言善道的人，而你要期待那些默默把事情做好的人改变为能言善道，他们根本就做不到，因为性格不同，互换很难。

《晏子春秋·内篇问上》当中有一段话："夫上士难进而易退也，其次易进而易退也，其下易进而难退也。"意思是说最难求得的贤才，是难于出仕却容易引退的，因为他们不在意俸禄，只要不是依道而行，他们宁愿不做；中等人才是易于出仕也容易引退的，因为他们喜欢钱财，但只要违背正道，他们也宁愿不做；只有最下等的小人是急于出仕却不愿意丢官的，因为他们厚颜无耻，一心只想要钱财，只要能得到手的，无所不用其极，要他们离开那是不可能的事情。所以身为领导人，很多时候必须反过来想，转换自己的禀性，更要懂得尊重贤才，因为贤才通常不容易取悦，讲的话也不好听，就如同良药苦于口而利于病、忠言逆于耳而利于行。因此身为领导人就是要有包容的度量，千万不要认为讲话不中听的人是在找你麻烦，反而让自己一意孤行，流失贤才，陷自己于困境当中。

以德行作为拔擢人才的首选

身为领导人，总是希望身旁能有才德出众的人才。但我们常常有一种迷失，欣赏才华出众的人，看不上才能平庸但是品行涵养很好的人。我们想要拔擢才能杰出的人，但不想提拔品行涵养很好的人，我们担心光有道德操守,没有办法处理专业事务,问题是,我们是否了解,专业能力好不代表可以胜任主管，不代表可以领导众人，领导能力与专业能力并不画上等号，有时候还会出现反效果？如果仅是因为我们个人赞赏他的才华，就误认为他会有出众的品德操守，这是我们一厢情愿的假想，事实上存在着很大的问题。《大学》里有一段话："如有一介臣，断断兮，无他技，其心休休焉，其如有容焉。人之有技，若己有之；人之彦圣，其心好之，不啻若自其口出。实能容之，以能保我子孙黎民,尚亦有利哉。人之有技,媢嫉以恶之；人之彦圣,而违之,俾不通：实不能容，以不能保我子孙黎民，亦曰殆哉。"

看到这段话后，我才慢慢了解，我们提拔人才要非常注重他内在的心态涵养，而不只是他的专业能力。圣贤这一段话的意思是说，拔擢一位人才，他看起来可以没有什么特别的技能，但他必须有宽容人的度量，对于别人有很好的成就，心中不嫉妒，就像是自己拥有一样的欢喜、赞叹；别人有好的美德，心里喜好他、推崇他，不仅仅只是表面上的赞赏，也真的给予实质上的发挥，造福人群。能够推举这样的人才，才是真正爱护下属、员工、百姓，也才是真正有利于我们组织、企业、国家的人啊！反之，如果看见他人有好的能力、美德，内心妒忌厌恶他，甚至想尽办法使对方不得通达，内心容不下任何有才能之人，这并不是真心爱护下属、员工、百姓，也可以说是对我们组织、企业、国家有危害的人啊！

从这段话我们可以明白，我们所欣赏的那些才能出众的人才，其背后隐藏的问题可能很大。我个人曾在这方面犯下错误，吃了很多苦头，以前我总是非常欣赏那些才能出众的员工，我认为他们可以为组织带来好的绩效，我提拔那些有能力的人，但这些人品行操守仅是一般。这样的人，表现能力很好，但部属受不了他的个性，很少人能够与之相配合。他会为了巩固自身利益而牺牲他人，为了保护自己的职位权力，他会抢功推过，阴谋算计，如果他又是一个能言善道的人，那么真相会被扭曲，他会混淆视听，蒙蔽上层，而正直有操守的人，会一个一个离开，最后组织会有很大的麻烦。现今社会上，这样的人很多，身为主管、干部的人专权弄势，让部属、员工处于水深火热之中，组织越来越腐败，员工离心离德，这就是企业失败的原因。

在这里我所说的提拔人才，并不是要挑一个道德完美的圣人。很多领导人认为，内德操守好的人，心态太过清高，不符合现实，反而会矫枉过正，这样的人容不下部属有一点点道德上的问题，团队反而会很难相处，但请问各位，这样的人不好吗？难道专权弄势的人好吗？一位具有道德操守的干部，他会尽量让所有工作之间协调圆满；他会牺牲自己的权益为整体考虑；他会用心处理每个细节让事情运作流畅，事情还未发生之时，他已经先考虑了；事情已经发生之后，他已经筹划好处理方案了。他心中想的是如何尽忠职守，而不是只有自己的利益得失，他们通常都是默默做事，不会讲太多自己的功劳，挑选成员时，想的是组织的需要，而不是迎合某些人的利益。请问这样的企业会不成功吗？所以《荀子·君道》有言："君者，何也？曰：能群也。"意思是说，上级领导在经营企业的过程中，最重要的是能够让大家彼此之间合作，没有猜忌、愿意一同付出，这是一位领导者德性的展现，这不是光有专业能力就能办到的！

很多人会质疑，这样的选才标准，现在的社会到底还有多少人符合，道德标准高的人，能够做事吗？他们太过理想、太过清高了，反而无法跟现代的社会共存，他们能够领导众人吗？别忘了，人们的内心都渴望这样的主管，大家反而会珍惜，会爱戴。在学道之后，我修正自己的问题，重新看待员工，我发现很多操守良好的员工，他们做事脚踏实地、心地善良，处处为公司考虑，也许专业能力不是最优秀，但是态度很好。一开始提拔他们当主管时，常会因为能力经验不足而犯错或是失误，造成一些损失与错失机会，但是因为他们的责任感很强，只要给予包容并允许他们学习成长，加上适当的引导，他们很快就会进入状态，越做越好，而且值得信赖。此外，我发现，他们很容易虚心受教、自我检讨，这样的组织团队，充斥着一种学习、自我检讨的氛围，没有责怪，只有不断提醒与改进，这不就是领导人想要的组织吗？现在我挑选人才，能力已不再是我考虑的重点，因为我知道，能力可以培养，但是内德不是一天两天可以培养的。我很庆幸，我们团队的伙伴都是非常善良而且负责任的人，这也不是一天两天创造出来的，是彼此不断建立，并相互树立口碑而来的。我相信，身为领导人，你是用什么样的个性在做事，就会感召什么样的人进来，除非我们能够改变自己的个性，不然组织不会有所改变！

时刻反省自身言行

身为领导人、主管，有两点很难做到。《中论》有言：“人之所难者二，乐知其恶者难，以恶告人者难。”意思是说，乐于别人指出自己缺点并加以改正，这很难做到，这是一点；另一点是，把自己的缺点告诉别人，承认错误，这也很难做到！我们平时要能乐意接受别人所指出的缺点，就已经很难做到了，如自己犯错，有缺失，还要主动告诉别人，向大众认错，我想这更是不容易，况且还是一位领导人。身为领导人，受到不同的意见与他人的批判时，常因为身份与位阶的关系，内心时常不乐意接纳，甚至还否定对方，产生对立、攻击。如果一个领导人是这样的心量，那只会陷自己于难处，让自己孤立无援。《中论》所说的，也许不是什么现代化管理技巧，道理看起来也没有什么特别，但这是一种修身功夫，做起来相当不容易，更是身为领导者的风范。

身为主管、领导人，其实最重要的事情就是“修身”。这不是说管理技巧、领导技巧等不重要，因为这些是术，如果心术不正，有再好的技巧都没有用。我认为成为一位优秀领导人的过程，就是一种自我修身的过程，通过工作来历练自己、转化禀性，让德与术能够兼备，让企业能够经营得更好！如果我们留意过往圣贤经典强调的君道，会发现很多记载都强调修身，但这并不意味着不用文武兼备，不用学习治理朝政了。那就好像是身为企业的领导人，不可能因为强调修身，就不关心新产品的研发、不提升自己企业的核心竞争力，就不积极拓展市场做营销了。圣贤强调的是本末不能颠倒，我们不需要否定原本的管理方式、领导技巧、产品研发等现代化做法。我们只是需要加强德性的培养，弥补现代企业领导人的欠缺而已。

《说苑》记载着一段话："明主者有三惧：一曰处尊位而恐不闻其过；二曰得意而恐骄；三曰闻天下之至言，而恐不能行！"意思是说，身为主管、领导，要有时刻反省自我的心态，因为身居高位，最怕的就是听不到别人批评我们过错的声音；也怕自认为事业稍有点成就，赚了点钱，就洋洋得意、骄傲自满；更怕优秀的部属、员工对于公司有好的意见与想法，却没有办法得到采纳与实行。那为什么有好的想法与意见，企业往往没有办法实行呢？因为领导人的思想僵化了，不愿意改变了，自大了，不想再听到麻烦事了，既然领导人是如此，那么企业员工又能有什么作为呢？身为领导人、主管，必须时刻检讨、反省企业的哪些做法有问题？哪些政策窒碍了员工的工作热情？自己讲话的态度是否阻碍了员工意见的表达？部属、员工对于公司是否有潜在的不满？这些都是身为领导者所要下功夫的地方，而非嘴巴说说就能达到效果的。

我认为现今社会的经营技巧、管理技巧已经很完善了，但为什么企业的人事问题一样搞不定，不论多么完善的制度都没有办法解决问题？因为领导者、各阶层主管、干部都不重视修身，只重视管理技巧，当然没有人愿意配合制度，还可能处处钻制度漏洞呢！我们要了解，领导人的德行可以弥补制度的不圆满，主管的虚心求教可以让问题及早处理，干部的据实以报可以让组织弊端得以发现。请问，每当员工有不满时，我们是否愿意深入了解？还是敷衍了事或是革除省事？主管是否愿意试着了解员工的家庭背景？并关心工作任务是否有为难之处？每当不同部门共事，有不同意见冲突时，我们是防卫还是敞开心胸来检讨问题？再请问当我们看不顺眼某位员工、干部时，是否反省是自己能力、涵养、德性上的不足，还是一味地斗争、批评呢？我们是否要求部属不能犯错，然后自己犯错总是找很多借口呢？我们做得不好时，我们是仗着职场的权威来避免承认错误，运用小聪明来回避问题，还是坦承错误并从错误中改进，让员工、部属佩服我们呢？

德性的培养才是身为主管的首要问题，而最好的管理技巧、企业制度，就是修养德性，然后就事论事地处理问题、解决问题，从中发展出合理的规范。管理的过程中,不能因为个人好恶而滥罚或是谬赏，这会让人无所适从，反而形成了一种错误的组织文化。随着我在企业服务得越久，我慢慢了解领导就是一种自我反省的过程，我体会到古人为何强调身为主管、领导者所要尽的是“礼”之道，而不是其他。因为权力太大了，只能透过礼来提醒自己。礼是一种规矩，一种约束，是让我们懂得尊重，懂得谦虚，懂得小心谨慎的内德修养，如果不懂得依礼而行，而是随心所欲，毫无节制，员工必定怨声载道，留不住人才；如又滥用权力、恣意妄为，久了之后，会酿成大祸，必定出大乱子，这也就是为何古人强调身为领导者必须守礼守道的原因。可惜我们现在的有些领导人没有这样的认知，他们不知道自己的分寸在哪里心态错误，仗势欺人，自以为了不起，把部属视为奴才，耀武扬威，这都不是君道，这样的行事作风，好不了多久的，不用高兴得太早。

《黄宗羲·原君》说道：“有人者出，不以一己之利为利，而使天下受其利，不以一己之害为害，而使天下释其害。”我们应该扪心自问，今日的企业，是多少人的心血付出，才有我们现在的成果？我们应当谦虚与感恩，时常站在整体员工的立场想，而不是站在个人的利益来设想，也不应该因为个人的情绪而伤害了整个企业的利益，如没有这样的认知，就不适合当领导人。我们要明白，家庭、企业、国家都不是凭一个人的力量就可以治理好的，都是需要集众人之智才有办法成功的，是需要彼此相互扶持才能圆满的，我们身为领导人，没有什么好骄傲自大的，我们应当感到责任重大，不可随便，更不可轻慢一切。

稳定的性情与宽广的心量

身为领导人，要时刻修养自己稳定的性情与宽广的心量，所谓“德不广不能使人来 ，量不宏不能使人安”。试想一位领导人，如没有令人景仰的涵养，没有令人佩服的精神，没有收摄人心的德行，请问还有人想要前来效命吗？好不容易有人才加入，可是动不动就发脾气、责罚部属，请问部属怎么看待我们的行为？何谓稳定的性情？稳定包含了稳定的情绪与稳定的目标。领导人带给大家稳定的心，大家才能跟随着领导人的脚步一步一步往前，如果领导人天天说些丧气话、自己丧失信心、情绪用事，天天改变目标，员工要如何跟随、如何信任？

《汉书》提到：“不以己私怒，伤天下之功！”意思是说，不要因为个人的愤怒情绪，而伤害了整体的利益。在企业当中，领导人不要因为个人的情绪不稳定，让员工不知所措，伤害了企业的运作。那何谓宽广的心量？是指能够接受各种不乐意听见的批评，并有上进改变的心。其实，领导人是孤单的，如没有下属的据实以报，不容易知道问题在哪，所以《潜夫论》提到：“君之所以明者，兼听也！”也就是说，领导人之所以贤明，是因为广纳各种意见与批评，并不断改进与提升，这样形塑出来的企业文化，让人充满希望与进步。干部人才感受到这种开明的氛围，自然愿意自我提升，组织的发展也就越来越好。这都是因为领导人的心量宽广，内心虚怀若谷，才能让部属更愿意贡献所长，那就如同江海能够容纳百川一样，组织当然蓬勃发展！

三、“夫妻关系”中的自我觉察

称为群经之首之《易经·序卦》中，有这样的记载：“有天地，然后有万物；有万物，然后有男女；有男女，然后有夫妇；有夫妇，然后有父子；有父子，然后有君臣；有君臣，然后有上下；有上下，然后礼义有所措。”从经文当中，清楚地告诉我们：天地间有男女之后，男女结婚成为夫妻，才有往后的五伦。夫妻是人伦的开始，然后才有了父子关系；从一个家庭的开端，渐渐地才有君臣之义，与上下的对待关系，然后，人与人之间的礼义关系才开始发展。这一切都是先从夫妻关系开始的。很多人结婚时都怀抱着一个梦想，就是建立一个幸福美满的家庭，可惜最后都是梦想破碎。我们静下来想，明明就只是两个人的相处关系，怎么可以搞得那么糟，演变为棘手的人生难题。

夫妻关系已成为现代人三大痛苦源之一，除了父子、君臣，接下来就属夫妻关系了。很多人因为家庭不圆满、不幸福，才走上了自身修养之路。但是不论听闻道理的时候有多么高兴，回到家面对现实时，心中的喜悦已经远在天边了，反而常常被现实生活中的柴米油盐酱醋茶给难倒，打回原形了。真正的修行，真正的修养，不是听几堂课，参加几个心灵成长营就能成就的，是从真实的生活当中面对人生的问题，突破自我内心的痛苦，然后得以成就内心的德性的。当我们面对冲突、对立的时候，才是实际的自我修炼，至于听闻道理时的喜悦，只是短暂的止痛药，因为真实的问题并没有解决，真实的德性涵养也还没有培养起来，我们只是自认为有很好的境界与见解，其实就如同苏东坡遇到佛印禅师一样，一屁打过江，原形毕露！

夫妻相处上的问题，很多人会说，都是因为钱，只要家庭有足够的钱，根本都不是问题！我以前也是这样认为，甚至认为人生大部分的问题，只要有钱都可以解决，所以一直追逐金钱。最后我发现，其实生活中所需要的用度有限，而金钱能够解决的问题却很少，所能带给我生命中的喜悦却是那么短暂与虚幻。慢慢的我发现，很多问题，根本不是有钱就能解决，所有人生问题都是禀性制造出来的幻象，我们却怪罪给钱不够用等种种理由，我们真是太愚昧了！夫妻关系的融洽，不是钱所能解决的，再多钱也创造不出幸福、美满的婚姻生活，因为禀性的问题不是钱能解决的。我们何不想想，花了这多时间追求金钱，彼此沟通有更加通畅了吗？感情有更加融洽了吗？还是距离感越来越远、隔阂冲突越来越多？

我们要知道，夫妻之间都不能相处好，那我们还能跟谁相处？如果夫妻相处时都可以自私自利，无情无义，那我们还能对谁有情有义？如果相互照顾彼此的夫妻关系都可以破裂了，那么对于朋友之间的承诺还可以相信吗？夫妻关系都不和谐了，还真能孝养公婆或是对岳父岳母尽孝吗？大多数现代人的婚姻观念出发点都是自私自利，都是自我的享乐主义，根本没有想要相互照顾、共同承担责任的想法，至于说孝养公婆或是照顾父母，更是不可能的事，都是内心的抗拒与嫌弃，不想多一份累赘。还有人出嫁之后，一心想的都是娘家，没有半点心思要为夫家付出，一年到头也做不到多少事情，却计较得那么多，放不下自己是千金小姐的身份，也没有想过，没有好的公婆哪来好的丈夫，闹得先生很难做人。

有些男人娶了老婆，也只为自己打算，大男子主义，只要是太太的事情，就不是个事，一点儿也不在意。有些人，从来没有想过主动探望岳父岳母，一想到陪太太回家，还感到麻烦，百般不愿意。好不容易回家尽孝，就像要剥了他的皮一样的脸色难看，还处处感到不习惯、不自在，总是批评一大堆，从不考虑太太的心情，惹得太太生气、为难。逢年过节难得回家一次，做先生的也不懂得配合，不懂得帮忙，不懂得圆满，总是要让太太忙里忙外，或是委屈痛苦，搞得里外不是人。我们怎么不想想，没有好的岳父岳母，哪来现在的贤妻良母？而以上的种种问题，真的是钱能解决的吗？

在这个地方我要做个提醒，从小不知道怎么当儿子的、不知道怎么当女儿的，或是在家不懂孝顺的，结婚之后更难懂得孝顺对方的父母。尤其是女性更为辛苦，未嫁时如果不懂得找出父母的优点、德行，那么出嫁之后也更不懂得找出公婆的优点、德行。嫁入夫家后，就好似入了迷魂阵一样，无法适应夫家的各种人际关系，身心如果调整不过来，就会越来越不快乐，越过心里越苦，有的形成严重的婆媳问题，有的造成家庭失和。如果夫妻双方都离了道，自己的本位没做好，却还想要家道昌盛、子孙发达，那根本就是缘木求鱼！要明白，女儿都不会当了，怎么当妻子、当媳妇；儿子都不会当了，怎么会当先生、当女婿，这都是自然的道理。这也就是为什么古人首先重视孝道，因为一个懂得尽孝的人，代表他能突破原生家庭的心结，那么夫妻的相处，自然就懂得协调，从而经营出幸福的婚姻生活。

圣贤告诉我们，透过夫妇之道，可以了解天道的可贵。《中庸》说到："君子之道，造端乎夫妇，及其至也，察乎天地！"意思是说，君子修身养性的工夫，从夫妻关系开始，在这关系当中磨炼自己到极致时，天地间一切事物就没有不明白的了。换言之，我们不用跑到深山古庙修炼自己，因为家家都有本难念的经，最需要修炼的功课在家里，最难解决的问题在家里，当我们愿意勇敢的面对现实，且能突破禀性障碍时，人世间的道理就没有什么不能了解的。家庭生活是形塑我们禀性的地方，只要我们能改变家人之间的关系，那么外在的人际问题，没有不能解决的，这也就是圣贤肯定夫妻是修道的开始，能把夫妻关系处理好，绝对是修行有成的人！

很多学员常常会告诉我，天底下任何人我都可以应对，我都可以释怀，但只要我一回到家，一看到对方的脸，一看到对方的行为举止，我就是不自觉地痛苦，不自觉地发怒，所有的情绪都会一拥而上，我潜藏在心里的恩怨情仇全部唤醒，让我失去理智，当下总是想报复，有时还会讲出很恶劣的言语，或是做出卑劣的行为，后果又总是让我相当后悔。其实，这样的行为模式，追根究底都是恨之禀性所造成的结果，当我们内在升起一股强烈的愤恨之火后，我们就被这股恨气障碍了内心的智慧，当下转化不了这股火气，就会一股劲地往外争理、辩解或发泄。如果是忍气吞声地希望对方依照我的意见去做，结果对方不同意，或是不认同我的做法，便会升起更强烈的恨气，或是转为莫大的委屈，伤害自己。这全部都是阴火性的作用，我们才会想与对方争辩，而这一口恨气如果没有发出去，是绝对不会善罢甘休的。

这一口恶气发出去了之后，就是永无止境的因果循环，会再次让你陷入斗争当中，形成永远不可能解决的问题点，所以我总是这样回答对方："家家有本难念的经，真正要念的经，就是家里这一本，这一本念通了，人生就顺了！"古人说过："凡是对面来的，都是命里有的，所以遇着不如意的事，不对头的人，要能忍受！"因为真正可以让你禀性发动的人在家里，与你生命关系最深的人，就是你最需要修炼之后去面对的人，会让我们痛苦的人，才是我们要修的功课。只要我们真乐得起来，真的想明白自己的错在哪，自然就能走出禀性的遮障，当下内心就能轻松起来。

忍受的过程其实是天性与禀性的交战过程，忍受得这么痛苦就是因为禀性很顽强地抵抗，所以我们忍不下这口恶气。两个人相处，不论是谁错，最后一定会有我们无法辩解的时候，古人有云："吃了亏不可说明的，必是过去欠他的，众人替你抱屈，你就长天命。"当生命遇到这样的状况时，我们要先默默地做好本分，既然说什么也化解不了争执，那不如把对错交给上天判断。直到众人替我们抱屈的那一天（而不是我们到处把委屈说给别人听，或是跑去跟对方理论得来的理解时），那就是上天的回应，就是我们长天命、命运转变的时候了！再仔细想想，夫妻之间又要怎么说个谁对谁错，什么算是吃亏呢？受过了算还了伦常债，如果没有对方，我们禀性还化不了，天性还不能清明，人生也不可能轻松。忍受就是在磨掉内心的苦，阴火性没了，苦根也就没了，更何况苦极生志，反而能让内心升起坚强意志，突破困难，只要内心真志一显，禀性就化了。然而人会有这样的转变与认知，通常都是用尽人心、试尽各种办法，却还不能改变现状，才会打从心里地真接受，也正因为人心死了，道心才生了，苦日子才走得出来，好命才能开始！

我们先了解这一段话，《周易·家人卦·象》曰："家人，女正位乎内，男正位乎外，天地之大义也。家人有严君焉，父母之谓也。父父、子子、兄兄、弟弟、夫夫、妇妇，而家道正，正家而天下定矣。"《易经》当中的家人卦，象征女子守着正道，居于家内，相夫教子；男子守着正道，处理外务，承担经济重担；男女各自安守正道，这是天地间的义理。家庭中有严明的君长，这就是指父母亲。父亲善尽父道，儿子善尽孝道，兄长善尽为兄之道，弟弟也善尽为弟之道，丈夫善尽夫道，妻子善尽妇道，这样一来，家道就能端正，而所有家庭都能端正家道，那么天下就安定了。

从这段话可以明白，各正本位、各行其道就是家道和谐、天下安定的关键。很多人常说，都什么时代了，为什么女人就是要在家里操持家务、洗衣、煮饭、照顾孩子，难道男人都没有一点责任吗？凭什么还这样讲？我们先就普遍现象来看：料理家务、对子女充满爱心与责任感，是不是女性天生比男性重视？就事业打拼而言，抱负心较强，希望功成名就、光宗耀祖，是不是男性天生比女性重视？这就是男女有别，所谓的内外之分，只是一种彼此分工合作，并无任何贬低意味，并不是说女性不在职场上工作就不杰出，或是男人就不用分担家务，或是料理厨艺不好，只是整体男女相较之下，女性在家中所做的事情，以及温柔、慈性的光辉，并非男人可以轻易取代的。

夫妻关系并不像父子、君臣的那一种是绝对上下的关系，尤其现代社会强调平等，所以夫妻就像是朋友又像是亲人，有种微妙难分的关系。古人虽说“夫为妻纲”，但这个纲字是表率、模范的意思，并非处处以先生为主的大男子主义。我们当丈夫的，要作为太太的模范表率，要以身作则，有情有义，宽宏大量，太太自然会打从心里的尊敬，自然会顺从谦恭。夫妻之间的相处很难拿捏，因此更需要德行感化家人，而不是使用权势、暴力、恶言等迫使对方接受，这只会让关系越来越疏远、恶化。夫妻关系要相处融洽，“倒找一面”的观念千万不能忘记，自己要认不是，不找别人的不对；不管别人好不好，问问自己有没有诚心诚意，所谓“心诚感动人，志诚感动天”。凡事检讨自己：对方不满意我，是我无能；对方不赞成我，是我无用，而我如果无法接纳对方的言行，是我无量。相信定会有不一样的家庭气氛！

（一）为人妻子的本位在“德”

现在两性平等，也常造成夫妻不合，这种情况是因为双方常有一种观念：“我们条件一样，凭什么听你的，谁都不服谁！”很多女性会认为这是什么时代了，为什么还要讲古代的那一套妇德，会不会太传统了？这根本就是劳役女性、给男人做借口嘛！在这个地方要跟大家说明，《周易·系辞上》是怎么说明的：“天尊地卑，乾坤定矣。卑高以陈，贵贱位矣。”这意思是说，天在高处，地在低处，有了上下之义，天地之分。其实经文中的尊卑只是一种定位词，我们后人认为的尊就是比较好，卑就是比较差，其实是自己分别心误解的，圣人没有这样的意思，就像乾坤也只是男女定位，帮助我们区别不同之处，没有贬低谁，或是尊贵谁的意思。而圣人再做个比喻，就像山在高处，水在低（卑）处，那只是一种陈列方式，只是一种定位，贵贱之分也只是一种定位，就像山高、水低，有谁比较差吗？谁比较好吗？所以乾坤彼此相互尊重，体认对方的优点，易经并没有要各位羡慕对方，或是贬低对方的意思。

各位想想，如果山不在上面好好待着，随时变动，想往低处走，那不就是山崩？而水不往低处好好待着，一心只想往高处跑，还有哪个地方可以住人？万物如果不照本来的定位，就会有很多问题发生。圣贤观察所有的现象，知晓万事万物的特点，体认到只有各司其职，各安其位，依着自己的本分去做，自然就会有最好的结果，谁也不用羡慕谁。所以《周易·系辞上》后续接着说明："乾道成男、坤道成女。"既然男女定位不同，那么各自的责任是什么呢？圣人再指出，乾道的责任是"天行健，君子以自强不息"，坤道责任是"地势坤，君子以厚德载物"。乾坤定位不同，自然作用不同，责任与义务不同，并没有什么贵贱之分，如有偏见，是有心人的错误解读。

让我们看看圣贤怎么说，《礼记·哀公》孔子曰："昔三代明王之政，必敬其妻子也，有道。妻也者，亲之主也，敢不敬与？子也者，亲之后也，敢不敬与？"从孔子的话语当中可以了解，圣明君主必定尊重爱护妻子与儿女，这是有一定的道理的，妻子是祭祀祖宗、照顾父母、教育子女的关键人物，一人影响三代人，她也像我们父母亲一样的重要，必须平等重视之。儿子，是祖先的后代，盼望着自己的后代子孙成圣成贤，怎么能不尊重呢？所以自古以来的达官贵人都非常重视子女学教育，非常重视妇德操守，根本没有男尊女卑、不重视女性等错误观念。可惜的是，男性为了权势，巩固自己的尊严与地位，才成了现今等歪曲说法。

一个家庭要好，必须要有一位有德性的女人，你看一个"安"字，下半部是一个女字，并不是男字，可以想见，家庭当中，一位有德性的女人，是多么的重要，女人做的好，家道自然平"安"兴旺。女人的定位就是要学习地的厚载、包容、孕育万物，默默地贡献却不居功，这是一种隐德。我们想想，如果是一个种子落在田地当中，土地时常被翻动，那种子还能生长吗？因此女子的性情要温和、要平静、要稳定，这对孩子、对丈夫最好。一个家庭当中，如果夫妻俩都很要强，各自都要出头，谁都不甘示弱，那不就是一个家有两种意见、两个天的意思？这个家一定会乱。圣贤的意思是回归自己的定位，并不是说男人的意见就是对的，或是双方不用沟通、不用检讨自己，而是要做到阴阳调和，相互尊重。

《中庸》说到："君子之道，造端乎夫妇。"一阴一阳之谓道，可以想见，夫妻的互动，是一件非常不容易的事，蕴藏着智慧与德行，不然必定很多冲突与摩擦。我们看看太极图中（图 8）的黑白分布状况，就是阴阳和合的展现，透过黑白之间的协调，我们要体会保持平衡、相互协调、尊重彼此的重要性，如果一下子阳过盛，一下子阴过强，就像夫妻之间彼此逾越界限，不遵守自己的本分，这就会造成常常争吵、心情不稳定的后果，最后太极图中的黑白会混淆不堪，就如同家道的崩坏一样。

了解这个道理之后，我们应时常检讨反省自己逾越哪些本分了吗？有回归到自己应有的心态、定位、角色、责任吗？有没有让家庭气氛处在一个平衡和谐的状态？所谓的男女平等，是双方学会相互尊重，尽好自己的责任、本分，不是怕自己不平等、怕吃亏，反而要争个平等，结果越争气氛越不好，彼此关系紧张。如果男人动不动就打骂女人要威风，女人动不动就嫌弃埋怨甚至管教男人，那么这家庭不就是阴阳混乱、天崩地裂吗？既然阴阳不合，那我们还能生活，还能过得上好日子吗？故曰："阴阳和合则万物生！"

图 8

回归女人的定位

人会胡思乱想，是因为不知道自己的定位与要尽的本分为何？如果我们知道自己的定位，我们会在自己本分上做好，只要按着本分的轨道走，我们会发现这是最轻松、最省力的生活方式。人生这条路没有这么难走，只是因为我们不懂，所以恣意妄为，才过得这样累，这样辛苦！我们回想自己过往在家里时，都是父母亲的掌上明珠，我们养成了娇生惯养的脾气与习性，处处要他人配合我们，我们有学到什么本分与该尽的责任吗？身为姑娘的时候，就不懂得温柔、体贴、分担家务，结婚之后，当然只为自己打算，不懂得做媳妇的责任，只想过着少奶奶的日子，怎么操持家务都不会，让人看了厌恶、笨手笨脚，自己脾气又很大，闹得家人处处不愉快，难道我们不应该反省自己应尽的本分是什么吗？既然我们往后有这么大的责任，那么身为女子要定位的本分是什么呢？古人总归一个“德”字，但是要从“孝顺和睦慈良贞静”这八个字去做，我们回想看看，从小到现在，我们懂得这些道理吗？

让我们先回归定位，女子性情柔和，如水般柔软与洁净，滋养着万物，这是女人“顺”的德行。顺不是没有自己的想法，是懂得化解冲突，懂得以退为进，懂得四两拨千斤，让事情能够顺利进行的智慧。想想看，当我们温柔、谦下时，本来与丈夫冲突的意见是不是就化解了？原本不容易沟通的事情，是不是容易处理了？女性天生的优势就是温柔，这可以化解丈夫内心的武装、防卫、强势等刚硬之气，可以挽回很多错事，帮助丈夫平复心情，更可以让丈夫出门在外用智慧做事、得心应手，所以一个有德行的女人，是能够助丈夫成就事业的。可为什么现在的女性偏偏不柔顺，非得跟丈夫闹得两败俱伤才甘心，为什么简单的路不走，偏偏要选一条难走的路呢？

如果我们愿意反省，我们这样的个性是从哪里开始养成的？是什么样的想法总是让我们这么刚硬、强势、不愿意低头？我们想要证明什么？我们不甘愿什么？为什么我们处处想要彰显自己，而心总是“静”不下来呢？我们这么不愿意做女人吗？我建议女性同胞们，可以回家多和婆婆聊聊她的生命过程，问问她当时是怎么嫁入这个家的，是多大岁数嫁过来，什么时候生下自己的丈夫，是怎么养育他长大成人的，婆婆又是怎么孝养公婆的，在这个家是怎么辛苦打拼的，有空就问，常常这样问，久而久之就能把自己的私心问没了，私心一除，内心就会升起感恩的心，了解婆婆一生的千辛万苦之后，自己就能从中体会要怎么行媳妇道，这就是“静”的德行，这时才有办法真正地尽本分。直到有一天，我们也会为人婆婆，我们懂得媳妇的辛苦，就懂得怎么帮助媳妇，这样的家庭，难道会不和乐吗？

女人一生有三个阶段，姑娘、媳妇、婆婆，古人说过：“当我们还是家中未出嫁的姑娘时，性情要如棉花般的温暖、善良、贴心，我们要养成心存众人好处的习惯，以提满家为己任。”从小就要懂得看弟妹、兄姊、父母等人的好处，处处提起他们的优点，如果家里有人相处不融洽，要懂得圆情、调节，让家庭气氛和谐；多少要帮点家务活，比如煮饭、拖地、洗衣等，不要养成娇生惯养的习气，不然会让自己婚后的生活相当辛苦。结婚之后呢？身为妻子、为人媳妇，责任更重了，古人说：“媳妇性情要如水般的柔和，身子要勤，身体要有实行，心存全家的好处，时刻感恩家人，内心要常乐欢喜，知足快乐，以托满家为己任。”如果在家当姑娘的时候，就不懂得存众人的好处，那么嫁入夫家之后，又怎么可能心存夫家的好处？必定处处看不惯、讨厌夫家，心生厌烦，这时还要伺候公婆，必定心里不高兴，严重的话，还会唆使先生抛弃父母、分家争产，只顾自己享福，处处不满足，这么做等于是造罪于自己孩子的命运，这是败家的开始。

等老了之后，成了老太太，要为人婆婆。古人说到：“婆婆性情要如灰，没有一点个性、脾气，身子要稳，要健康，此外还要懂得全家人的个性、脾气，家里的人有哪些做不好的事情，去补足它、化解它，让家里人可以团结一致、和乐融融，以兜满家为己任。”所谓“老不舍心，少不得力”，千万不要以为自己很有能力，还放不下家中的权势，处处看不惯子女媳妇，东念西念，嫌弃他们没有能力，不上进，或是因为一点点事情就不高兴，搞得全家人紧张兮兮，倚老卖老，弄得家人心烦意乱，这会造下让自己不能安享晚年、安享清福的下场，何必自讨苦吃呢？

女人这一生三个阶段的德行，其实就是女八德“和”与“睦”的展现，仔细看看上述的要领，都是要先懂得存众人的好，然后懂得调和、补漏、托底、圆满，让家人们彼此和睦、融洽，这就是坤德当中的涵养万物，相当令人敬佩。可是很多女性常说：“现在双方都在打拼事业，也都有钱赚，凭什么家事都我要做？还有公公婆婆是丈夫的爸妈，为什么我要来孝顺而不是他去孝顺？那么他怎么不来孝顺我的父母亲呢？怎么身为男人一点责任心都没有？女人就要这么命苦吗？”各位！先让我们静下来看看自己，这是什么样的禀性所说出来的话？这是恼、怨之禀性在作祟，是计较、是怨气，这都是站在自己立场所说的话，怎么不想想自己的本分呢？这样计较、怨恨的生活会快乐吗？

我们如果仔细想想，这些家务活并不是什么大不了的事，但为何会做得这么痛苦呢？在我了解女性的本意之后，我发现她们心心念念都是为了这个家，都是很愿意为家庭付出，甚至把照顾家庭作为人生的第一顺位考虑，但为何内心总是满腹委屈与埋怨呢？或是夫妻之间总是计较，最后导致家庭不和的局面呢？其实妻子的内心，就只是想要一句感谢与认同而已，女人的要求就是这么简单而已！但是长久没有得到丈夫的肯定、赞美、关心与体谅，最后内心失去了动力，转为一种负面情绪。女性的内心都是温柔的，她们想要的是丈夫从心底爱她、在意她、关心她，女人不怕吃苦，只要丈夫是真心对她好，这会让她内心有动力，再累再辛苦，她们都愿意跟随，怎么身为男性却没有这点体会呢？而身为女性，难道不知道内心所期待的响应，是一种阴火性吗？越是这样的要求，只会让自己越加痛苦，事与愿违而已，难道我们还要继续吗？在这里让我们再次回归女人的定位，身为女性，我们要相信自己内在的力量，保持内心的慈爱、良善，这就是“慈”“良”的德行，这能化除阴火性中的虚荣心，我们尽管照顾好家庭、关爱子女，不断地付出爱心、耐心，最后必定可以感化一切，成就一切。

《礼记》有载：“门内之治恩掩义 ，门外之治义断恩。”我们看看圣贤怎么说，在家庭之内，讲情、讲恩，而不要一味地讲公义、讲道理，因为双方都有自己的道理，只是立场不同，考虑的角度不同，根本没有绝对的对错。但是在公司、在外面为人处事，我们就要讲公义、不能总是讲情、讲恩，因私情而破坏原则，处理事情有损客观，反而造下很多问题，成为日后失败的原因。圣贤简单一句话，点破现代人很多迷津，我们总是对外人讲情讲义、客客气气，反而越来越腐败，越来越是非不分；然而我们对家人却是讲理讲法，疾言厉色，结果关系恶劣，家庭关系破裂，生活搞得乱七八糟，问题一大堆，这都是本末倒置的后果。以前我们不知道人生要怎么过，现在我们懂了之后，难道还不负起责任，不反省自己吗？身为妻子的德行，就是学习地的厚载，先成就别人，最后必定成就自己，把自己先放在后面，把辅佐丈夫、照顾家人、孝养公婆放在前面，最后家道必定兴旺，自己的人生也必定幸福顺利，这就是《易经》坤卦所说“后顺得常”的意思，也是真正的坤德。

我时常观察那些相处很融洽的夫妻，同样身为太太的角色，她们从不认为辛苦，她觉得可以把这个家照顾好，让公婆快乐，孩子幸福，丈夫安心，这是最美好的工作。纵使家庭的工作再琐碎，也不觉得多做就是吃亏受罪，或是埋怨自己嫁错人！她们总是以家人为优先，先让家人受益，配合着丈夫、家人们的需要，照顾着大家，这就是《易经》说的“至哉坤元，柔顺利贞”，看起来没有自己的奉献，反而得到了最好的结果，这就是坤道、坤德，所以柔顺是我们要学习要实践的路，最后必定祯祥。这些无形当中实践圣贤智慧的太太们，也许她们没有读过圣贤书，但是她们得到的结果就是家庭与人生的幸福美满，这就是道的力量，只要依道而行，不论是谁，结果必定是圆满！

同样的角色，结果不一样，原因在于禀性的关系。当我们愿意回归定位，依照圣贤的智慧来行道时，我们会发现，这是最轻松的人生之路。在此我们要了解，女性的柔顺不是柔弱，提醒自己性情要柔和、坚强、有韧性，但不是柔弱、自卑、依赖、烦恼，这两者是完全不一样的柔，就像《易经》说的“坤至柔而动也刚”。古人教导女人要柔和、柔顺，但是意念要坚强、坚定，愿意低矮就下，托底补漏，这是古人的智慧，我们依教奉行，必定圆满。行道的过程中，难免会犯错,在此提醒女人要有“先认己不是”的涵养。比如事情没有做好，先生不高兴，或是公婆唠叨嫌弃等事情发生时，心要先想：“是不是自己哪里做不好？”要反省自己是不是有什么细节没有注意到，才惹得先生、公婆不高兴；也要反省是自己的什么禀性，才招致这样的环境来磨炼我？千万不要去想，我为什么要这么低下，这么委曲求全，这样做人完全没有尊严，有必要这么低贱吗？“先认己不是”并不是低贱、自卑的意思，是透过学习当下的过程，渐渐地把自己那刚烈、好强、怨人、委屈、自卑的禀性给化除了，这样才能涵养德性，才能厚德载物，也才能把自己的命运慢慢转换了。其实女人苦，是苦在心态转换不过去，不然做这些家务事，哪有什么好痛苦的？事情根本没有多复杂，是我们不甘心之后才有这么多问题的，因此把心态摆正，尽好自己的本分，往后的路自然好走。记得，不管丈夫义不义，只问自己德不德，尽自己的本分，生命当中都有一个数，伦常债码尽完了，一切就变化了。

当我们越有妇德时，后代子孙必定出贵，家道必定兴旺。妇德就像水、像土一样默默成就一切，因为水能滋养万物，又不与万物相争，土能提供养分，孕育万物。尽管是这么不起眼的一抔土，却能涵养万物，这样的精神就是身为太太要学习的德性，所谓“功成弗居，以成王事”。就像是我们煮饭要加水，但饭熟了我们说吃饭，不说吃饭水；就像是我们砌墙，泥加水混合，砌成了我们说是墙，不会说墙水。从这些例子可以了解，水已经完成了它的功劳，但是它不居功，总是在最低处，可以随贫随富，可高可低，纵使很有功劳，也不会想要处处引人注目、强出头，这就是隐德、坤道。身为女人伟大的地方就是这点，不要多做一点就怨，不要老是想着要出风头，做那么一点点事就要邀功、赞赏、肯定，如果得不到心中的期待，就好像全家人都亏欠你似的，这样的行为不是付出、不是孕育，是来讨账、找麻烦的，只会越惹人厌，越惹人心烦，最后必定家道不和。

改变贪求与依赖的心

老一辈的人说过：“女人多苦是因为‘不知足’、好往上比，见人家有她也想要。不知道自己的命和别人不一样，男人为了她，为难吃苦，她却不管，首饰非戴不可，把人看轻、把物看重了，认为男人为她劳役是应该的。对于男人，她不是看着就是管着，轻的把男人霸去，重的把男人克死；抛弃公婆，领着男人出外另过生活，任性而为，时间一久必定命苦！”古人的话，是经验的总结，我们要明白，当人处处嫌弃对方，对于生活总是不满意、不快乐，这种心态就是阴火性中的淫。淫念不是只有男性专有，对于任何事情不满足，脑中存有过度的美好幻想，那幻象就像火一样，吞噬一切，让你的内心永远得不到满足。

有些人是因为心理“安全感”的问题，会说出让对方倍感压力的要求。例如：“你身为一家之主就是要有责任感！”“当初是你说要给我幸福的啊！”“你自己说要疼爱我一辈子的！”“你不是说要给我过好日子吗！”这些已经不是爱的动力，反而是爱的阻力，况且这些要求根本没有合理的标准，完全是心的感受。当你内心稍有一点点的不高兴或是委屈、不安全感，就把这些话挂在嘴边，当对方怎么做都无法满足你的要求，或是无法解消你的不安全感时，就会成为痛苦的来源，最后不是放弃就是不当回事，置之不理，严重的就是不喜欢回家，逃避责任！每个人都喜欢被肯定，或是内心有爱而主动付出，身为妻子的你，当发现丈夫逃避责任、消极悲观，甚至不想回家时，应要检讨自己，是不是因为错误的心态压垮了丈夫的斗志，而非一味地指责对方的错误。

与其检讨对方，我们何不检讨自己是什么禀性的人，自己是怎么造成对方如今的样子的，再想想对方的所作所为与我们的哪些禀性相克，我们要怎么改善自己，我们要如何感恩对方，对方的出现就是要帮助我们化除禀性，我们甘心接受吗？我们愿意用欢喜的心去化解吗？再看看自己的子女教育出了问题，不就是夫妻长期闹矛盾所造成的吗？《幼学琼林》记载一句话：“阴阳和而后雨泽降 ，夫妇和而后家道成。”这意思是说男女之间各代表着一阴一阳，当阴阳兼容，自然能够降下雨露，万物生长，就如同夫妻相和，子女家道自然顺利兴旺。有时候静下来想想，夫妻能在一起，代表彼此有着很深的缘分，所谓不是一家人不入一家门。圣贤说过，“所有事无不是从因果上来的”，与其想办法逃避，不如认真面对生命！我们要感恩对方，不要总是要求对方满足我们内心的欲望，或是总担心着什么，感到不安全就会抓得更紧，不断要求对方做到你要的期望，其实这是我们内心的恐惧所产生的一种依赖感。

身为女人，如果没有办法调整自己内心的欲望与恐惧时，这是陷男人于为难之中。我们要了解，大多数的男人都是疼爱自己太太的，那为什么大多数“当妻子”的享福少，反而受罪吃苦的人多呢？如果我们愿意仔细反省上述的两种心态，我们会发现，依着这样的心态所讲出来的话，无形当中会让丈夫失去“孝悌忠信礼义廉耻”等八德，进而做出愚蠢的行为。一个失道的人，做事怎么可能成功，家道又如何兴盛，太太又怎么可能够享福呢？比如说，丈夫本来就不怎么会赚钱，只因太太整天埋怨，丈夫为了让太太享福，过上好日子，结果生出贪念，投机取巧，最后投资失败，或是铤而走险，导致惹祸上身，身为太太难道不用反省吗？有些丈夫为了不让妻子在家受气、受委屈，只因太太几句话，结果抛弃父母，与兄弟分家争产，闹得家庭分崩离析，难道身为太太不感到愧疚吗？我们是否反省过自己讲的哪些话，无形中影响了对方的行为？

如果我们无法改变自己，又有谁能够无限地满足我们？违背了八德，丧失了良心，不惜违犯法规，就只是为了满足妻子，讨妻子欢心，让妻子过上好日子，请问这样的好日子能过上多久？男人的心都是向着自己太太的，都想让太太幸福，想让她在外面可以跟人品头论足，但如果我们只是禀性用事，不懂得觉察自我内心问题，反而让男人更苦、更累，甚至背负着无法喘息的压力，因而失去了斗志，或是时常感到意志消沉，不再愿意负起家庭责任，最后离我们远去，请问我们不需要负起相对应的责任吗？我们不需要反省自己的言行举止吗？

想想看，自己若没有这些心态，我们的家庭会是如何？我们处处想要享福，你可以说这是一种欲望，也可以说是一种依赖心。女子出嫁后，要开始改变自己依赖、想享福的个性，这样的性格来自于过去当女孩的时候，父母亲过度的疼爱，那种捧在手掌心的娇气，让我们成人之后受不了一点挫折，面对不了一点现实，稍有不如意就产生了失落感、恐惧感。有些人在成长的过程，事事都有人帮忙处理、设想，造成出嫁之后，因为信心不足，无法独力面对自己的事，产生事事想要依赖的心态。如果我们不愿意成长，不懂得改变心态，只想在家依赖父母，出嫁依赖丈夫，年老依赖儿女，那么我们一生只会惹人嫌弃，这样的行为迟早会拖垮对方，或是遭人遗弃。

依赖的性格就是阴水性，有些人的表现是懒惰成性，但对有些人而言，是内心对人、对事存有一种莫名恐惧感，生怕对方抛弃我们，所以事事不敢独立面对，害怕失去反而抓得更紧、管得更严，因而让自己陷入更痛苦的泥淖当中。依赖的性格，形成了遇事先退缩，凡事先从悲观的立场想，这样的人生观，一辈子忧愁恐惧。如果内心怀着恐惧、自卑感，但又为了彰显面子、虚荣心，因而透过外相的物质来掩饰自己内在的自卑，纵使有着光鲜亮丽的外表，内心其实很脆弱。只要发生一点不如意的事情，很容易恼羞成怒，因而陷入怨父母、怨丈夫、怨公婆、怨同事、怨公司、怨环境、怨天怨地等情绪之中。这样的心态不改变，无论怎么做，自己都不会快乐，家人也不会幸福，家庭更是不得安宁，因为我们一方面怀着恐惧与不安面对人生，另一方面又极尽贪求以保护自己，在这样矛盾的心态下，他人无法跟你相处，也无法理解你的行为，而你只会活在痛苦当中，总是自我折磨。以上的两种情况——“贪求不知足、缺乏安全感的依赖心”，都会让对方离我们越来越远，并不是对方给我们的爱不够，这其实是我们自己的生命功课。

帮助丈夫成就德行与孝行

女人助夫，并不是说丈夫做得不好也要忍气吞声、百般顺从，这无疑是害了他；但也不是说丈夫做得不好，就疾言厉色地批评他，让他无地自容、丧失信心，对方反而意气用事更不愿意改变，这不只是害了他，还会造成夫妻关系不和。身为媳妇，必须要有柔软的身段，才有足够的智慧去改变丈夫，我相信一位具足德性的妻子，丈夫纵使能力再好，遇到困难的时候，必定会回来跟你商量，因为你最了解他的问题，你能够看见他的盲点，你也是他可以信任的人，你在他的心目中是有分量的人。女人要助夫，首先自己先要具足德性，德性的养成在女子八德“孝顺和睦慈良贞静”中，当我们的所作所为能让丈夫佩服与肯定时，我们所给的建议，他必定会听从，这时自然做到助夫成德。

丈夫心里都是听太太话的，那我们要怎么来帮助先生呢？我们可以从他平日都是结交什么样的朋友、他平日所谈论的都是什么样的话来帮助他。我们可以从他的工作与身份当中来了解他，比如说：如果先生是一位知识分子，观察他讲话有没有义气、心胸是否狭窄；如果是生意人，就观察他赚钱之道义不义，是否取之无道；如果是做官，就观察他是否不讲廉耻、好贪赃，失职缺德。身为女人，就是要把丈夫错误的行为劝化过来，让男人走在“孝悌忠信礼义廉耻”这八德路上，这就是助夫成德！这当然不是一件容易的事情，这也就是世人常说的“一位成功男人的背后，必定有一位伟大的女人”，这就是坤德，是相当令人敬佩的。

女子嫁过门之后，心态上要以夫家为重，这并不是说女人就要放弃自己的工作，放弃自己的专业，只能相夫教子，完全为家庭而活。以夫家为重是指要有教养出好的下一代，愿意帮助先生操持家庭，让先生在事业上顺利成功的想法，这跟未出嫁以前处处为自己考虑，处处为自己做打算的心态完全不一样，这是培养德行的第一步，也是长天命的开始。男子长天命与女子长天命的做法完全不一样，就男人而言，把家庭照顾好，把妻子、儿女照顾好，这只是尽宿命而已，男子要长天命，必须要往外打拼事业，做出能光宗耀祖等事才算是长天命，因为“天行健，君子以自强不息”，这是男子的本分，所以男子永远要开创，直到成了老爷爷，才能含饴弄孙，交棒给下一代。但是身为女子就不一样了，把家庭照顾好，培养出好的下一代，帮助丈夫成就德行、孝顺公婆，这样的做法就是长天命，做好这些事情，就像是男子为了光宗耀祖出外拼搏一样。因此，双方必须体认天命的不同，并各自做好长天命的事情，而不是怨恨谁做的多谁做的少。

身为现代女性，并不是说拥有自己的事业或工作不好，只是心态必须摆正，不能本末倒置。那就像是身为孩子要把书念好，不代表不需要孝顺父母与尊敬师长，这是为人处世的道理，这才是根本，为子之道的根本在孝，我们不能本末颠倒。同样的道理，媳妇能上孝公婆、中悌亲戚妯娌、助夫成德、下慈儿女，关心照顾双方的父母，把家庭顾好，让老人放心欢喜，这是媳妇的道，这是根本，越是行道越有德，有德就是长天命，自然就会好命。一味追求事业的头衔与成就，不代表家庭幸福与人生美满，媳妇越想证明自己能耐，反而越过得辛苦；反之，媳妇越是依道而行，她的人生过得越是顺利。我们不妨试着做做看，当我们摆正心态之后，我们会发现生命可以过得很轻松，尽管工作仍会有压力，但事业会开始顺利起来，这是因为本立道生的缘故，一切都必须先从本分上做好，其他的自然就会变好，这就是道的力量，没有其他理由，无须怀疑。

为何说媳妇助夫成德非常重要？我们想想，为人父母，是否希望自己的儿子成才，不再让他们担心？如果我们不能助夫成德，纵使自己孝敬公婆，公婆也不会感到安心，因为内心仍有遗憾，不是吗？身为父母都盼望着自己的儿子有出息，期待儿媳能够让家庭兴旺，希望有个好儿媳能够改变自己儿子的缺点，能够照顾好自己的儿子，从而不再操心与烦恼。想想我们自己为人父母，是不是也会这样想？如果一个儿媳很孝顺，可是儿子没有任何改变，仍是让父母担心，做父母的会不会把寄望放在儿媳身上？因为你是儿子的爱人，他们相信你能够影响他！如果身为媳妇可以把丈夫引导在正途上，夫妻同心，公婆自然安心，作为公婆的必定会对媳妇感恩万分，疼爱都来不及，怎么还会抱怨呢？

以夫家为重，并不是说女子出嫁后，自己的娘家就不用照顾了。我们想想，如果媳妇该尽的本分都做好了，公婆会怎么想？丈夫会怎么想？是不是会觉得，媳妇也要回家看看双亲啊！丈夫也会体谅太太的心情啊！这样的家庭，自然双方亲人都照顾到，自然圆满双方的家庭。为何说女子出嫁后要以夫家为重？因为女子的身份归属感，是在出嫁组建自己的家庭之后，才有了女主人的身份，那就像是漂泊的船靠岸，有了稳定感。我们仔细体会一下，我们出嫁后回到娘家，纵使娘家再亲，我们是不是就像客人一样？因为娘家真正的女主人是妈妈，而不是我们，我们的家是夫家，夫家才让我们有归属感，而这个家经营得越好，我们这个女主人才能过上好日子。我们千万不要常有“凭什么要为夫家做事”的不满心情，好像自己吃亏，好像自己被占便宜的想法，其实我们尽好妇德，最后享福的是自己，因为我们是家的主人，我们所做的一切最后必定是自己受益，我们又有什么好计较的呢？

古人说，媳妇要在“三从”上定位，才能助夫成德。古人的“三从”是指“在家从父、出嫁从夫、夫死从子”。这种对也从、不对也从是错误观念。新“三从”是指“身从情理、心从道理、性从天理”，从这三个方面来助夫成德，让女主人的这个角色更定得住位。“身从情理”是指，应该做的事情，亲自去做，上孝公婆、中和妯娌、下教儿女，全部都是自己的本分，不怕苦、不怕难，做了之后也不生气、不埋怨、不后悔，这样的做法，必定让人看在眼里，家人在内心知道你的分量，久了之后必定对你充满尊敬。“心从道理”是指，除去争贪搅扰的私心，所思所想的都是如何报老人之恩，如何和睦妯娌，如何教导儿女，如何助夫成德，心存全家的好处，所行之事自然处处合道。正因为这样的心态，才有办法让我们心甘情愿地去做，才能真正地身从情理，赢得他人的敬重。最后“性从天理”是指，女子天性遵从八德，在生活当中不动禀性，处处圆满天性，自然能做到厚德载物的德行，感化家人，最后成就妇德，圆满家道。

运用“三从”来帮助自己定位，透过“四德”来实践“三从”。“四德”即是妇德、妇言、妇容、妇功。让我们看看汉朝班昭《女诫·妇行》所载："女有四行，一曰妇德，二曰妇言，三曰妇容，四曰妇功。夫云妇德，不必才明绝异也；妇言，不必辩口利辞也；妇容，不必颜色美丽也；妇功，不必技巧过人也。幽闲贞静，守节整齐，行己有耻，动静有法，是谓妇德；择辞而说，不道恶语，时然后言，不厌于人，是谓妇言；盥浣尘秽，服饰鲜洁，沐浴以时，身不垢辱，是谓妇容；专心纺绩，不好戏笑，洁齐酒食，以供宾客，是谓妇功。此四者，女子之大节。"

上一段班昭所写的内容，意思是这样：古人培养的女德，并不是要妇女绝顶聪明才称为妇德；或是嘴巴能说善辩才是妇言；或是整天打扮得花枝招展才是妇容；或是才艺出众才是妇功。古人所培养的女德，是回归最基本的做人处事，古人重视的是懂得羞耻、重视节操、温柔贞静，这称为妇德；懂得在适当的时机讲话，不说三道四，这是妇言；俭朴整洁、干干净净，这称为妇容；古人是纺织，现代人是指做好自己的职场工作，如有亲朋好友来访做好地主之谊，这样就是妇功。这四德让我们有很明确的做法来要求自己，如果你觉得这些话是迫害女人的糟粕，那么我请问，如果我们的母亲不懂羞耻，整天跟其他男人勾肩搭背，讲话粗俗、恶言、骂脏话，蓬头垢面、肮脏污秽，好吃懒做，亲朋好友来也不招呼，你认为这样的母亲，你喜欢吗？而你希望自己的母亲是这样的人吗？这与迫害女人有什么关系呢？是我们自己不明理，怎么说四德是迫害女性呢？

接着我们再说"助夫尽孝"，很多媳妇常有为何丈夫的父母却要我来尽孝的心结？这说起来非常不公平，难道媳妇的父母亲就不用丈夫也来尽孝吗？这样的心态摆不平，双方总是在斗争，其实这是阴火性中的虚荣心与自尊心放不下的缘故。所有女人都希望丈夫向着她，疼爱她、照顾她，对她有情有义，但是刚入一个新环境，不能像自己娘家一样处处随心所欲，取而代之的是一种陌生、不自在的心情。媳妇一方面担心丈夫不为她说话，又怕家人们对她误解，坏了印象，正因为这样的心态，导致要丈夫以她为重，处处考虑她的心情，结果演变成不能受到一点指责，如果儿子向着公婆，就委屈难过，有的演变成争宠吃醋，造成婆媳关系不好。其实身为媳妇要爱自己的丈夫，要得到丈夫的爱，必须要了解公婆，要能够先爱自己的公婆，放下想要在家中争地位的心态。

不论到哪一个新的环境，我们本来就要懂得尊重年长者，我们要暂时把自尊心放在一旁，因为家庭当中，本来就有先来后到的次序，我们不能取代这样的序位，想要做主角，这是抗上。要明白没有公婆的明理教导，哪来的丈夫疼爱与尊重，要体恤公婆奔波劳碌、费尽心力才把丈夫养大成人，教育成一个明理的人，能有这样的好丈夫是我们的福分。千万不要错想，认为丈夫孝顺父母，对自己没有任何益处，他只会帮自己父母讲话，委屈的都是自己，甚至误以为他只在意父母，一点也不关心自己的感受，自己在这个家没有地位，好像是个外人等，结果处处想要争胜，想要引人注目，想要得到掌声，如果得不到，转变成一种委屈或是恨气。

身为媳妇，我们要观察的是，婆婆与自己的妈妈本都是异姓人，跟我们一样都是从其他家庭嫁进来的人，为何他们看起来都没有任何不习惯的样子，就好像天生是在一起的人，好像天生就是在这个环境下长大一样。我们可以试着想想，他们是如何适应环境，他们是如何与先生相处，怎么与公婆相处，又是怎么维持家庭、亲人的关系，然后帮助先生打理一切，让先生事业成功的呢？当我们还是孩子的时候，我们都希望父母和乐，父母与爷爷奶奶、外公外婆相处和乐。站在孩子的立场来看，孩子没有分别父母亲是哪个家庭，或是哪个家庭重要。对我们而言，长辈都是自己的亲人，我们没有分别心，可是等到我们长大之后，受了越多教育，有了越来越多的分别心，才开始计较、争贪自己的利益。等到嫁过门之后，我们却与先生的家人分得清清楚楚，认为凭什么要对先生的家多做一点，为什么要牺牲自己来照顾先生与公婆，我们的内心不与先生是一家人，我们内心在计较、在争贪自己的地位、利益，才产生后续很多的问题与纷争。这些都不是我们要去想的，越是这样想，越没有答案，越是背道而驰，这只会让自己更命苦而已。

试想想？如果我们的父母亲总是在分别谁做得多，谁做得少，或是分别谁的爸妈，谁要照顾与孝顺，请问我们为人子女，会不会很讨厌自己的父母？会不会对他们的行为感到羞耻？那么今天我们为人父母、为人媳妇了，我们又是怎么做的呢？我们在分别彼此、逃避责任，计较争论，我们难道不觉得羞愧吗？我们要求别人的标准，愿意拿来要求自己吗？请问我们想法还能一致吗？我们是否觉得可笑，有这么多时间想怨恨恼怒烦的事，怎么不去想如何做可以让对方更好，让子女更好，让家更幸福，让男人在外面更安心地打拼？我们怎么不心心念念地想怎么帮助夫家，让先生无后顾之忧，让公婆安心？却心心念念想的都是找对方的麻烦呢？我们怎么不去想，丈夫的孝行哪些不足，我该怎么去补漏？怎么想的都是批评与计较呢？这难道不是我们的问题吗？

这就是妇德中的“孝”，这就是“助夫尽孝”，这就是身从情理，心从道理，性从天理的做法。媳妇的孝，与男子的孝不同，女人默默地养育万物，滋养万物，她所带给家人的就是一种稳定、平静的力量，女人依着道而行，就是在培养“隐”的德行！这是值得令人敬佩与感恩的！当我们年老了以后，也是媳妇所要跟我们学习的智慧与德行，那我们就会是一家人最大的福报，俗话说：“家有一老如有一宝。”我们身为媳妇所要带给家庭的是稳定与平静的力量，而不是争乱不休的仇恨与计较。夫家是我们的根，只有让夫家的根越来越好，我们才能享福，世间哪有人知道是福报而不要福报的道理，都是因为禀性与计较所造成的，我们何不体会圣人所告诫的智慧，依道而行呢！

女人是一切的源头

《小学韵语》开宗明义说明："古人妊子，胎教有则，不听淫声，不视恶色。坐立不倚，邪味不尝，如此生子，端正异常。"可以明白古人对于女子的怀孕胎教非常重视，圣贤明白人在接触到不雅的声音、味觉、环境，很容易影响内在的心性，随着外界所产生的心性变化，影响性情非常深远，这样的性情会传递到胎中的孩子，影响孩子的个性、脾气与脑部发育。所以古人重视胎教，强调心性的调整，认为心性平稳，才能生下聪明伶俐、五官端正的孩子。古人说过："女子都能明道，化除禀性，涵养天性，懂得感恩，存心不杂，必能改种留良，重立人根。"女子能静，不心浮气躁，自然孩子性情良善，女人存什么心，就生什么样的子女，这是根本教育的开始。所以父母的心性是什么，怀胎时的性情如何，父母平日所行的是否符合天理良心，子女生后也必要像他那样，然而每个孩子的性格都不同，这是因为我们在不同的人生阶段，有着不同心性所造成的结果。我们可以静下来想想自己怀孕时，夫妻双方当时的环境、工作压力、家庭气氛，还有自己的个性等，就可以知道为什么孩子现在会有这样的性格与反应了。

现代女性压力大，为了家庭，为了工作，常常身心俱疲，如要保持心性上的平稳，更是相当不容易。女人的性情稳定，对于家庭的和谐是相当重要的，可惜现在的女性不这么认为了，认为自己不争、不贪，没办法立足于家庭、社会，演变为性情越来越激烈，个性越来越强硬，心变得不再单纯了，也延伸出了很多家庭问题。

现代的女人分为三种，我们可以检讨自己是属于什么样的类型？分别是悍妇、弱妇、媳妇。第一是悍妇，性格刚烈、管着男人，精神上欺压男人，说话像打雷一样，非常强悍，一手遮天。这样的家庭阴盛阳衰，丈夫会未老先衰，甚至夭亡，生下来的小孩也不中用。这样的女人，处处没有给先生留面子，以怒、恨之禀性最为严重。通常这样的先生大多性格萎靡，多喝酒、意志消沉，做不了主。这时候女子要多柔和，以辅佐的角度帮助先生站起来，鼓励他，自己想要强出风头的个性要改变，讲话要留余地，这样必能让家庭为之一振。

第二是弱妇，其个性就是依赖丈夫、依赖父母、什么事情也不会做，也不肯学，好吃懒做，怨天尤人，这只会是让人看了心生厌恶。好好的一个家，弄得全家人都不开心，这样的女人，以烦、怨之禀性为重，笨手笨脚常被骂，故常受气，全家人会被弄得心烦意乱。这时只要能够检讨自己，认自己的不是，愿意去转变，必能改变家庭气氛。

第三是媳妇，她能使家平和，作一家的吉祥使者，对人平等、和气，是一家的福气。性情如水般柔和，知足常乐，即使在社会工作，也能恪守本分、建功立业，使家道长久，福禄长享。更能处处圆满家庭的不足，与先生互补，比如说当先生责骂孩子之后，太太必须要安慰孩子，在这个过程中还会说明父亲的志，使孩子明白，能够遵行，不怨恨父亲，这样才叫慈母、才叫媳妇。

从古至今，女人都是辛苦的，内心有着很多委屈与辛酸，默默地做，为的是下一代，为的是先生，没有自己，总是照顾着家人，有时还被误解。很多人会说，女人压力这么大，男人不用负点责任吗？怎么都把责任推到女人身上？我想这句话的背后，就是恨之禀性，就是责怪，这样的禀性不改，纵使遇上再好的男人、环境，我们都是不满的。再者，这句话也不公平，男人也是一样背负着很多责任与压力，每个人只是在做不一样的事情，夫妻双方不需要这么的对立，只要我们愿意尽本分的做就好了，最后必定是享福与美满的人生。

我们可以观察过往吃苦耐劳、心甘情愿付出的老一辈，他们老来大多都是享福，儿孙孝顺，子孙满堂。因为五伦是天道的一部分，天理循环，必定都会回报到自己身上。如果没有享福，那么必定在五伦上有亏，古人说过："若是自己夸功、与人争功，或是表面上虽然做了，但内心不甘愿，这是受而未了，这叫徒劳无功"。当下做事的心态很重要，既然同样要做一件事情，何不选择一个欢喜、甘愿的心情去做。身为媳妇，只要愿意开启天性良知，助夫成德、助夫尽孝，无形当中就能庇荫着下一代，根本不需要多加烦恼，孩子自然会有好的发展，丈夫自然会有好的际遇，因为人照着本分行事就合天道，本着天道所做的就是天德，自然不思而得，所以自古有言"好的媳妇会旺三代"，这都是自然的道理。做好一个媳妇，不仅影响三代，更影响着世界，因为女人是世界的源头，男人要学会尊重女性，而身为女人也要明理、明道，让自己成为真正的媳妇，而不是悍妇、弱妇。

（二）为人丈夫的本位在"义"

自古以来，我们是以男权为主的社会结构，因此古人对于男性的要求很高。从小就要学习圣贤经典，培养内德，修养心性，不仅要做个正人君子，更要以尧舜来期许自己。若是有功名，要造福乡里百姓，为国家社稷尽忠，兼善天下，若是没有了功名，还要自我要求，独善其身，不能妄自菲薄。再想想现代社会的男性还有古人的这些操守吗？只想要保有男权地位，却不愿意承担责任，想要受人尊重，却不懂得涵养德性，到处作威作福，拈花惹草，不懂得自我约束，难怪很多女性瞧不上、看不起，认为男人不是什么好东西。而我们不懂得检讨自己，还打骂耍威风，讲得头头是道，真的是丢尽男人的脸面。

我们想要拥有权力，那就必须服务、付出、贡献与承担，想要让人追随，就必须有情有义，承担重任，才能让人敬佩与信任。如果平日里只是什么道理都能说，每当需要你做事的时候就跑得无影无踪，而吃香喝辣的时候又看得到你，没本事又爱说大话，这根本不是男人，是一个处处惹人讨厌的小人，一点都不值得交往。“义”是男人的本分，不然大家都只想要好处，却不想尽责任，那家庭、企业、社会、国家不就乱了吗！如果权力地位真如我们想的这么轻松的话，那谁不想？圣贤知道权力来自于责任，因此“义”就是男人所要行的道。当然，在家庭、企业、组织当中谁掌的权多，谁就必须负起相对应的义务、责任，这也是天经地义，理所当然的事，我们不能连这点认知都没有。

情义戒淫

男人要在义上做好，就必须先把“百善孝为先，万恶淫为首”这两句话放在心上。这是我们从小都懂的道理，也是古人留给后人的智慧。我们可以回想自己一生所做的善事当中，是不是觉得真心行孝不好做？再反省自己的生活，是不是稍有点如意，放纵，欲望、贪念、淫意等邪念就产生了，这会让我们后续的行为不断地错乱，心念还不容易收回来。先前我们已经提过，孝道相当考验我们内心的修养，不仅要处处体察父母的心意，还要随时了解父母亲的立场，改变自己看待事情的角度，做好孝顺的本分。很多时候父母亲做错了，或是观念、脾气不好，我们还要调整自己的心情，想方设法劝导，父母不愿意改变，我们依然要保持爱慕恭敬的心，各位不觉得保持心念的纯善很不容易吗？也正是因为如此，我们内在的德性才能慢慢地培养出来，禀性才能化除，所以圣贤肯定孝为我们德的根本、善的源头。

同样的道理，圣贤知道我们欲望、淫念易起，只要稍微穿暖、吃好、居住安逸，我们很容易就产生邪淫、邪念和非分之想，处处想要放纵，不守规矩等行为思想就出现了，因而很容易造下错误、后悔的蠢事。圣贤明白人性很容易丢失善念，所以告诫我们后人淫为万恶的来源，因为顺着自己喜好而产生的情绪，都是淫念，淫念一起就会生起无限的贪求与妄想，这样的心态会让我们相当执着，有时会失去理智，为达目的不择手段，甚至偷抢拐骗、出轨、杀父杀母等蠢事都做得出来，这就是淫念的危害、万恶的根源，所以圣贤要我们保持清静心，就是这个道理！

很多人总是认为别人的老婆好、别人的孩子好、别人的父母好，为什么？因为都是依着自己的好恶心在看待一切，要不是越看越喜欢，就是越看越讨厌。我们都有一种错误的行为，越是跟我们近距离相处的人，我们越是看他的缺点，放大他的缺点，为什么？这都是自己的好恶心在用事，这是恨之禀性。恨之禀性越大的，越难走出自己的好恶之心，那是一种很强的遮障，完全蒙蔽自己的理智。就如同情人眼里出西施一样，你一心一意就是要嫁给他，完全看不见他的任何问题，有些男性是在婚后迷上外面的女人，他不顾后果，完全抛弃夫妻情义，就是要出轨、离婚，这都是阴火性的关系，强烈的“虚妄性”就是淫，淫就是一种过度的欲望。

淫，并不仅仅是指贪图美色，举凡想要穿漂亮衣服、开名车、戴珠宝、炫耀钱财等，这都是淫心作祟。贪不到的，拿不到的，便开始胡思乱想，心就静不下来了，想尽办法就是要得到，也不管是不是合乎正道，恣意妄为造下很多错事。欲望是虚妄性的，所以拥有再多都不会满足，只会被它吞噬，就像火一样，除非你看清本质，不然永远不知足，永远嫌弃拿在自己手上的这一颗苹果，而羡慕别人手上的那一颗苹果，总觉得对方的看起来比较好。想象的总是比较美好，偏偏作为人，就是看不清这一个事实，以为得到了就会满足，生命才会变好，纵使不合正道也要去做，最后都是不幸收场，也造下很多恶事，所以才说“万恶淫为首”。

要一个男人修持淫心，就如同要求女人不保养、不装扮、不爱美一样的不容易，这都是一种欲望，就是阴火性。然而要化除阴火性，要将心态放回现实的处境当中，从本分上开始做起，这就是古人强调的重点。身为一家之主，男人心中要常有“情义”，简单地说就是你的“存心”，当我们心中有情义，必定有责任，这样的存心必定良善单纯，影响着对方的心情与行为。老一辈的人常说：“一个女人的身体好不好，看男人对女人存什么心就知道了！”因为女人心里很清楚地知道你爱不爱她，你对这个家庭有没有心，即使你工作很忙，没有时间照顾这个家，但是你对家有心，太太不会跟你计较、生怨，反而还会做得很甘愿、很幸福！当男人对这个家庭没有心思，没有责任感甚至不再爱她时，太太会受到你的行为影响，心里会失落，会含藏着不满与怨恨做事，久了之后，身体必定不健康，这是身为男人要反省自己的地方，是自己的情义没有做好。

我们要检讨自己，是什么原因让女人不再做得甘愿、不再觉得幸福了？你看不见妻子为家庭所付出的一切吗？还是你认为她的付出是理所当然的呢？当我们心中没有感恩时，情义也就消失了！情义是不计得失的付出，只为了成就对方，就像做女人的为了家庭、为了孩子、牺牲了自己的青春、美貌、体力、精神，无私地奉献给这个家庭，这样的过程就是情义的展现。而当我们自身应尽的情义没做好时，夫义就消失了，这时候我们本分上所赋予的福分也就消失了，既使你在外面寻找的也不会拥有，因为那并非情义上的道，也不是你本身夫义所应有的。最后你还是会发现，真正对我们最好，还是原本那一位陪着我们一起吃苦的糟糠妻，因为她才是我们命中的福分，善待她，我们才有福享，而我们所尽的责任、情义，就是得到这份福分的代价，这会让我们心安自在。

有些男人嫌女人愚笨，以为自己很聪明、很有才华，觉得自己很倒霉，娶到这样的女人，好像一生被她拖累似的，这其实也是阴火性的想法。请你自己想想，如果你真的很聪明、很有才华，那么你为什么没有办法引导你的太太，让她变得更有智慧、更懂得为妻之道？所以你今天觉得自己有才华、很聪明，那是你自我感觉良好，并不是真的。从另一方面讲，如果你真娶到一个很漂亮、很精明、又能干、赚钱又比你多的女人时，你还觉得自己很聪明、很有才华吗？你觉得这样的太太还会对你百依百顺，整天让你使唤、责骂、耀武扬威吗？如果你真娶到这样的太太，你很有可能被看不起，要不是整天喝闷酒，就是抑郁不得志，那时你会说，是你太太压抑你、贬低你，何不说我们这种人，就是自尊心过高，其实没本事？人的内心要时刻怀着情义，感恩对方，你今天觉得高贵，要不是对方某方面不如你，如何显得出你的才华与聪明。我们如果真有能力、有本事，那就把对方领在道上，真把对方教明白，证明自己有本事、有能力，不然就谦虚一点，多疼爱对方一点。

心中要如何做到常存情义？那就要有自觉的心，想想我们今天所得到的一切是理所当然的吗？我们有感恩对方为我们所付出的一切吗？我们看得见对方默默用心做事的辛苦吗？我们今天所享用的一切，除了她，还有谁愿意这样为我们无怨无悔的着想，我们真的得之无愧，不感到丢脸吗？欲望、淫念都是脑袋中的幻想，那是虚妄的，那是永远不可能满足的，只会带给我们痛苦。然而建立在情义上的思想，是感恩后的事实（如没有真实感受到好处，如何感恩？）越是怀有情义之心，才能感恩，才能带给我们生命上的知足与轻松。我们要时常看见手上拥有的可贵，才能心怀感恩，而不是想象别人的好，外面的好，厌恶自己所拥有的一切不如人，这是丢命。有些人宁愿选择不沟通、不解决，反而羡慕他人，这是逃避现实，也只会让自己过得越来越苦。当下所拥有的，才是我们人生真实要面对的，不论是什么状况，只要抱着感恩的心，重新看待一切，你会发现她才是最懂我们的人，我们拥有了她，才是最幸福的。如果我们都没有办法珍惜，那还有谁愿意跟着我们一生？陪我们一同吃苦、不离不弃！我们千万不能做出伤害夫妻情义的事情啊！

让我再问问各位，您打从心里佩服太太的地方是什么？太太做的哪些事情让你感动万分？您衷心感恩她的原因是什么？如果您实在想不起来或是无法发现，那我们就是刻薄寡恩的人。我不禁要问，默默为我们付出一生的人，我们都可以薄情寡义、都可以抛弃？那请问，我们在外面做人做事，还会对谁有情有义？忘恩负义的人，值得信赖与托付吗？如果我们对任何人的情义，都只是建立在利益的基础上，请问这样的关系能够维持多久？再想想，一个只考虑自身利益的人，他所讲的话值得信任吗？我们还指望他会回报，还指望他会为我们设想吗？请问我这么说，你认同吗？我们愿意反省自己是否也如此呢？

内心不是真怀感恩的人，绝对找不到对方的好处，因为眼睛所看的都是缺点，是个心眼小的人，哪怕像是针孔般的心眼也是不满，这一点点的心眼就是往后争执的点，总能与人闹矛盾，最后不欢而散。其实，问题的根本是我们器量狭窄，对方根本没有做出什么不好的行为，只是我们自己看不顺眼而已。静下心来想想，我们才是真正愚昧的人，为了一点小事，闹得处处不愉快，这样争执、计较，我们真的过得比较好、比较快乐吗？如果我们能转换内心的执着，对人充满着感恩时，我们会看见，每个人的背后都有难处，当我们不再指责，取而代之的是珍惜时，我们会发现，身旁的人都尽力了。此时，你会感到幸福，因为他们在这么不容易的情况下，却是这么努力地为我们着想，并深爱着我们，我们又是何等的幸运啊！当你内心有了这样温暖时，他人也会从你身上感受到情与义，这时你的家庭与人生自然就会和谐、顺利。

接着，把自尊、虚荣的淫火放下，这会让你处处不满足，不论对方做什么，你都不会高兴。如果你总是高高在上，那不论我们从事什么工作，都很难放下身段，工作一段时间之后，就会对人充满怨气，好像别人欠我们似的，处处发牢骚，还时常爆发情绪，伤人伤己，影响自己一生的前途。再说，这样的个性，纵使让你享有了权力、地位，一样得不到他人的敬重，在家庭令人讨厌，在职场令人生惧，这有损你的德性，让人失去敬重你的心，更伤害你的自尊心，唯有做到情与义，才能改变伦常关系，才能真正地得到尊敬。

领妻不管妻、尊重对方

古人说过："男人（丈夫）骂女人（妻子）是威风，女人虽不敢还言，但是恼气已经存在心里了；况且打女人是动杀气，女人虽不敢对打，可是恨气已经存在心里。女人的恼恨之气无法解消，又不能报复到男人身上，将来必定遗传到子女身上，或是发泄到子女身上，子女无形当中受了不良之气，世世相传，贻害无穷，这不就是管女人的大害吗？"古人把事理看明白，知道一切都有循环，谆谆告诫后人，如果我们不懂得改变，只知逞一时之快，最后不还是自己遭殃吗？

身为男人，必定要注意自己有没有犯了下面三种错误：一是动禀性脾气耍威风，二是疾言厉色当大爷，三是动手打人显神气。要时刻提醒自己，反省自己，千万不能犯了却还不知改进。要觉察自己的禀性是怎么被对方给撩动起来的，自己的德性涵养还有哪里不足的地方，不能动不动就仗势欺人，言语暴力，还误以为是威严。在外头一点本事也没有，吃亏受气就找自家人出气，回到家却像个官大爷，只会在家里耍威风，出门在外连气都不敢吭一声，这根本就是只会欺负女人的窝囊废。然而，身为女人，也要了解，先生在外打拼已经很辛苦了，不知受了多少委屈与忍辱，讲话的时候也要懂得温柔、客气一点，不要动不动就刺激男人的自尊心，非要弄的水火不容，自己也没有好日子过，何必自讨苦吃呢！

各位要了解，为什么称你为丈夫？是因为有了妻子，如果失去了妻子，那就要改称鳏夫了，相反的，妻子的名是因为有了丈夫（先生），如果失去了丈夫，那就称为寡妇。既然有了称呼，称你为丈夫的名，就要尽丈夫的事，身为丈夫，自然要有丈夫的格局与态度，孟子说："富贵不能淫，贫贱不能移，威武不能屈；此之谓大丈夫。"意思是说，富贵名利不会迷惑我的心，贫贱不会使我灰心丧志，权势不会让我卑躬屈膝，这三样都不会改变我做人的良心，能够做到这样，称之为大丈夫。孟子并不是说得到了权势、名利、地位或是达官显要才称之为大丈夫，而是具备这三种格局与气度，才称之为大丈夫，才令人敬佩，才真能让太太心悦诚服的顺从。古人称"夫义妇德"，我们要做到夫义，才配享有丈夫的名、丈夫的福，也正是因为有了妻子（太太），我们才能行大丈夫的道，修养自己的德性，赢得太太的敬重。

那我们再看看何来太太之名？太太的由来是，太姜（周太王之妻）、太任（周王季之妻）、太姒（周文王之妻）合称"三太"，后世以"太太"作为已婚女性的尊称，是希望后代女性的贤德要能直追三太。古时候相夫教子全靠妇女，妇女在古时候是相当得到尊重的，是有非常崇高的地位的。而太姜、太任、太姒她们所教的孩子：王季、文王、武王、周公，都是孔子心目当中的大圣人，所以往后丈夫称自己妻子为太太，就是看待自己的妻子，就像看待周朝太姜、太任、太姒一样的敬重，也期许自己的太太能教出大圣大贤——明伦、达礼、尊师、重道的子女，光宗耀祖。可惜后人作为太太的不像太太，做点本分事情就怨声载道，而先生称呼太太，心里也没有尊重的心，以为赚钱养家活口，就好像是多么了不起的事，就可以对待太太像奴仆一样的随便，这都有失自己的德性与身份，不是身为一位丈夫所应有的态度！

《礼记·哀公》孔子曰："昔三代明王之政，必敬其妻子也，有道。"要了解，过往圣明的君主都是很尊敬自己的妻子儿女的，绝对不是那种大男人、奴役女性的心态。而至于那些男尊女卑等观念，都是后人偏颇操弄的，怎么我们好的都不学，专学那些坏的？圣贤明明没有这样讲，我们后人为了一己之私，又是怎么扭曲的呢？现代的人，男的管女的、女的依赖男的，男人打女人、女人怨男人，这分明就是自作孽，家庭又怎么能幸福呢？而人心复杂，禀性千变万化，越想争理越混乱，何不各尽其道，做好自己的本分，夫领妻成道，妻助夫成德，不闹情绪，那家道还有不兴旺的道理吗？

大多数的男人总是爱好面子，加上男权主义的关系，自然认为一家之主就是自己，无形当中产生了自大的心态，事事都要对方听从，更把发号施令当作权威的象征，太太有不同的意见，就怒言相向。别忘了，夫为妻纲，身为丈夫要做妻子的表率，我们要时刻问问自己，有没有义与度量啊！如果我们做的一些行为，太太不认同而说了几句话，我们就觉得自尊心受到触犯，当下不乐意了！那怎么不反省自己动了什么禀性？怎么一点男人的度量都没有呢？有些男性受不了批评，反过来说妻子不懂得讲话，没有女人的体贴与温柔，结果关系越来越冷淡、紧张，最后成为自己不忠的理由，这根本就是文过饰非，令人感到不耻。身为男人，都希望太太对我们温柔，给我们留面子，那当我们骂太太的时候，怎么没有想过她的内心又是多么的痛苦难受呢！我们这样恶劣的行为，怎么不说自己不懂得讲话，没有男人的包容与胸襟？反而将错误怪罪给对方，闹得双方心结越来越深，还讲得一副大道理呢？

天底下的妻子都希望自己的男人好，这是因为她们的天性当中，有着照顾他人的慈爱，这就是女人的德性。女性大多都是单纯与善良的，正因为这样的内心，才能孕育出好的下一代，女性没有太复杂的思想，她们有什么说什么，不会考虑利害关系，有时候说话比较直接，让人听了不舒服，或是问的话、做的事，让人觉得不懂人情事理，这代表她没有心机，不会搬弄是非，请问这样的行为有什么不好吗？想想这一生当中，有谁这么单纯，可以让我们的生活不用处处提防，换一个角度想，太太这样的行为，可以让我们的生活轻松，难道不是一种自在？又再想想，妻子讲的这些话，是有意攻击我们的吗？尽管讲出来的话我们不爱听，但就像母亲一样的牵肠挂肚，耳提面命，如不是真正爱我们、关心我们的人，会说这些话吗？如果我们执意扭曲太太的原意，造成双方的心结，这真的是我们想要的家庭生活吗？

家人之间需要的是信任感，夫妻关系更是如此，我们要能接受对方的原貌，允许对方展现最真实的自己，问题是，我们受得了吗？我们愿意接受别人的真实意见吗？还是将别人的意见沦为争执的话题，反而大吵一架呢？我们都是平凡人，对方出于好意，我们为什么无法静下来听呢？我时常反省自己，为什么太太讲的话，我时常听得很不舒服？为什么我讲的话，太太总是有很多意见？是我哪里做得不好，不然她怎么有这么多情绪？做丈夫的要将妻子领在道上，我自己到底又是做得如何呢？如果我自己都做不到了，我要怎么来引导太太呢？我的言行举止不好，身为太太当下劝我时，我又听不进，我该怎么跟太太相处呢？我要怎么听得进太太的意见，当下又不会生气呢？这些都是我平常想的问题，以下我以自身的例子做说明。

在我学道之后，我告诉太太，我是一个愿意改变，愿意做好的人，但是你有时讲的某些话、某些行为或是当下的态度，真让我很不舒服，甚至会让我很生气、反感，最后影响我们的相处模式，这不是我们原本的用意。我与太太协调商量之后，希望太太以后要劝谏我时先说："我有些话要劝你，你现在有这个心情听吗？"或是当她讲完意见后，再说："我讲的话没有恶意，哪些你听了不舒服，我可以解释。"当我听到这些话时，我就知道要转换立场或是调整心情了。而我感觉到被误解，心里痛苦、生气的时候，我会提醒太太，这些话语对我很敏感，或是我还受不了，请她以后不要用这样的方式讲。当然我也会反省自己，这些话语的背后刺激了我的什么禀性，我要怎么改，怎么提升自己的涵养，同时对方也越来越了解我，态度也越来越好，我们彼此之间更懂得如何相处。

我认为身为丈夫，要先有容人的器量，大家都是成年人了，只要愿意好好地沟通，没有不能解决的问题。更何况女人的天性中，有着慈悲的心肠，她心爱的就是家人，只要让太太了解我们的个性，懂得与我们相处的方法，她一定会尽力配合；只要我们懂太太的心，真心地爱她、呵护她，她一定会是个贤妻良母，一定把家庭照顾的幸福美满。古人所说的“领妻不管妻”，真是指引后人的一条明路，只要我们愿意尽好自己的夫道，做好自己的本分，一切都会变化的。因为夫妻是阴阳和合的展现，双方不能要求对方尽道，身为丈夫根本不用要求太太温柔，越是这样要求，她越不可能做到，只要我们真心做好夫义、有包容力，让她知道你永远是爱她的，那温柔自然就会展现，这不就是《黄帝内经》所说“阳生阴长，阳杀阴藏”的道理吗？所以做好夫义妇德有什么难的嘛！

听懂对方的心声

我们应该都有这样的经验，沟通一件事情时，如果双方都太执着于自己的主观意见，心里谁都不服谁时，就很难听懂对方真正要表达的心意了。其实我们从来没有真正的了解对方，我说的是——了解对方真正的内心想法。因为我们都想要对方理解我，都要对方听我讲，而不是我听对方讲，最后双方都在争理，都在武装自己，早已扭曲了原意，根本听不懂对方真正要表达的用意，何来化解心结的沟通呢？双方成见之深，用着错误的认知看待对方，讲没几句话就吵架，还怪对方很难沟通，根本就是自己用着禀性在解读对方的话，当然越听越生气。尤其是男性，明明自己理亏，碍于自尊心作祟，仗着自己声音大、力气大，欺负女人，对方无可奈何，只能忍气吞声，我们却还不知羞耻！

为什么听不懂对方的心声？因为在听对方讲话时，内心有很多自己的意见，所以从来没有真正的聆听对方说话。简单的做个比喻，我们明明很爱小孩，很想关心他，当天气冷时，我们想要关心孩子多穿点衣服，可是我们会讲出："你就是不穿衣服才会感冒，要我每次讲！"孩子听到这句话时，不会解读为你是在关心我，而会解读为你是在指责我，他会回答："你不用管那么多，我已经这么大了，难道我不会照顾自己吗？"这时双方就会开始吵架与彼此误会。夫妻之间的讲话，就像是如此，双方从来没有了解彼此的心意，就只是依着表象在解读与不经大脑的回应，当然偏离原意，越讲越不融洽！

如果我们仔细留意，会发现自己的好意其实藏着想要"管"人的想法。这"管"就是任着自己的性子，找对方的错误，其实是"拂逆对方的性子"，却要对方做到你的要求。所以往往越管越不好，因为话语当中流露着脾气，不但管不好，反而把对方的脾气激起来，造成父子、兄弟、朋友成仇，这都是不明白道的缘故！夫妻之间也是如此，比如：太太明明知道先生辛苦在外打拼，想要先生积极上进不要气馁，要鼓励先生努力。可是却会讲出类似的话："某某先生做人做事的态度，你为什么不向别人学学？"先生听到这句话时，不会觉得你在鼓励他，而会解读为你是在看不起他。所以他会回答："我做得还不够吗？你怎么总是拿别人来要求我，那你自己又做得怎么样呢？别人太太做得多好！……"在这样的对话之下，原本的用意已经失去了，接下来只会是不断的争吵与误会而已。请你仔细想想，有没有类似的情况，在生活中不断上演，这其实这都是禀性在对话，只会让双方都困在同一个地方绕不出来，也解决不了问题。

我们要化解人与人之间沟通的僵局，就必须先学习包容退让的身段。人人都想要被重视、被理解，那么我们就要学会先付出、先包容、先退让，才能与对方有效的沟通，进而了解对方原意，找出解决问题的办法。可是这样的行为，违反了我们内在想要被重视、被理解的人性，只要一有冲突，当下往往做不到心平气和地沟通，关系自然破裂，会延伸更多问题。古人为何强调"正人先正己"？就如同身为父母如不懂得克己、处理好自己的情绪、了解子女的性情，怎么进行有效的亲子教育？同样的道理，为人先生如不懂得克己、扩充自己的心量、了解太太的性情，又怎么能融洽地夫妻相处？因此，道在自身，除了正己，并没有其他方法。所以要听懂对方的心声，就先做到放低自己的身段，不把爱当作一种要求，凡事看对方的好处，养成赞美的习惯，理解对方的难处，并原谅对方的不圆满。这样必定能一心一意的聆听，理解对方的原意，这就是正己，最后彼此都受益！

将上述的例子再重新检讨一下，先静下来问问自己，对方到底要表达什么，为什么会突然这样讲？如果真的不能理解对方，我们可以询问看看，比如做儿子的可以询问父母亲，爸妈您讲这句话是想要表达什么？您真实的本意是什么？同样的道理，先生可以问一下太太，你讲这句话背后的用意是什么？这样的问法，不仅可以化除自己的揣测以及胡思乱想，更可以进一步了解对方讲话的方式、思考的方式，有助于理解对方的行为模式，化解不必要的误会，更可以看出自己哪些行为是禀性用事，避免往后犯下同样的错误。专心聆听是为了看见自己禀性的执着，而不是要求对方改变，聆听的过程可以让自己内心的杂念放下，慢慢地梳理出问题的症结点。其实沟通并不难，难在立场、想法与情绪放不下，结果混淆了原意，造成了误会。我相信亲人之间，没有多大的仇恨，只要善意地对待彼此，一定可以化解很多的误解，并重新发现事情的真相，走出偏见，创造美好的伦常关系。

承担责任的大丈夫

男人分为三种，弱夫、暴夫、丈夫。第一，弱夫也叫懦夫，撑不起一个家庭，唯唯诺诺、没有主见、说而不做，嘴巴讲得很好，做事不敢承担；遇到事情把女人推到前面，专听女人指挥，希望女人帮他做决定。这样的男人必定是烦之禀性很重，是阴水性的人。孩子在成长过程容易看不起爸爸，太太也会看不起先生，这样的男人，久了之后会意志消沉、萎靡不振，这时候要立主意、要有担当力，做任何事情要有独立完成的勇气。

第二，暴夫则是非打即骂，不讲道理，不明白自己的责任重大，只知胡作非为，以为自己所做的一切非常了不起，想的都是自己的私心，只管自己，不管别人。这样的男人，怒恨的禀性很重，一般来说，大多都是阴木、阴火性人。通常家庭也定是吵吵闹闹，孩子跟父亲离心离德，觉得父亲没有责任感，妻子也无法与丈夫同心同德，觉得丈夫只会惹是生非，最后都是离婚收场或是形同陌路。

第三，丈夫则是勇于承担家中一切的责任，以德服人，家人有过错反过来要求自己，觉得自己没有做好榜样，是一位努力做到修德以安人的大丈夫。因此对于事情非常明理，有志气，说到做到，领妻不管妻，是真正能做到男女平等，创造家庭幸福的人。

为人夫者，时刻想想自己存什么心态做事，看看自己做出来的行为是否符合丈夫道？是否符合义？再想想妻子跟着我们是享福还是受苦？这家庭现在是幸福还是混乱？还有当初承诺的幸福美满，现在还努力实践吗？再想想，工商社会的时代之下，双方都投入职场，每个人的工作压力都很重，丈夫更要有体谅的心，不应仗着男权欺负人，增加女人的心理负担。也不要总是认为家事就是太太的责任，一样都是下班，都为家庭打拼，太太一回家就要忙东忙西、料理家务，而我们只是茶来伸手，饭来张口，不觉得很不公平吗？这时候千万不要再因为一点不顺己意就耍脾气，这会让人心冷，谁还愿意为我们付出？丈夫这么无情，谁还对我们有义？而同住在一起的公婆，也要体谅现代职业妇女的辛苦，不要看到媳妇哪里做得不好就念东念西，嫌这里做得不好、嫌那里做得不好，这会让媳妇内心很痛苦，间接造成夫妻心结的开端。这时先生要会替太太讲讲话、帮帮忙，让太太有感受到亲人的温暖与关心，而不是事不关己，不把太太心情当回事，这样家人怎么会和睦？

如果身为丈夫这么没有情义，处处只为自己考虑，那太太还会为我们设想吗？久了之后感情不会破裂吗？不会心灰意冷吗？身为丈夫要时刻检讨自己、修正自己，必定能提升义的德性。如果有些情况不是如此，是太太强势、不给我们留面子，那我们更要要求自己，有担当、有责任，要做得比太太更好，让太太佩服。这时我们要学习容忍，要有宽大的心胸，因为义就是包容，就是可以为了成就他人而牺牲自己，这样的行为，太太有一天会懂的，到时候她会回过头来感恩你的德行，我们就是真正做到领妻不管妻的大丈夫！

家是合体的概念，不是个体的概念，是从一个人的世界，走向众人世界的最小单位。如果双方还停留在满足自己的感受阶段，那不是家，是小孩子过家家，只会吵吵闹闹，争论不休而已。最后我以一段古人的话来共勉："正家之道，始于夫妇，上承祭祀，下养父母。唯夫义而妇顺。乃起家而裕厚。《诗》有仳离之戒，《易》有反目之悔。"这段话的意思是告诉我们，振兴家庭之道始于夫妻关系，因为夫妻有着对上承担祭祀祖先，与对下承担奉养父母的责任。只有丈夫仁义，妻子柔顺，才能振起家风，创造富裕的生活。可见夫妻关系至关重要，这是双方必须用心经营才能拥有的美好结果，并非个人单打独斗所能完成的！希望各位用心想想，什么是家？在此也祝福所有人的家庭都是夫义妇德、安和美满，恩情永固。

四、"手足关系"中的自我觉察

通过前面的学习，相信我们对于伦常道已经有了一个大体上的认知。我们将父子、夫妇、君臣三种关系称之为"三纲"，是五伦关系中相当重要的部分。"三纲"关系即父为子纲，夫为妻纲，君为臣纲，这里包含主从及责任的规范之意，甚至有领导表率的作用。简单地说，父、夫、君是作为子、妻、臣的表率模范，当然古人赋予他们的责任规范与教育意义不同。然而兄弟姊妹之间，圣贤没有像规范夫为妻纲、父为子纲那般的规范纲领，这也就可以理解，为何古人用“礼让”来引导兄弟姊妹的相互关系。圣贤没有说一定是大让小，或是小让大，反而更重视兄弟姊妹之间的亲情关系，亦即把要求的标准放低一些，更强调提携爱幼的关心帮助，与长幼有序的尊重体谅，以此来化解兄弟姊妹不和气的情况发生。

父子、兄弟、夫妇为家庭三伦，夫妇是人伦的开始，父子是天性至亲，是第一天伦。那兄弟呢？兄弟为第二天伦，次于父子，没有父母，哪来的兄弟。所以古人说：“世间最难得者兄弟，须联同气之欢，无伤一本之谊。”同是父母所生之人，古人说：“兄弟是同气连枝，分形同气之人。”同气者，同父母之血气也；连枝者，如树枝之相连于树干也；分形者，只是形体不同而已也。所以，古人将兄弟比喻为手足，大家想想，手足分得开吗？古人又将兄弟姊妹之间的关系称之为“弟（音悌）道”，意即手足之道，是不能用分别对待的心来相处的。弟、悌虽通用，但意义不太一样。弟为无心，悌乃有心，前者用于亲兄弟相处，不能有分别心；后者用于家庭之外，四海之内皆兄弟之相处，容许有分别心。从这两者的关系我们可以了解，弟道做得好，朋友之道自然行得好，也可以说朋友关系是手足关系的延伸，深入的说明我们留在朋友关系的章节中再探讨。

再说，兄弟姊妹之间的感情本来就不存在任何分别心，你可以观察两三岁的孩子，他们刚刚还在吵架，一转眼，彼此之间马上和好。或是你看看兄弟姊妹刚刚还在意见不合，彼此之间闹得不愉快，这时候有一个外人欺负自己的手足，大家马上又团结起来，互相打抱不平，保护彼此，刚才的不愉快，早就抛到九霄之外。这就是手足之情的特殊现象，那是一种血浓于水的内在力量，不是三言两语就能论个你我对错的关系；纵使有再深的恩怨情仇，都可以瞬间在某种情感的因素下化解。因此手足关系重视相互之间的照顾与体谅，以及如何彼此支持与鼓励。

（一）为人弟妹的本位在“恭”

兄弟姊妹，就像是一个手掌当中的五根手指头，长短不依，各有所长，也各有所短。没有人会说，哪个手指头好，哪个手指头不好，也不会有人说哪个手指头有用，哪个手指头没有用，因为我们把手掌视为一个整体，相互依存，没有人会把手掌分开来看，手足之情亦是如此。圣贤告诉我们对于自己的兄弟姊妹，要把他们当作手足一样看待，要有合则全，分则缺的观念，不能用社会的功利价值观来划分，可惜我们受了社会的种种利害关系影响，产生了分别心与功利心。对于不成材、让人头痛的兄弟姊妹，心生厌恶，生怕拖累了自己，成为累赘，故而有意躲避，或是丝毫不关心，形同陌路，甚至打从心里放弃对方，这全部都是恼之禀性的作用，是受了阴金性的影响，这对我们人生往后的路相当不利。

阴金性的人，内心都在算计利害得失，生命对他而言，只有利益与功效。如果他认定对方没有实质的贡献与价值，内心就开始与对方划清界限，会慢慢地看不上对方，不再愿意主动联系，然后选择冷淡处理、割舍或放弃。这样的心态，会让我们不断感召相同的人出现，因为伦常道所缺的就是我们要尽的生命功课。我们应要体悟，生命的价值并非利益来衡量，对方存在于我们生命当中的价值，是我们还不了解，并不代表对方不好。我们应当检讨自己，一生是否被利益与功效弄得心神不宁，而让自己处处看人不顺眼、事事不合心意，活得很痛苦？

另外，如果我们对于自己的手足之情都可以这么冷淡与自私，那么我们在外面所结交的朋友与合作的事业伙伴，无形当中就会感召一群势利之徒。有一天你会发现，当你真正需要帮忙的时候，他们都会远走高飞。你对他们而言，已经没有任何实质的贡献价值了，最后他们会把你抛弃，你会感受到人情冷漠的滋味，你也会赫然发现，自己也是个唯利是图的人，你的所作所为与他们并没什么两样。这就是为何《左传》特别说道："舜臣尧，举八元，使布五教于四方，父义、母慈、兄友、弟共、子孝，内平、外成。"其中把"弟共"列为五教之一，而这个"恭"在古人的写法是"共"，是指兄弟姊妹在相处对待的关系中，不应存在分别心、功利心，而是要我们学会把兄弟姊妹视为一个共同体，懂得共享、共患难，打破处处以功利为主的自私心。才不会让自己往后的人生道路，看不清楚人心，怎么被利益熏昏了头，自己怎么迷失、怎么失败的都不知道。

伦常中的人，都有着我们要学习的生命功课，尤其是具有血缘关系的至亲，都不是简单的二分法可以处理的，不要把社会功利主义的那一套拿到家里来使用，错误的心态，只会造成伦常道的悖乱，越是违背伦常道的生命关系，越是活得混乱与痛苦。我们要慢慢地把对方视为自己生命的一体，要用着整体的观念去看待每一位家庭成员，不能有"对我有用的我才要，对我没有用的，我就舍弃"的心态，因为兄弟姊妹不是物品、不是衣物，也不是公司的员工，不能说表现的不满意，再找一个就好。那是有着我们要面对的课题，有着我们转变命运的能量。

把对方视为你的一体

我们学道的人都知道，"对方好，我才能好，对方不好，我也好不到哪去"的观念，因为伦常中的人，有着生命的债码，是需要我们去受了与自我改变的。手足之情就是一种整体观，要我们学习的不是势利，而是那一份同进退、共存亡与永不放弃对方的心态。哪怕遇到不如意，我们都要在自己的本分上想办法引导对方、辅助对方甚至是等待对方、原谅对方。就像是我们的左腿受伤了，我们要想办法治疗、复健，然后懂得重新生活，而不是放弃左腿，去羡慕别人的好，然后自怨自艾，怨天尤人。兄弟姊妹的关系，也是如此，每个家庭当中，都会有让人不安心的成员，而我们在心态上不是要将他排除、隔离，或是否定他，进而不承认他在家庭当中的位置，这样的心态，对于事情没有任何一点帮助，只会增加更多混乱的问题而已。这是因为我们的心态并没有因为对方的出现而更加进步与成熟，反而是更自私自利，这是违反生命的法则，也不是悌道的法则，越不懂得“共”心，这条路会越走越辛苦。

也许我们嘴巴讲得头头是道，我们对待手足有多好，但如果我们的内心没有真正把对方视为一体，那兄弟姊妹的关系，就不会有改变，家庭当中，让你头痛的问题成员也不会变化。如果我们遇到困难，总是想办法抛弃不好的，然后期待遇到优秀的、美好的、顺利的，那么我们的生命道路会越走越坎坷，因为我们该学会的生命功课并没有完成，那些好的、优秀的、顺利的没有办法进入我们的生命，这是因为我们还没有培养出，能够承接美好事物的德性，我们当然无福消受，纵使出现了，我们也留不住，也不懂得感恩与珍惜。这时如还不懂得自我反省与检讨，却一心一意想追求外在的美好，生命会越是痛苦与残破不堪，因为道的循环会还原一切的真相，让你不得不去面对生命的课题。

我们可以看古人如何说，《诗经》曰：“常棣[1]之华，鄂不韡韡。凡今之人，莫如兄弟。”这意思是指常棣这花开得这么漂亮，是花与萼两者相互依存才能有这盛开的样貌，如果说哥哥是花，那弟弟就是花萼，花没有下面可以托起的萼，这花支撑不了多久，如果只有萼，而没有上面的花朵，也不会有人想看。所以啊，一个人再好，也比不上兄弟一起的美好。我们可以了解，诗经的比喻，是指弟以敬事兄，兄以荣覆弟，恩义之显亦韡韡然。你看在三千年前，圣贤就用花萼教导后人，要把手足之情看成一体，没有谁高谁低，而是缺谁都无法展现那光明兴盛的样貌。

[1] 常落叶灌木；相传是周公宴兄弟的乐歌。常，棠之假借；棣为弟音，比喻兄弟。

我们可以想想从小到大的生活，如果我们是让父母所疼爱的孩子，并不是因为我们真的表现得比较好，那是因为在兄弟姊妹当中，他们表现得不如你优秀，所以你才得到父母的关注与喜爱。如果有人表现得比你更好，或是你争输了其他兄弟姊妹，那你现在的家庭地位与说话的分量会截然不同。而你所得到父母的喜爱，其实是不公平的，是因为你兄弟姊妹的个性与表现，正好不符合父母的喜爱，所以你是误会下的优秀，如果换了不同的父母，他们正好不喜欢你这样的性格，你就是受到冷落与不被关注的人，那你又有什么好自得意满的呢！我们现在长大了，我们应该看见事情背后的一切，应该看见一体之下，是谁的牺牲与被忽略，才换来你的得意与被宠爱。这时候你再反过来想想自己所拥有的一切，你就不会那么的自以为是了，对方也不是你想象中的那么差劲了。

从另一方面来看，即使从小受到冷落与打击，也不需要自我否定，或是自甘堕落。因为人生的路上，并不会因为别人给你的鼓励与支持，就能够让你走过瓶颈与困难，也不会因为冷落与打击，你就活不出自己的光彩。生命的过程，本来就不是为了讨好别人，或是为了赢得对方的喜爱而失去了原本的自己。应是面对自己的内心，发挥自己的所长，肯定自己的价值，清楚自己的生命定位，活出真正的自己，走出自己人生的路。过去所发生的事情，可以帮助我们更正向地理解人心，就像在工作岗位上，我们可以理解领导人也有自己的喜好偏见，我们不受重用，并不代表我们没有价值。此外，我们也要学会自我肯定与欣赏他人的成就，当我们能够发自内心地自我肯定与赞赏他人，这会让我们与有荣焉，也会让我们的内在充满积极向上的能量。人生本就是如此，最终都要懂得自己肯定，与放下成见、对立，我们只需要做好本分上的事情，接下来就是打开心胸，接受生命的安排，这样我们反而可以活得轻松自在。

然而，如果有人处处认为是靠自己有本事，是靠自己努力打拼得来的一切，或是认为自己的成就跟别人没有关系，那么最后没有人愿意跟我们一起走，人生之路也会活得非常辛苦。越想要自己好的人，会越是孤单，越是不好。因为好是从不好里来，我们生命出现这些不好的因缘关系，就是要让我们变好的，我们没有感谢对方，体悟生命的安排，反而怪罪对方让我们不幸，这才是我们真正苦命的原因。把自己的心胸打开，看看对方所要带给我们生命成长的是什么？因为对方的出现，让我们学会了什么？让我们的内心体会了什么？每一件事情的发生，都有两面可以去解读，去看见自己内心的那一份爱、那一份感恩、那一份坚强与责任、那一份宽恕与包容。当你发现后，你会看见自己的生命正在发生翻天覆地的变化。

尊重的心

兄弟姊妹之间是属于平辈关系，很容易在不知不觉当中逾越了本位，心态产生偏差。我们可以反省自己，如是身为弟妹，是否无形当中失去了尊重的心，不服兄姊，甚至还会想要管教兄姊、看不上兄姊；而身为兄姊，是否无形当中也失去了尊重的心，在弟妹面前，展现出父母的权威，提出不当的要求与管教，依着自己的偏见对待弟妹。其实会有这样的心态，都是很正常的，因为我们都希望对方好，只是我们没有学习圣贤的智慧，造成做法上有很多副作用，成效不佳。古人说过："夫兄者当友，弟者当恭，相劝相惩，无伤手足之谊。"可以想见手足相劝相惩，重点在于不能伤害亲情。

如何能不伤害亲情，却又能相劝相惩呢？重点在于尊重对方的心。其实是我们不了解何谓尊重？我们都只想管人，只想要别人依照我们的意思去做，不考虑对方的种种难处、能力等其他条件，这都不是尊重。这是一种逼迫、强势、威胁，对方会认为，你只为了你个人的好处考虑，你不是真心地为他着想，长久相处下来，没有人会愿意，最后势必离你远去。这样的行为是恨之禀性所造成的，阴火性的人，看起来很好心，其实背后是想管人的心，当管不了人时，就会有一种恨铁不成钢的气愤心理，最后伤了彼此的感情，自己灰心丧志，对方也痛苦万分。

何谓尊重？尊重就是一种完全接纳与理解对方的言语、行为、态度后，所产生的一种平静心态。双方能够平等地相处，和平愉快地进行生活，并允许双方差异下的交流讨论，而非论个你对我错、我高你低，或是谁要遵从谁、谁要听谁的那种高低不平等的态势。因为我们的内心并没有反感对方，否定对方或是贬低对方，我们自然能够站在对方的立场上，思考他的需要，引导他的盲点，讲出客观公正、又让人听了舒服的话，对方会打从内心感受到，我们所提供的建议，对当事人非常有益，而我们又没有展现强迫与指责对方一定要如此做的态度，自然能做到相劝相慫，且不伤害情谊的做法。如果我们能让自己在每次的交流中，给对方时间，尊重对方的想法、行为，并把进步与改变的步调，交由他自己决定，不论对方的表现为何，从头到尾都没有干预、着急、控制，只是不断地引导与耐心的鼓励陪伴，这时道的力量自然会让双方往更好的方向前进，效果自然发挥。

可惜现代工商社会，凡事讲效率、讲成果，一切以目标为导向，导致人情疏离，不重视对方的感受与为难之处，更不懂得何谓尊重。人人重视成效，不考虑当事者的立场与心情，凡是硬干，为达目的不择手段,伤害了情感,最后事情也不见得办得多好,路走得也不会长久。这就是现代人的通病，利欲熏心、短视近利，最后害人害己，什么好处也得不到,可是我们还是不懂得反省自己,不愿意改变自己的做法,宁愿让自己一辈子都在找生意、找机会、找伙伴，疲于奔命，却从来没有想过，我们一开始的心态就已经错误了，那后面的路怎么会有好的结果呢！

在社会中，人与人关系上的运作，掺杂着权力、地位、名望、财富与政治等的角力竞赛，可以说是非常复杂与残酷的，心机斗争所得到的功成名就，一点也见不得人，根本没有什么好炫耀与值得后人学习的。如果我们把社会的这一套拿到家里来用，那这样的家庭关系会很黑暗，彼此之间的相处会很冷漠、很压抑。越是执意强迫，使用手段，越是让人厌恶至极，最后整个家庭必定是分崩离析，官司斗争缠身。各位可以静下来想想，假如你有兄弟姊妹同在一个企业工作的经历，纵使你是总经理，你的弟弟，会把你当作总经理一样看待吗？答案是不会的，上班时也许会当作总经理来看，但他心里永远会认为："你是我的哥哥，请不要在我面前摆出社会的那一套。"这是就为什么社会关系的那一套，永远不能取代家庭关系的重要原因。也正因为如此，我们不得不面对自己，改变自己的问题，这才有转变的可能。

在家庭关系中，只论亲情与德性，这与你有多大的成就，多大的财富都没有关系，家人也不会理会你社会的那一套。纵使你拥有再多的名利地位，一样改变不了家庭之间的关系与亲人对你的看法，除非你尽到伦常当中应有的本分与责任，如果没有，反而会更令人讨厌。此外，你的社会成就越高，你所受到的要求与衡量标准还会越高，这是一个具有名利地位的人，所应具备的高度与器量。因为大家想看你怎么做，想看你怎么领导大家，而不是想看你怎么发号施令，怎么自我吹捧，怎么嚣张得不可一世，却做不出让家人佩服的德性与感到光荣的行议，那只会让人感到失望与叹息。如果我们没有办法认清这一个事实，却一心想要用着社会的那一套来经营家庭，那最后痛苦的会是我们自己，我们所得到的功成名就，一点意义都没有，我们的人生也不会感到快乐，反而会觉得空虚，因为生命的根在伦常道上，不在名利地位的权力上。

手足之间的亲情，就是让我们培养相互尊重却不失去对待彼此的责任心。这心态拿捏得宜，对我们在外面的做人处事有帮助，会让我们在工作事业上收到良好的成效。越是尊重，越能体会彼此之间的重要性，双方越是珍惜与支持，生命上的质量与感受会完全不同；你会重新看待彼此之间的事情，解读的意义也会完全不同。我认为手足关系与夫妻关系的相处上，是最需要具备尊重心与平等心修炼的，也最是考验我们真实能耐的地方。越是平辈，越是年纪接近，就越是考验我们的心胸与气度，而也唯有透过这样的关系，才能真正地改变我们想要一蹴而就的躁动心态，与怕麻烦的逃避心态，让我们真正面对自己的禀性，而不是用权利、权术来快速达成我们想要的目的。

圆情化事

我们学道之后，越来越了解万事万物都有它的理路可循，会看见道的运作法则与不可逆反的力量，我们越不了解，越不遵守，只不过是自讨苦吃而已，这是我们自己的问题，不是道的理路有问题。在我们生命的伦常当中，每一种角色也不例外，不同的角色有不同的理路要行，只要我们依循着圣贤给我们的方向，其实我们可以走得很轻松，可惜我们没有适当地学习，又自以为是，没料到越走越糟，才把自己搞得狼狈不堪，后悔莫及。其实这些智慧，圣贤早就写下来给我们，只不过我们看不上自己的文化，认为是糟粕，过时了，心想：三千年前的东西，这个时代怎么还可能用得上！殊不知，做人的智慧与心性的修炼有很大的关系，却跟时代没有太大的关联性。

伦常道就像是一个迷魂阵，如果没有圣贤给我们指引一个方向，我们根本出不了阵。面对剪不断理还乱的伦常关系，我们根本不知道正确的心态要摆在哪里，也不知道从哪里下手解决，越妄做越是问题，怎么做都不圆满，等到理出个头绪来之后，早已是满目疮痍，伤痕累累了，何况人生无法重来，只能将这些宝贵经验留给下一代。这些都是付出惨痛代价后的智慧结晶，怎么我们还不懂得学习，却还要自己摸索走一遭，这难道不是自找麻烦吗？那么，在手足关系的伦常道中，弟妹心态上的定位为何？古人告诉我们一个非常重要的学习功课，就是“圆情”。凡是身为家庭中或是家族中的弟弟、妹妹、女儿、儿子、孙子、孙女甚至是媳妇、小姑、妯娌等晚辈、小辈，都是定位在圆情这一个本分上。

何谓圆情？就是“心里要存全家人的好处，遇事说好话，化解事端。”我们心里可能会纳闷，为什么小辈、晚辈就要圆情？因为人很容易产生嫉妒心与不平衡的心态，从小到大，如果是哥哥、姊姊拿得比较多，我们很容易心理不平，会想要逮到机会，在后面说闲话，增加纷争，借以打击对方，得到宠爱与关注。如果家庭中的小辈都是这样的情况，手足亲人之间，便无法彼此亲近与信任，很容易产生嫌隙，内心有着隔阂与防范，怀着心机相处，处处挑拨离间，家庭关系就会破碎，败家也只是迟早的事而已。古人要我们学习圆情，其实就是在培养我们义之天性，就是在扩充自己的心胸与化解嫉妒心，让家庭中的成员，每一个人都能安心的做事，自然家和万事兴。

想想古人为何教育兄弟姊妹之间要懂得礼让，就是要把我们内在自私小我的心转换为顾全大局的宏观精神。从小就要学习体会情义的大我精神，才能懂得生命所得到的一切，都不是单靠一个人的努力所能完成的，我们不能太自私自利，凡事只想自己。更何况人生本来就不可能处处公平，父母对待孩子，更不可能样样都如我们所愿，在资源有限的情况下，本来就可能产生差别对待，这时候学习礼让与相互照顾，就能够化解很多物质条件下的不圆满，更懂得珍惜与感恩。圆情能让家人之间彼此体谅，了解对方的苦衷，面对人事的不圆满，心态会更成熟；长大后会更明白，事事不可能尽如人意，以及要有所收获就必须付出相对应的代价。因此对于事情能够顺利地完成，能够有今天的成就，会归功于大家的努力，自己没有什么好骄傲的，内心反而会升起一股感恩心、谦卑心，知道一切得来不易，更懂得自身的责任感与使命，也不敢轻易地辜负大众的心，就因为这样的心态，当成功来临时，才能够长久。

现今社会，大多数人自以为是，认为一切都是理所当然，甚至过河拆桥，忘恩负义，稍微得到点赏识、赚点钱，就自以为有本事了。这样的人，事业、团队都不会长久，很有可能一个变化，就穷困潦倒了。《易经》有云：“天道亏盈而益谦，地道变盈而流谦，鬼神害盈而福谦，人道恶盈而好谦。”我们不难明白，越是自负，越是不懂得感恩与谦卑的人，虽然目前得到一些好，但都不可能长久。老子《道德经》记载：“天之道，损有余而补不足。”可以想见，道的运作与人心禀性逆反，是依照着天理良心来做循环。《易经》与老子的思想，都在提醒着后代，放下心中的自满，打开自己的气量，让自己懂得做一个受人爱戴，留名后世的人，而不是人见人厌，让人怨声载道的人。

放下争夺财产的心

《弟子规》提到：“兄弟睦，孝在中。”《百孝经》云：“兄弟和睦即为孝，忍让二字把孝全。”可见悌道与孝道息息相关，父母平日不仅心心念念孩子是否平安，出门在外是否懂得照顾好自己，更在意孩子之间是否懂得彼此和睦帮忙，相亲相爱。所有的孩子都是父母的心头肉，每个孩子的个性都不同，当然就会有父母亲最放心不下的孩子，因此兄弟姊妹之间能否齐心，父母亲最为关心，所以才会说兄弟睦，孝在中，这样无形当中，安了多少父母的担心呢！

如果我们懂得父母亲的心意，懂得父母亲的担忧，我们就越能体会手足之情的相处之道是忍让。如果不懂得忍让，只知一味地争贪，通常会越争越小，越争越疏离，因为争来争去都是自家人，最后伤害的都是自己人。假如我们真有本事的话，就去外面闯，去外面争，不要只会欺负自己人。争赢自家人没有什么好得意的，也没有什么好光荣的，反而更让人看不起，更让人觉得你不孝，甚至有机可乘地利用你。我们看看《幼学琼林》中的一段记载：“推田相让，知延寿之化行；洒泪息争，感苏琼之言厚。”这是在讲述古人为政如何感化人民，教导人民悌道的重要。其中推田相让，知延寿之化行，是指西汉韩延寿，

《汉书·韩延寿传》中记载：韩延寿有次去高陵县巡视，见有兄弟争讼田产，他自责是自己教化不够，闭门思过，讼者被他感动，推田相让，和好如故。我们从这段故事可以看见，兄弟之间的争斗，并不是用法律对错来评判的，因为这一判，情就薄了，这一判，对立就产生了，往后的路就难走了。

我们再看“洒泪息争,感苏琼之言厚”这故事。《北齐书·循吏传》记载:苏琼为南清河太守,有兄弟争田,他召来二人洒泪相劝,说:“天下最难得的是兄弟，而田地易求；假如得田地而失兄弟情谊，田有何用？”兄弟二人因而言归于好，同心持家，家道因此兴盛。如果因为争夺利益，而失去了家族与亲人的天伦之情，那样所得到的利益，无益于生命，更无法长保富贵。很多时候，手足之亲的争夺都是一时的情绪激动，被利益与谗言冲昏了头，当事后冷静下来时，通常都是后悔莫及，最后造成不能挽回的伤害。而既得利益的一方，并没有因为得到而更好，反而为自己的人生带来了不顺，通常不到几年的光景，又全部一无所有，这样的例子，比比皆是。因这争斗得来的钱财不符合正道，《大学》记载：“货悖而入者，亦悖而出。”这本不属于你所拥有，当然怎么来就怎么去。

也许我们会说：“从小到大，好处都被兄长给拿去了，难道我就不能为自己的权利做点争取吗？这样难道就公平吗？”我们可以合理地去争取，但不需要心生不平衡，或是不达目的，誓不罢休地你死我亡心态。这样的结果，不是父母想看到的，也不是父母留给子孙的用意。父母希望的是在他们这一代人的努力之下，让后代子孙更有发展机会，不是成为子孙之间恶斗的纷争。手足之间也应该想想，能力好的人就少拿一点，需要的人就多分一点，更何况人生本来就是要靠自己打拼，不然我们拿什么来教育后代子孙要自我奋斗与打拼？为了这点钱财，耽误了自己一生，甚至养成了坐吃山空、好吃懒做的性格，那又有何意义？

古人了解“福禄皆由孝字得”，因此教导后人忍让化解对立，先舍己才能利己，透过忍让舍己的过程，打开自我狭隘的心胸，体会到吃亏即是占便宜的含义后，才能创造一番新气象、新生命与开阔的格局，所谓和气生财就是此意。如果我们内心都不能和气，对人的义气都不足了，又如何能生财有道？现代人不顾一切地你争我夺，却不知道生财之道在于化除内在的嫉妒心与怕吃亏的心，结果越用心机越是险诈，越是器量狭小，越算越小，最后什么也都得不到，人财两空。利益来自于利人的心，服务与商业都是来自于此，如果没有服务大众的心，只考虑自身利益，财富运作的法则不会长久，再多的策略方法与营销术，都无济于事，因为道的法则是“不自生，故能长生，无私，故能成其私”。我们应好好体会体会圣贤的思想，为自己的人生开创出新的契机，而非汲汲营营于小利之上，输了面子，也伤了里子。

（二）为人兄姊的本位在“友”

做人晚辈、小辈，很容易与长上争夺，因为人都想要被看见、被赏识、被疼爱，因此在成长的过程当中，自然发展出意见想法比较多、做人比较懂得变通的性格，用这样的方法来讨父母的欢心与肯定。同样，身为他人的长上、兄姊，虽然很多焦点、关注、疼爱都在他们身上，但是他们所发展出来的性格就比较沉默少言、相对比较有责任感、内心情感比较压抑、拘谨、任劳任怨，因为从小就被教育要照顾弟妹、要牺牲自己、要做弟妹的榜样，表面上看似得到较多的赏识，私底下有不为人知的压力，会有想要逃避、什么都不想管甚至还羡慕弟妹无忧无虑的心态。

只是人在不同的位置，就会有相对于该位置的责任与义务，享有好处的一面，自然也会有付出辛苦代价的一面，这才是真实的人生状态，不可能好处自己全拿，责任义务都不承担，这样的行为不会有好结果，也不会有人配合你。可惜人不会这样想，都是以自我为中心来运作，都希望别人来体谅我们，帮助我们，配合我们，让我们日子好过一点，因此对于不合我意、不受我们管教、控制，或是时刻需要我们照顾教导的人，会把他视为生命的麻烦、负担，或是一件辛苦的事来看待，如果日子久了仍是无法改变，便会把自己的辛苦与不顺，怪罪于对方，认为是他拖累了我们，造成我们生命不幸的主因。

"悌道"是时刻学习转换立场的成长过程，也是一个能够不断看见自己并了解对方需要，进而圆满双方的自我成熟过程。现代的人太过于执着自我利益，因而忽略了对方的难处与需要，造成双方不断的冲突与争夺，最后把人生的路走窄了。其实，只要我们能够帮助对方化解难处与满足需求，就能够找出一条有益于双方的路，但前提是我们必须先放下内心的执着、计较与对立，才能找到一条双赢互惠的道路。孔子说过："事兄悌，故顺可移于长。"《大学》也指出："弟者，所以事长也。"以前我不明白悌道与事长有什么关系，直到我慢慢落实悌道之后，才体会到圣贤的智慧。这两者的关联在于，能在悌道上落实互助体谅，并达成圆满互惠的人，自然能与外在的朋友、同事、长者、领导等相处融洽，创造共存共荣的未来。

学习伦常道不仅可以改善自己与家人的相处关系，更有助于发展职场与事业伙伴上的人际关系，因为做人的道理是相通的，所谓一理通，百理彻，这正是《大学》为我们指明："修身、齐家、治国、平天下"等修持步骤的道理，不仅可以作为个人的修养工夫，更有着内圣外王的王道途径。

友爱关心

为人兄长，首先要有视弟妹如己的心，这是古人指引我们一条行道的明灯，足以化解兄弟姊妹之间的任何难题。我们先从"友"字的象形图来做了解（图 9），如图所示，是两只手的意思。我们再从《说文解字》来看："从两手相交，善兄弟曰友，亦取两人而如左右手也。"从造字的意思上来讲，古人把兄弟关系视为自己的左右手。请各位想想，我们是如何看待左右手的？请问左右手会有自私自利的分别心，或是相互嫌弃、邀功的心吗？

图 9

今天我们出去买东西，左手提着一大堆的东西，重达 20 公斤，右手空着，请问我们会怎么做？想都不用想，马上接过一半的东西，让左右平均分摊一下，两手之间的动作自然，问都不用问，默契十足，对吧！请问当右手空着的时候，左手会责骂右手没用，都不懂得帮忙吗？右手会让左手辛苦，然后见死不救，还在幸灾乐祸吗？我想，这样的情况都不会发生，因为都是自己的手，左右手不可能有分别对立的心。那请问：我们视自己的兄弟姊妹如同左右手般吗？我们是用怎么样的心态在对待自己的兄弟姊妹呢？

身为兄长的我们，只问自己有没有友爱弟妹，视弟妹如同视己的心，而不是向弟妹要道，要弟妹配合我们的做法，一味地管教，如不满意，仗势欺人，恶言相向，这样的做法只会加深彼此的嫌隙，让手足之间的关系疏远。身为兄长，要有同喜同乐以及功成不必在我的无私心胸，弟妹成长过程中所得到的成就，就如同自己所拥有的一样，感到自豪与快乐；看见弟妹身上的优点、长处与兴趣，就如同己所拥有的一样，打从内心感到喜爱、赞赏，并不断地支持鼓励，期望未来能有亮眼成绩。在这样的关系下长大，纵使有矛盾冲突，也能包容化解，往后兄长如有难处苦衷，弟妹也一定能体谅善解。用这样的心来对待彼此，手足之间没有不同心协力的，没有不打从心里敬爱兄长的，就怕我们没有把弟妹视为自己的左右手，才会渐行渐远。

我们看看魏晋南北朝时，文学家颜之推如何描述兄弟情谊的深厚关系。《颜氏家训》中记载："兄弟者，分形连气之人也，方其幼也，食则同案，衣则传服，学则连业，游则共方，虽有悖乱之人，不能不相爱也。"这意思是说，兄弟是形体虽分而气质相连的人。当他们幼小的时候，吃饭同桌，衣服递穿，学习用同一册课本，游玩去同一处地方，即使有荒谬爱捣乱的兄弟，也不可能不相友爱。从古人的描述当中，我们要试着理解，兄弟姊妹的情谊是在何处建立的？是在患难与共、互相牺牲与彼此照顾的岁月中所培养出来的，那是一种风吹不进，雨打不透的信任关系，当然不是三言两语可以拆散彼此的，也是朋友所比不上的关系。

《诗经·小雅》《常棣》之诗写道："兄弟急难，每有良朋，况也永叹，烝也无戎。"短短的一句话，却道出了生命的亲疏关系。我们可以回想，平日跟我们称兄道弟，朝夕相处的朋友，当我们生命真正遇到困难与身体病痛需要照顾的时候，再好的朋友也只能关心感叹、爱莫能助，而真正留在身旁，愿意照顾你的人，到头来还是自己的亲人，朋友最多是探望你，一点忙也帮不上。这就是家人手足，无法为外人取代的地方，我们是不是应该重新审视自己对待亲人手足的心态？我们会发现，是自己很多错误的心态，才造成今天的问题，如果我们依着圣贤引导的方向去走，回归自己在伦常道上的定位，做好自己的本分，想办法改变自己的禀性，纵使有不圆满的地方，我们都能循序渐进地处理，那么生命的状态早就不一样了，哪有什么兄弟阋墙、姊妹不合、对簿公堂的事情发生。

随着我们不断地长大，各自成家立业之后，手足之间的情谊是否就慢慢淡薄了？是否就只为自己的小家考虑了？请问我们的心胸是越来越小，还是越来越大？《颜氏家训》写到："及其壮也，各妻其妻，各子其子，虽有笃厚之人，不能不少衰也。惟友悌深至，不为旁人之所移者，免夫！”意思是说，各自成家立业之后，即使兄弟姊妹都是诚实厚道的人，感情上也不可能不减弱，除非有十分敬爱兄长和仁爱兄弟的人，才能免于这样的情况发生，从这里就可以理解，为何古人以“兄友弟恭”引导后人的原因了。此外，手足之间发生冲突，是没办法论个公平对错的，因为不论判谁错，都会伤害了另一方的情感，唯有以义来包容感化，才能化解对立，不然只会伤了全体，就像我们的身体，不论失去哪一只手，都不会方便，都不再是完整的。说白了，悌这条道，隐含着义路的实践，唯有友爱、恭敬、包容、牺牲才能化解困难，圆满伦常关系。

让自己的心胸宽大

有义的人，自然能够心胸宽大，因为他的内在有着一股“无我”的精神，不计较自己的利益，却能成就更大利益的生命智慧。为何义能让人心胸宽大呢？因为有义的人，善于取人的长处，看的都是他人的好处，自然能生出义气，而这样的性格，恰恰是为人兄长需要的地方。在《大学》中有一段话：“其心休休焉，其如有容焉，人之有技，若己有之，人之彦圣，其心好之，不啻若自其口出，寔能容之，以能保我子孙黎民，尚亦有利哉。”意思是说，心胸广阔，充满美善喜乐。看到别人各有专长，就好像自己拥有一样，让人得以充分发挥。看到才德兼备的贤明高士，衷心喜爱，加以推崇。不只是嘴巴说说而已，并且真心诚意地包容接纳。请这种人来保护我们的子孙百姓，更加有利。

同样的道理，如果我们能有这样胸襟的人来作为我们的兄长，那手足之间必定互相照顾，家庭气氛自然和乐融融、团结一致。可是，很多人常问我：“那是懂事的弟妹，我们才宽大包容，如果对方明明就很差劲，难道错了也不能说、不能批评吗？心胸宽大难道不是放纵吗？”这话问的有道理，在《论语》的记载当中，有一次弟子子路请教孔子有关为士之道，在当时，士是指有道德的读书人，不仅能修身，还懂得处世之道的君子。孔子在引导为士之道的最后，话锋一转，提到了兄弟相处的方法，孔子是这么说的：“切切偲偲，怡怡如也，可谓士矣。朋友切切偲偲，兄弟怡怡。”意思是说，能相互切责，又能和顺接受，可说是士了。朋友相处是道义之交，彼此互相劝善，可以严格要求，但是在兄弟之间纵使要求，也只能和悦相处。从中不难看出，兄弟怡怡，就是指着彼此之间讲话要留着余地，不能过分期望对方好，反而伤害了情感。可见兄弟相处，以情义为重，不是不能批评，是要有所顾虑，而我们对兄弟姊妹的存心为何？这只有我们自己心知肚明，看结果就知道了。

讽刺的是，我们对朋友尽心尽力，讲话的时候处处考虑对方的心情与承受程度，委婉和悦生怕伤害了友谊，但对于自己的弟妹，却是严厉地责备，不顾情面的要求，完全不考虑对方的心情感受，如此颠倒伦常道的做法，只会让自己的生命关系走向混乱的局面。现代人，把朋友看得比自身的兄弟姊妹还重要，摆错了生命重点，对待自己的兄弟姊妹都无法真心了，那朋友之交也只不过是臭味相投、见钱眼开的势利之徒而已。我们对于自己生命的功课不想办法圆满，却一心追求外在的朋友，找寻发财之路，这与道相悖，我们会发现，不论怎么做都不会顺遂的。因为道的法则是由近而远，由亲而疏的推展运作，能量是由内在累积足够之后，才开始向外影响的，不然感招来的因缘，也好不到哪里去！

伦常关系当中，因为血缘因素，所形成的绝对关系，那就是父子与兄弟，而夫妻关系是因为孩子的出生，才成为了一种绝对关系，这是后天形成的，并非先天所具有的，因此夫妻关系所要学习的困难度，比父子与兄弟更有难度。而在绝对关系的相处方式当中，圣贤引导我们的，除了体谅、包容、宽恕、善解对待，并不做出伤害对方的事外，就是要付出更多的关怀、爱心、耐心，并培养自身的德性，才得以维护家人的幸福与和谐。因此我们不要总在心里埋怨：为什么身为兄长就要心胸宽大？就要照顾弟妹？就要牺牲自己？怎么这么不公平等等。这就是伦常道，没有为什么，请把自己的禀性私心收起来，不要再为自己的行为找合理的借口，讲的一副冠冕堂皇的样子。弟妹没有改变，怎么我们不说是自己没有耐心？没有包容心？没有影响力？不懂得正确的方法？是自己的智慧不够，德性不足？认清自己的道，尽好自己的道，越是尽道，生命越好，才越能享福。

承担责任以身作则

身为兄长，在家庭当中的定位就是承担，要能立，欢喜劳作，以身作则，家里的弟妹老小有不会做的事情，不能怪他们懒，也不能怪他们没有上进心或是怪他们都不懂得体谅兄长，心生怨言。反而还要态度温和，和悦地教导他们做事（兄弟怡怡），如果他们不愿意遵从，或是有所抱怨，那我们要能自我承担，并且想办法独立完成，这样的心态就是能立能做、仁民爱物，是属于仁之天性的展现，就是阳木性人的特质。其实越是承担与负责，对我们并没有什么坏处，因为自我的能力会越来越好，处理与应对事物的身段也会越来越有智慧，人并不会因为多做事而导致失败受骗，是心怀怨气，觉得自己吃亏，越做越不甘心才会不长进。

人越是磨炼越是灵光，除非我们把心思都用在抱怨、赌气、计较、拖延摆烂上，不然一定会越来越懂得说话、态度、身段、应对进退等处世哲学，也一定可以遇到比他人更好的机会，命运就此不同。上天是公平的，道是阴阳和合而成的，是一体两面同时存在的现象，不可能只有坏处而没有好处，同样的道理，我们也不可能光想要好处，却不付出任何代价。生命没有不劳而获的事存在，虽有侥幸但不可能长久，如果侥幸只是把福报提前享用，用完之后，该吃苦受罪的地方，一样少不了，那这样的侥幸不要也罢。身为兄长，我们顶着长子、长女的光环与家族的期待，来到了人世间，得到了众人的疼爱与呵护，这样的殊荣，不是其他弟妹能够享受到的，那请我们想想，我们所要付出的代价是什么？

学道之后，我们内心要时刻省问自己，我们想要得到的一切，应要付出什么相对应的代价？或是往后我们想要争取某项利益的时候，我们就要想想，这利益背后所必须付出的代价是什么？如果我们时刻都有这样的心态，那我们的生命就不会迷惘，就不会怨天尤人，取而代之的是自立自强、责任承担的个性，这就是身为兄长与弟妹不同的地方，也是大人与小孩不同的地方。在伦常道中，不论你身为什么样的角色，都会享有该角色所带来的好处，比说你身为人子，在出生之后，就享有父母对你的关心、照顾与物质上的支持，姑且不论这样的照顾是不是大富大贵，尽如你意，至少让你衣食无虞，不用挨饿受冻，这样的时间可能长达 20 年，甚至更久，这就是我们享有的基本福报，那请问我们应尽的本分是什么？孝心！对吧！

同样的道理，身为兄长，从出生开始，我们得到最多的关爱、最多的鼓励，或是在有限的资源下，牺牲了弟妹的机会，就为了让我们考上大学，让我们出人头地，免于辛苦的过日子。在父母的心中，我们与其他弟妹的分量就是不同，甚至往后留的财产也不同，请问，我们拿到最多的好处，这样公平吗？那我们相对应的本分是什么？就是责任与承担！还要有着照顾回馈的心，对吧！不同的生命角色，有我们所需要学习的功课，其实人生并不复杂，只要把心态摆正，人生的路就好走。反之，身为弟妹，如果得到较多的机会与疼爱，请问相对应的本分是什么？一样是责任与承担，还要有着恭敬与感恩的心，千万不要认为是自己有本事，如果没有他人的牺牲、帮忙与赏识，我们怎能有今天？

在五伦关系当中，手足之情的修炼是非常特殊的，就像是天秤的两端，不容易公平，只能双方各退一步，以全局为考虑，谨慎处理。

这并不是说能者只能多劳，而弱者就永远不求上进，然后把能者拖累的意思，而是指在生命的现状上，能者引导弱者，托起愚者，不选择逃避，勇敢面对。既然生命出现了这样的伦常关系，就有着我们需要学习的生命功课，只能在每一个生命的角色上，透过尽道的方式，圆满生命，唯有当我们的内心真正的变化时，也就是伦常债码了尽的时候，这时因缘才会变化，生命的现象才会完全不一样。我们尽管依道而行，其他的就交给上天安排，因为上天绝对不会亏待依照天理而行的人，我们对道要有信心。

五、“朋友关系”中的自我觉察

《易经·序卦》中有这样的记载：“有天地，然后有万物；有万物，然后有男女；有男女，然后有夫妇；有夫妇，然后有父子；有父子，然后有君臣；有君臣，然后有上下；有上下，然后礼义有所措。”因此，五伦关系的形成是有先后次序的，五伦之始，第一人伦，就是夫妇。有了夫妇，才有了父子的天伦之乐。孩子一多，就有了兄弟姊妹等长幼之分，这是手足天伦。等孩子长大，相继进入社会工作之后，就有了上司与部属的上下之分，这就属于君臣人伦。慢慢地在社会上结交朋友，所谓四海之内皆兄弟，也是最大的一伦，那就是朋友之间的人伦关系了。

五伦，包括了所有人与人之间的关系，这关系可分为绝对的与相对的两种情况。所谓绝对的关系，就是改变不了的，不是自己能够选择的，是天生的，就像是父子与兄弟这两伦，也就是天伦。而夫妻关系比较特别，因为孩子的出生，才成为了一种绝对关系，这是后天形成的，并非先天所具有的，所以夫妻关系所要学习的困难程度，比父子与兄弟更有难度。那何谓相对的关系，就是指你可以选择，可以改变的，比如说工作不宜可以辞职、朋友反目可以绝交。然而相对关系的交往重点，在于一开始的“选择”，既作了决定，就要慎重、体谅、包容、宽恕，不可轻言破裂，背信弃义。

现今我们在讲的朋友关系，已经与古人最初的定义不同了，范围也越来越广了。《周礼》注曰：“同师曰朋，同志曰友。”朋友之意，就是指“学出同门，志趣相投”者，当然这样的意涵，在现今已经涵盖至不同的层面了，只要嗜好相同，也称朋友，诸如牌友、棋友、舞友、山友、网友、球友、道友，甚至酒肉朋友等。但如果以比较接近古人意涵来归类，现今社会当中，较重视师承制度的工作，像是医师、音乐、工艺、书画等行业，大多都是在同一个老师门下学习的，古人称之为朋。一师之徒，大家彼此之间刻苦学习，相互切磋交流，情谊关系非常，甚至蕴含着兄弟的情义，所以现在还保留师兄弟相称的规矩与辈分高低的习惯，这“朋”的感受，并非一般的朋友之交而已。

有相同理想，且志同道合，朝着共同目标努力的，古人称之为“友”。这友的关系并不是指为了吃喝玩乐而已，而是以品德、涵养、学识来作为结交的重点，孔子说过：“益者三友，友直，友谅，友多闻。”可见，并不是嗜好相同，就可以称为友了。古德云：“亲近善友，如雾露中行，虽不湿衣，时时有润。”这意思是说亲近有德性、有人品的朋友，就像行走在雾露中一样，虽然不会湿了衣裳，却在无形当中，潜移默化我们的品格涵养，就像感受到水分时刻滋润我们一样，舒服而自然。从留下来的经典来看，古人交友非常重视内在心性的提升，认为要对于我们品德修养有所帮助，且能共同努力的人，才称之为友。

《礼记·表记》有这么一句话：“君子之接如水，小人之接如醴，君子淡以成，小人甘以坏。”《庄子·山木篇》中亦有云：“君子之交淡若水，小人之交甘若醴。君子淡以亲，小人甘以绝，彼无故以合者，则无故以离。”意思是形容君子的交往，以诚相待，虽平淡似水，但能持续久远；而小人则以利交往，虽一时亲昵，却容易决裂翻脸。从经典的记载我们可以区分，君子之交在于一种持久的信守，双方赤诚相投，虽然像水一样的平淡无奇，却能够长久饮用，帮助自身；小人之交在于互相利用，只为一种短暂的利益而结合，就像美酒佳酿一样的好喝，却无益于自身。当利益发生冲突时，友谊说变就变，看起来容易结合，却也很容易分离。所以是否需要时常腻在一起，并不是古人关注的重点，重点在于是否有助于德性与修为的提升。

从上述的探讨，我们可以简单了解，现代人很多观念有所误解。我们认为朋友平常之间如果没有腻在一起，遇事不鼎力相助，互吐苦水，就是没有义气，这样人缘会不好，无法在社会上立足，这似乎与古人的教导有所偏差。我们把朋友的重点摆错了，我们在意的是自己有没有人缘，有没有人认同我们，喜不喜欢我们？而没有去想，朋友在一起是要做什么？我不是说朋友之间不能享乐放松，但如果朋友坐在一起就只是为了夸夸其谈、闲谈是非、抒发心情，然后一个下午、晚上过去了，就学会了聊天、打牌、喝酒，只怕失去了人缘，那这样的朋友之交，到底是在干吗？难道这些相聚就会让彼此成为患难之交了吗？古人说过："以利相交，利尽则散；以势相交，势败则倾；以权相交，权失则弃；唯以道相交，方能成其久远。"这是警醒自己交友的真理，我们应该更有智慧的了解人心，而不是做些没有意义的事情！

现代人更是颠倒伦常，把朋友看的比自身的兄弟姊妹还要重要，就像《颜氏家训》所写的一样："人或交天下之士，皆有欢爱，而失敬于兄者，何其能多而不能少也！人或将数万之师，得其死力，而失恩于弟者，何其能疏而不能亲也！"说其来真是可叹，这话放到现在一样适用，古人的意思是说，人能做到结交天下之士，欢乐与共并情义相挺，却对于自己的兄长不闻不问、不尊不爱，那我们是怎么能做到对待朋友和睦的呢？而有人能施恩惠于几千、几万名的企业员工，让他们能养家糊口，甚至为你效命，却对于自己的弟妹无法施加恩惠、不照顾、不提携，那我们又是怎么能做到对待疏远的人亲爱的呢？这样的矛盾，造成很多错误的行为，自家骨肉相残对外却称兄道弟，难道兄弟姊妹的情义，比不上结交朋友的义气？难道外人比自家人重要吗？

如果我们了解自己交友的心态，只是为了利、势、权的时候，我们就要明白，自己根本不懂得交友之道，最后只不过被朋友利用而已。到那时候，我们再来后悔，又有什么用？朋友之交是建立在兄弟姊妹的悌道基础上，只不过是把情义延伸为道义而已，如果对待自己的兄弟姊妹都可以没情没义，那朋友之交，又哪来的道义？又如何长久？这不是显而易见的道理吗？怎么我们还分不清楚呢？

（一）朋友的本位在“道义”

道义是手足悌道的延伸，悌道做得好，朋友之交自然做得好，因为悌道比朋友之道来得难多了。而我们在朋友关系的这一伦当中，我们不将朋与友分开来探讨，因为现代人并不特别区分这两者的关系，虽说仍有差别，但朋友关系并不像父子、夫妻等，在身份角色上有明显的差别，故我们一起探讨，最后再将一师之徒下的同门师兄弟，简略说明相处的重点。所谓同道者为朋，同义者为友，君子交朋友重在道义，小人交朋友重在权力。因此古人定位朋友所要行的道以“朋实友信”或“朋谊友信”为主，简而言之，离不开道义、信义与实在，而非我们现在讲的兴趣、爱好与能否一同闲聊的泛泛之交。

珍惜身旁的诤友

《孝经》：“士有争友，则身不离于令名。”孔子也曾经说过：“士有争友，不为不义。”这意思是说，有志于士的志士仁人，只要身旁有肯劝诫他、直言不讳的朋友，他一生不会犯下大错，或做出不义的行为，也不会因为一时冲动把自己搞得身败名裂。现代的人交友，以欢乐为主，哪些人能跟我们聊得来的，我们就跟他做朋友，哪些人能够跟我们一起玩，就称兄道弟地认为是挚友，其实这很容易犯下臭味相投的错误，而自己无法觉察。古人在交友上有一个重点，那就是愿意劝谏、讲直话，不怕你听了不高兴的诤友，这样的朋友，才是真正对你一生有帮助的人。

我们每一个人的内心都想获得别人的肯定与认同，都想要朋友了解我们，认同我们，站在我们这边一起来抱怨、一起来同仇敌忾，但请问这样的方式，对我们有什么帮助？除了情感上的抒发，这样的朋友能够干什么？过去我也曾经是如此，记得在我念大学的时候，曾经在一个朋友面前批评一件事情，我讲得头头是道，讲得自己多么的委屈与对方多么不好，我本来以为朋友会站在我的立场为我说话，谁知道他竟然告诉我，我根本就是错的，我这样的想法才是让自己矛盾与委屈的原因。当时我愣住了，我没有回答任何一句话，心里很不高兴，因为我觉得这算什么朋友？内心还有点赌气，心想以后不跟你交往了。但事后我不断回想，仔细思考他讲的话，我心知肚明他讲的是对的，也真的是我的问题，是对我受益的。这让我明白到，这样的朋友才是值得交往的人，因此他在我生命当中，从朋友变成了好朋友，再从好朋友变成了重要的朋友。

上述的情况，我想很多人应该跟我一样，都有类似的经验。我们静下来想想，如果我们所交往的朋友都只是为了吃喝玩乐、一起抱怨，然后抒发一下感情，那有什么意义呢？越是交往会越觉得没有意思，也不可能长久，难道不是吗？而我们也应该知道，在社会上，耿直的朋友，是不太受人欢迎的，因此我特别看重耿直、忠言逆耳的朋友，因为这样的人不多，怎么我们不懂得珍惜呢？慢慢地，我告诉自己，生命当中一定要有两三个敢直言不讳的朋友，不管他会不会看场合、脾气大不大、讲得对或不对，我当下都要有“先接受的肚量”。我虽然听了很不舒服，甚至会火冒三丈，但他们的直言相告，让我不断思考与检讨自己的做法，思考是否真的有这么多问题，虽然心里会不服，却因为透过他们的眼睛，看清自己的做法存在什么盲点，才学会更全面的思考，学会避免人事上的误会，让事情得以顺利圆满地达成，内心反而更懂得谦虚与感恩诤友的意见。总归一句话，诤友对我的生命而言，尤其在做事、做人上的全面考虑上，帮助我更成熟、更能避免错误，真的非常有益。

圣贤简单的一句话，对我们的生命有这么大的帮助，至今我仍不断的依以圣贤智慧来作为我生命的依据，我时刻感受到经典记载的用心良苦与实用性。这些内容都是圣贤实践过后的真实记录，而非未经证实的理论，其效用更超越了时代的限制。也许看起来很简单，知识道理我们都懂，但只要我们没有去做，一点感受也没有。这正是因为圣贤是实践家，不是理论家，因此他们所流传下来的话语能够帮助我们照见盲点，帮助我们跨越禀性私心的障碍，我们才懂得应对处事的智慧，与如何拿捏正确的心态，得以解决生命的混乱。

以友辅仁是恕道

结交朋友的目的是为了提升我们内在的仁德涵养。这句话出自《论语》，曾子说："君子以文会友，以友辅仁。"意思是说，君子通过文艺结交朋友。[1]因为志同道合，彼此之间坦诚沟通交流，又能善意地理解对方，自然能互相规劝，提升对方的心性涵养。这是因为真心为了对方好，所以才能出于善意地指出彼此的不足，达到"善相劝，德皆建"的良好结果。那么既然要提升德性，就要有接受对方劝诫的勇气，所以才会有孔子讲述："朋友切切、偲偲，兄弟怡怡"的相处之道。意思是说，朋友的结交，本是有助于彼此之间的涵养提升，因为双方都有这样的认知，自然会有切责的情况发生，这是为了帮助对方改过，而非嫌弃的意思。也因为交往的心太过恳切，纵使对方已经再改过了，还会视对方的改正情况，再循序劝谏，以达改正后才停

[1] 在古时，文艺可以表情达意，可以沟通交流思想和感受，以语言文字或艺术形式作为载体，传达精神文化的内涵。

止。我们可以看出，古人的朋友之交，是何等地有君子风度，我们现代的朋友之交与之相差甚远。

当然在这样的过程当中，可能会因为不高兴而有所疏离，但如果因为这样而断了交往，这代表我们器量太狭小，所谓“人不合我意，是我无量，我不合人意，是我无德”。可见，真正懂得修养德性的君子，会时刻反省自己是否无量无德，而非怪罪对方的切责是否太过严厉。如果我们不是真心实意地交往，也听不进别人的规劝，那么对方也不会自讨无趣，自然会离开我们，最后我们身边不还是些酒肉朋友，这对我们的生命又有何益！

既然交往是要提升涵养德性，那么我们在劝谏朋友时，有没有什么准则？子贡曾经请教孔子有关朋友的相处之道，孔子这样回答：“忠告而善道之。不可，则止；毋自辱焉。”意思是说，朋友如有过失，当尽己之心告诉他，并以义来劝导他；如果对方不接纳劝谏，便应该停止，免得自取其辱。《弟子规》说“过不规，道两亏”，如果有错不能互相规劝，两个人的品德都会有缺陷，那是不是只要对方有错，我们如果不互相规劝，就不再是朋友了？或是朋友的相处，就只是为了规劝过错吗？其实不然，圣贤告诉我们，朋友就像一面镜子，可以照见我们自己的问题，正如唐太宗所说的，“以人为镜，可以明得失”。因为在平时，我们看不见自己心态上的问题，唯有透过他人的所作所为，借此反躬自省，才能引以为戒。

所以孔子说：“见贤思齐焉；见不贤而内自省也。”朋友的相处，并非一味地劝谏，如果对方不能接受，我们要适可而止，并以学习对方的优点与观照自我缺点、修正自我缺点的立场来相处。通过自我反省放低身段，而不是处处都要切责他人，一副好为人师的样子。其实自己也没有做得多好，也不见得做得到，尽说些大道理，让人感觉高高在上，这样反而得不到朋友的信服，更招人反感。圣贤所说的辅仁，是在自己行得正、做得正的情况下进行，如果我们今天的脾气毛病一大堆，做得都还比别人差，那我们需要做的是见贤思齐，择其善者而从之，其不善者而改之，免得丢人现眼，自取其辱。这就是《大学》所说的：“是故君子有诸己而后求诸人，无诸己而后非诸人，所藏乎身不恕，而能喻诸人者，未之有也。”意思是说，君子自己因为美德善行而带来生命上的美好，自然有感化他人修持美德善行的能力；自己明白改正缺点过失的难处，自然懂得如何引导他人改正缺点过失。如果自身都不能实行，却能够教导别人实行，这是不可能发生的事情。

以友辅仁，推己及人，其实就是“恕道”的一种展现。这是提升自己又能有效感化他人的好方法，透过己立立人、己达达人，让人自发地效法学习。我们想想，如果自己没有因为善行美德所带来生命上的改变与好处，又有谁愿意相信与跟随？如果自己的生活也过得一团混乱，在这样的情况下，又如何有效地劝谏他人改变？所以先从自身开始下功夫，通过自我改善，并帮助他人改善的过程，体会恕道与友谊的真谛。

笃实重承诺

有句俗语是这样说的：“生我者父母，成我者朋友。”当我们步入社会之后，在外打拼，亲人无法时刻在旁边照应，这时候朋友就显得重要了。在家靠父母，出外靠朋友，结交笃实、讲信用的朋友，可以让我们一生受益，这样的例子，不胜枚举。笃实与信用就像是做人的商标一样，你的名字就是商店的名称，大家有目共睹，口碑名声越好，时间久了，就是一个老字号了。在《中论》有这样的一段话：“欲人之信己，则微言而笃行之。笃行之，则用日久；用日久，则事着明；事着明，则有目者莫不见也，有耳者莫不闻也，其可诬乎？”意思是说，想赢得别人的信任，一开始应当少说话而务求笃实。笃实地做，就能看出这个人是否经得起考验，时间一长，好坏自然彰显，那么大家有目共睹，还能诬陷什么呢？

想要立足于社会、家庭、人际关系当中，诚信（诚心、信用）是基础。建立在诚信的基础上，笃实地把事情做好，自然赢得他人的信任与敬重，不论是什么样的身份地位，通通适用，可以说是做人的基本原则。纵使遇到有人搬弄是非，也无法扭曲真相。换言之，诚信与笃实，是做人的护身符。君子之间以诚心交往，重在承诺与笃实；小人之间以猜忌心交往，重在利益与权势，往后遇到事故的时候，说变就变，没有任何承诺可言。我们都不喜欢别人背弃承诺，那我们也要反省自己，是否在遇到切身利益的时候，一样坚守自己的诺言？我们是否都要别人坚守承诺，但遇到困难时，自己背信承诺却是情有可原？别人如果做不到当初的承诺，就是对不起我们，那如果我们做不到当初的承诺，却是希望别人体谅宽恕我们？自问当初交往的初心，还是君子之交吗？看看他人，再想想自己，自己真的如我们想的那么好吗？我们要求的标准一致吗？

做人很容易见人不见己，很容易有两套标准，对别人一套，对自己又一套，而且还看不见自己的问题，认为自己做的都是合情合理的。其实在别人眼里，我们一样让人讨厌，一样是背信弃义的人，这是因为一开始的诚心就出了问题，初心偏了，我们自己没有觉察。《体论·卷四十八》有一段话，值得我们省思："天地有纪矣，不诚则不能化育；君臣有义矣，不诚则不能相临；父子有礼矣，不诚则疏；夫妇有恩矣，不诚则离；交接有分矣，不诚则绝。以义应当，曲得其情，其唯诚乎。"意思是说，天地是有纲纪的，不真诚就不能化育万物；君臣之间是有道义的，不真诚就不能相处共事；父子之间是有礼节的，不真诚就会无礼而疏远；夫妇之间是有恩义的，不真诚就会忘恩而离异；结交朋友是有情分的，不真诚就会无情而断绝来往。以道义来处事、待人、接物，就能应对恰当，此外，也唯有真诚心的人，能做到微细地体察到对方的心意、需要，或了解事物的真相啊！

现代人的问题在哪里？真心诚意不见了。我们的心早已不再单纯了，不论跟谁相处，一开始就是盘算利益，彼此之间各怀鬼胎，别有心机；不然就是为了面子、场合需要，随口说说，敷衍了事一下。只要事不关己，我们都可以讲得大义凛然，但真的碰到切身利害关系时，所讲的话又是两回事了。我可以理解，在现实社会的尔虞我诈下，难免要懂得保护自己，说说场面话，但如果养成了习惯，不知不觉地把这样的心意用在亲人、挚友、合作伙伴上，那我要说，最后吃亏的会是自己，就如同上一段古文的说明，所有的关系都会破灭离异。人心的偏差，自己是不会知道的，我们会将自己的心意与行为合理化，等到路走歪了，出现大问题的时候，才懂得检讨自己。那我们要如何保持自己的真心诚意呢？请先宽容地看待对方的行为，然后保持将心比心的解读。既然我们自己也有做不到，希望别人体谅的时候，那对方跟我们不也是一样的心情？这不是背弃承诺。当利益攸关自身时，当然不容易置身事外，处处以自己为优先，这不是自私，是真有难处，当我们与对方的立场一样时，会理解为情有可原，而不是背信弃义。

用善意的心去理解对方，会发现我们都一样。没事的时候讲一套，遇到困难的时候又是一套，所谓“轻诺必寡信”，这是我们心知肚明的事情，又何必把事挑明，给对方难堪呢！说不定我们还做得比对方差呢！用宽容的心态看待对方的行为，因为人在紧要关头时，根本不知道自己在干什么，但我们是行道的人，我们就要慢慢地把真诚心找回来，不能跟世俗人一样随随便便，这会让我们留下坏名声，反而难以在社会上立足。我们应要学习用单纯的心来面对社会的复杂，这并不表示我们是傻子，可以任人欺负受骗，而是不随着对方的复杂，也让自己变坏了。我们知道对方的复杂与人性的丑陋，我们懂得运用智慧判断形势，真诚小心地跟对方交往，做事笃实，言行一致，一样可以活出生命光彩的。

孔子说过：“躬自厚，而薄责于人，则远怨矣！”意思是说，凡事多加自我反省，当问题发生时多责备自己的智慧、经验、思考不足，而少怪罪、轻责于人，怨恨自然远离。朋友相处，笃实重承诺固然重要，但是宽恕包容更为重要；就像道义规劝固然重要，但是自我反省，己立立人、己达达人更具说服力。没有人是完美的，用义气取代挑剔的心，人都是需要被支持与鼓励的。路遥知马力，日久见人心，患难之交，更能显得出朋友的可贵，珍惜我们身旁的朋友，真心交往，不要因为对方的一点点缺点，而否定一切；取人所长，用人所长，多看对方的优点，我们会看见自己需要改进的地方也很多，相互学习与包容，路会走得更长久。

莫忘故旧，心存感恩

在我们危急的时候，朋友的雪中送炭，出手相救，我们还记得吗？我们是否是一个知恩报恩的人？《后汉书》有言：“贫贱之知不可忘，糟糠之妻不下堂。”提醒我们在飞黄腾达的时候，是否还记得过去曾拉我们一把，或是患难与共的莫逆之交呢？回想自己刚步入职场，是谁引导我们第一步？也许对方有很多缺点，但没有他的帮忙，我们会有今天？想想在你心情最低落的时候，是谁陪伴你走过那段日子？也许他们给你的实质帮助很少，但没有他们的陪伴鼓励，我们走得出生命的低潮吗？生命要感恩的事情太多了，怎么我们全忘了，甚至有点小成就，就骄傲自大起来了，反而看不上当时的贫贱之交呢？

朋友之间的交往，并没有说对方一定要帮助我们，如果遇到不帮助的朋友，我们也没有什么好怨恨的；那如果遇到肯赏识我们，肯帮助我们的朋友，我们要懂得回馈，懂得感恩。古人说过：“受人点水之恩，须当涌泉以报。”这是提醒着我们要有着一份感恩的心，不要忘记当时的初心，更要懂得把这份恩情传下去。今日的任何成就，都不是我们一个人完成的，没有他人的帮助，我们什么也不是，所以不应狂妄自大，而是要回过头来答谢当时的点滴之恩。可惜人非常容易自得意满，尤其初出茅庐，稍有一点成就，稍微顺利一点，就想摆架子、要大牌，生怕别人不知道我们有成就似的，处处炫耀自己的能耐，透过外在来彰显自己的不容易，想赢得他人的景仰，想受到他人的推崇，吸引别人的目光，终于可以扬眉吐气一番了。

偏偏这样的做法，很容易让自己失去尊严，且招到攻击。《魏志下》有言："夫人有善鲜不自伐，有能者寡不自衿。伐则掩人，衿则陵人。掩人者人亦掩之，陵人者人亦陵之。"这句话真的是道尽了人性的恶性循环，如没有圣贤的指点，不知还要走多少弯路。这句话的意思是说，人稍微有了善行，很少能有不自夸的；有点能力的人，很少能有不自傲的。自夸的人，自然会吹捧自己，而掩盖别人的优点；自傲的人，自然会想要凌驾于他人之上，处处压制对方。那请各位想想，他人会心甘情愿地被贬低或欺凌吗？所以掩盖他人的人，别人会想制造是非，伺机掩盖他的光芒，把他拉下台；凌驾他人的人，别人会想尽办法想打击他、攻击他，以便凌驾于他之上。这样的恶性循环，都来自于自己不懂得谦虚、内敛与感恩，才惹来这么多麻烦事，还防不胜防。

古人有此智慧，教导后人要戒慎小心，在功成名就之后，更要懂得修身之道。《说苑》说明："位已高而意益下，官益大而心益小，禄已厚而慎不敢取。"意思是说，地位越来越高，态度却要越来越谦卑，职权越来越大，内心却要越来越谨慎，俸禄收入越来越优渥，就要越来越谨慎，不敢妄取贪求。这些不就是我们常犯的错误吗？不也就是因为一个不小心，心念的偏差，行为的错误，造成自己身败名裂的吗？难道我们没有办法避免吗？只要我们懂得感恩与回馈，在行为偏差之初，有诤友的提醒，就可以让自己高而不危，满而不益，并且长保富贵。这些都是古人的智慧，我们应该用心体会，这不仅可以让我们保身保命，更可以让我们一生平安顺利。

朋友是我们的明灯，也是我们的炼金石，只要我们懂得选择，朋友可以是我们一生中的贵人；因此有智慧的人，谨慎地选择朋友，透过朋友的切磋琢磨，不断砥砺自己，提升自己。好的朋友是我们学习的对象，不好的朋友是我们借鉴的对象，生命当中的好与不好，都取决于我们的心态是否成熟。古人留下的有关朋友相处的智慧非常多，有兴趣的朋友可以再自行深入探讨，在此我们仅供较为重要的观点作为交流，让我们在朋友的相处上，有更好的进展。

（二）一师之徒的本位在“信实”

现今社会还保有师徒制度的行业越来越少了。在师徒制的行业中，我们还能看见老师对学生的品性要求，比起技艺，更重视精神传承，而非仅仅只是一门吃饭的家伙。师徒制蕴含着师道的精神，学习的人不仅能看到老师的技术，更可以感受到老师的为人修养与职业操守，切身感受到自身工作的价值与责任感，这些都不是现代化教育所能涵盖的。现代化的教育，已经快让师道荡然无存了，金钱至上的价值观，学生们不重视老师，老师不被看得起，老师再也没有老师的样子了。但对于师徒制度下的学生而言，教育的意义完全不同，师徒之间有一种不可言喻的情感，那种敬爱与感佩，是发自内心油然而生的，远超乎书本上语言文字所传达的尊师重道，就因为这样的感染力，才得以影响学生一生的重要资粮。

为何学生会尊师？为何学生会看重该行业这条道？因为老师的生命力会潜移默化我们对工作的观感，并感染我们内在的精神力量。我们回想自己一生的经历，当我们人生走得辛苦，遇到困难的时候，我们脑中浮现的是什么？如果在我们学习的过程中，没有一位老师的德性深入我们的心中，当我们需要求助时，书本上学的道理真的派得上用场吗？不还是自己的禀性脾气做主？真正影响我们生命的力量，不论好坏，都是在潜移默化、耳濡目染下慢慢养成的，而师道所要给我们的就是一股为人处事的精神力量。晋代葛洪《勤求》一文中言：“明师之恩，诚为过于天地，重于父母多矣。”为何一位老师能有如此重要，竟然能大过于父母的恩德？因为大多数父母所能给予我们的是一种养育之恩，但是在工作与社会环境的磨炼当中，能给我们力量、鼓励与引导的，却是老师平日所栽培教导的为人处世的生命智慧。从这就不难理解，为何古人将师道的重要性排在孝道之后了，且有事师如犹事父的遵从性。

司马光先生曾言：“经师易遇，人师难遇。”可见，引领我们做人处事的老师，与教导我们知识学问的老师是不一样的，当然学生对待老师的心态也会不一样，老师对学生所产生的生命影响力也完全不一样。然而不论时代怎么变化，古人所留下的智慧，都有值得我们学习的地方，那么身为学生的本分与同为一师之徒的门生要如何相处，以下我们简要与大家交流探讨。

实心学习，传承师志精神

一门行业有一门行业的精神，通常会在老师的行谊当中流露出来。门生的学习以踏实为主，要真实领略老师所传授的重点，同时间要体悟老师的传承精神。刚入门学习的3~5年阶段，很容易因为枯燥、没有体悟或是不被看重，而自行放弃。其实这个阶段，耳濡目染是重点，多看、多听、多学，让自己慢慢融入这个行业的氛围，是用心领会所学技能的关键时期。一般学习者的心态，很容易陷入同侪之间的比较，因为不知道何时能够出头，也不知道未来会如何，看着别人做得都比我们好，担心害怕特别多，容易自我否定，感觉前途渺茫。

不同的阶段，有不同阶段所面临的学习与考验，要能独当一面，那不是一件容易的事情。初学者所面临的困难，与前辈者所遇到的困难不同，这是因为彼此之间对行业了解的深度不一样，会产生不同心态。在同门师兄弟之间，很需要彼此之间的心得交流与相互打气，大家相互切磋琢磨以求精益求精，至于是看好谁，甚至能不能走出条路来，都还言之过早，人生的变化太大了，别太早下定论。《诗经》当中有段记载："有匪君子，如切如磋，如琢如磨，瑟兮僩兮，赫兮咺兮。有匪君子，终不可谖兮。"这意思是说，学子们在一起互相交流探讨时的态度，就像工艺师造作器物一样，切开后再磋的平整，就像雕刻师制作玉器一样，剖开了再磨的光润。他们的态度与行为，看起来极庄严却不失开阔胸怀，极敬慎的样子却又流露出一种德行风范。学子们这样的交流，真让人终生难忘。

诗经这一段话，道出了为人学子应有的态度与风范，也作为后人相处的模范。门生之间，相互切磋琢磨是必然的，但是很容易变成明争暗斗、各藏一手的心态。这不像诗经所说的那一种开阔心胸，反而是一种担心害怕他人胜过我们的心态，实在太小家子气了。《礼记·学记》有言："独学而无友 则孤陋而寡闻。"如果学子只知独自学习，无人切磋，则很容易有见闻不多，学艺不精的情况发生，就像井底之蛙一样，反遭人笑话。门生的本分，在于笃实地学习，专心一意地精进，开阔心胸地交流，传承师志的精神。《中庸》提醒大家："君子素其位而行，不愿乎其外。"我们只要做好自己素日的本分，不要胡思乱想本分以外的事，反而能让我们的学习有更大的突破，体悟到更多造诣。

我在学习的过程当中，有一种深深的体悟，越是自己专心一意、心无旁骛地学习，越不受未来工作前景与金钱压力的影响，则不论是学习效果还是未来道路的发展，都会有意想不到的效果。因为工作是天命的展现，冥冥之中，一切都有安排，只要我们有着真材实料的本事，并有愿意传承该行业精神的使命感，绝对不会没饭吃，还会让我们活得更好。这就是为何孔子鼓励后人"君子谋道不谋食，忧道不忧贫"的原因。

子曰："君子成人之美，不成人之恶。小人反是。"有道是，君子成人之美，即便是个不甚相关的朋友，咱们还要劝他做成这件事，何况同门师兄弟呢？成人之美，不仅要有广阔的心胸，更考验自己是否有足够的能力，以及能否放下功成后的虚名。我们都想受人爱戴、受人景仰，如果同侪之间遇到比我们有才华、有理想，只是欠缺机会与资助的人，这时我们会伸出援手、荐贤举能，谦虚无私吗？我想，能够务实地帮助他人，又不贪图虚名，还不担心他人的成功，可能会危及自己的地位，而努力做到成人之美，这不是件容易的事。大家耳熟能详的故事，以鲍叔牙荐管仲最为传颂。春秋时期的齐国，管仲是位政治奇才，但是他的才能与智能，一直是潜藏的，不仅没有机会表现出来，而且还显得很无能。当齐桓公准备拜鲍叔牙为国相时，鲍叔牙却辞谢而推荐了管仲。他说："管仲才是齐国的栋梁之材，我有几方面不及他：以宽厚慈惠来安抚民众，我不及他；治理国家不忘根本，我不及他；为人忠实诚信，能得到百姓的信任，我不及他；制定的礼仪足以使天下效法，我不及他。"

在当时没有人认识管仲的情形下，只有鲍叔牙知道他，并且欣赏他。如果不是鲍叔牙的成人之美，管仲早就被世人遗弃。于是齐桓公拜管仲为相，国家果然得到大治，齐桓公成为春秋五霸之首，一匡天下，九合诸侯。后人称赞鲍叔牙"知贤智也，推贤仁也，引贤义也"，而管仲心怀感恩地说："鲍叔不以我为无耻，知我不羞小节而耻功名不显于天下也。生我者父母，知我者鲍子也。"这是君子成人之美的实践典范，却也让我们感到万分惭愧，如果换成自己，说不定会贬低对方或是闭口不提，不要说提携成全了，怎么可能说自己不如对方呢！仔细想想这则美谈，我们不要说同侪之间的相互推荐了，就算亲兄弟之间都不一定做得到，可以想见，君子成人之美的心胸是如何宽阔，是多么高尚情怀，真的值得后人学习效法。

同门师兄弟，彼此都有着相当杰出的才华，如果不懂得相互成全对方，却反过来陷害彼此，通常都是身败名裂，自己也好不到哪去。我们熟知的鬼谷子，其门下的孙膑与庞涓，庞涓在嫉妒心的作祟下，陷害师兄，最后庞涓惨死，胜者也付出了惨痛的代价。荀子门下的李斯与韩非子，李斯为了独揽大权，不惜设计陷害同门师弟，最后自己也成为政治斗争的牺牲品。古人的例子，我们当引以为戒。我们应该想想，是相互成全的双赢好，还是相互嫉妒的相残好？如果我们放不下算计斗争的心思，那么与任何人交往，都无法长久，还会引发一场灾难。我们何不从门生开始的时候，就学习真诚的与人交往，透过尽可能地为他人提供方便、给予他人帮忙来转换自己内在的嫉妒心自私心？在自己资历尚浅，还没有成就之前，养成谦下、涵养、分享、提携后进、成全他人的习惯。在有朝一日，功成名就时，更懂得体恤他人的辛苦，宽以待人，这不仅是明哲保身之道，更可以光耀门风，受世人的青睐，使之永续长久，终身得利。反之，如果是嚣张跋扈、不可一世，谁也不放在眼里，谁的话也听不进耳里，相互攻击、彼此陷害，这无异于给自己埋下祸患、终将自取灭亡，人财两空。

各位想想，以我们现在这个年纪，还有谁讲的话我们听得进去？随着资历越深、地位越高、年纪越长，还有谁能批评我们？还有谁敢批评我们？如果我们没有在年轻的时候就养成虚心受教、成人之美的心态，等我们有点权力时，那会是何等的自负与无情，这样的心态会辜负多少人、伤害多少人？我真不敢想象一个心胸狭隘，见不得别人好的前辈，往后会是什么样的下场？同样的道理，一师之徒，都是同门师兄弟，随着资历不断提升，如果没有成人之美的心胸，那么后进晚辈，只会不断受到打压与攻击。后继无人之下，最后门风衰败，那时不论你是多么资深的前辈,也都没有什么意义了。只要没有人认同，就不会有人愿意学，失去了传承，逐渐没落，必然一蹶不振。同门之间，相互打击、自相残杀的后果就是自取灭亡，我们应从过去的错误的中吸取教训，不应重蹈覆辙，执迷不悟。

同门师兄弟之间，除了有成人之美的心胸之外，更要有接纳批评与欢迎他人指教的心胸，而不是在老师面前争奇斗艳，只为得到老师的宠爱与关注，却没有真材实料的功夫。不论在哪个地方，一定都会遇见比我们更出色，更杰出的人才，如果我们没有接受他人指教的心胸，与不断精进的自我要求，很容易自我放弃，或是陷入斗争与人才外流的恶性循环当中，最后吃亏的还是自己。我们千万不要因为一时的狭隘，而自毁前程，应要有长远的眼光，而非短视近利。

最后，我们在心里要清楚地知道，朋友是定位在“朋实友信”或“朋谊友信”，不论是一师之徒的朋，还是志同道合的友，或是现代人统称的朋友，我们都要以道义、信义来交往，作为我们落实的目标。古人所说的虽然不容易做，但我相信会让我们一生受用无穷。

回归五伦的实际生活

我们活在现实的五伦关系当中，所谓生活就是道场，人生真正的考验在生活，不然在哪里？人在生活当中，充满着太多的痛苦与不顺，导致很多人想追求开悟以解除痛苦，误以为开悟之后所得到的境界与精神状态，得以解脱生命的不顺遂，因此越是追求，反而越逃避现实。现实当中的人际问题不去改变，却一心一意想要追求悟道，这样的体悟，对生命不会有太深层的变化，即使体悟到美妙的感觉，也会刹那间消逝，通常都是虚无缥缈的感受。回到现实的环境当中，困难一样存在，美妙的体悟无法解决当下的问题，那是因为化解生活当中的矛盾与冲突，是需要透过自我禀性的觉察与行为的改变来实现的。所谓的境界，就是你当下面对问题时的心境如何？自我觉照的功夫如何？如果我们连周遭的人都无法宽恕与包容了，那也别说自己所悟的道能解脱了，当下都无法解脱了，再多的体悟只不过是梦幻泡影。

我们必须明白，如果五伦关系中的修炼不够到位，双方无法化性，无法改变现状，那这条道等于没有走通，而我们所追求的悟道，也不太可能有多大的进展。没有建立在五伦关系上的修炼，修行也只会是一种逃避。一位修行者，就是能够面对自己内心的挣扎，突破自己的禀性私欲，透过五伦关系上的互动，展现自己内在的天性，达到“私欲净尽,天理流行”的境界,这样何处不解脱,何处不圆满？孔子说过：“道不远人；人之为道而远人，不可以为道。”这意思是说，修道离不开人道五伦，现今的人为了追求悟道而远离人道，这所追求到的体悟都不是真正道的本质！其实人与人的相处,双方所产生的摩擦与激荡，就是我们内在禀性的相互作用，如果我们只是着重表象上的行为，而不去探究内在禀性的作用，那就像看到冰山的一角，没有了解生命的本质与修炼的实相。伦常道的背后蕴藏着道的殊胜、道的玄机，而我们舍近求远，藐视五伦上的修炼，结果用着偏见看待彼此，造成五伦上的不融洽、失和、破裂，这难道不是我们修行上的问题吗？

所有关系的修炼，最终都必须回归本分上的自我反省。在生活当中，每个人不断受着禀性的影响而相互产生冲突的行为，转化禀性并不是口号，是在当下愿意自我反省，接受对方，并不断调整自己，化解内在的情绪，同时依道而行，做好本分上的事。越是修炼的人，越是明白生命上的所有关系，没有谁高谁低、谁照顾谁、谁救谁、谁指导谁或是谁宽恕谁，最后我们会发现，人所能做的事情就是改变自己，并理解对方。越是真心诚意地实践，对方必定随之改变，道的运作就是如此。如果不断地学习与改变，对方却迟迟没有变化，那要反问自己的所作所为，是不是出自于真心诚意的改变？这其中的真相只有自己最清楚，我们骗不了天，而现实生活的状况，就是上天给我们最真实的答案，我们还有必要找借口吗？

三纲、五伦所表现出的十义，就是圣贤留给我们转化禀性的方法，就是人际关系上要尽的道。十义就是父慈子孝、兄友弟恭、夫义妇德、君礼臣忠、朋实友信等本分上的天性，透过“慈孝友恭义德礼忠实信”来化除自己的禀性，回归每一个角色所应尽的责任与本分，自然能够活出不一样的人生关系，进入圆满的生命状态。我们要确信三纲有着生命最重要的修练功课，五伦就是真实的道场，只要我们愿意在伦常道下功夫，上天回报给我们的，一定会远远超过我们想象的。

本书许多案例的说明，都是我一步一步落实，有所改变后的分享，其中不乏学员的改变，大家可以参考运用，有所受益的部分就尽可能地学习，如有不认同的地方，也不要因此而全部否定，让自己减少了选择的机会。至于古人所说化性之后的种种现象，其实就是天性的自然流露而已，因为天性具足万法，能生万法，只不过被禀性与习性所障碍，当我们一点一滴地改变后，天性的光明自然就会现前，我们本来清静的样貌就展现了。然而开悟，并不是脑袋想象般的神话，开悟之人不代表人生不会有苦难，或是不会有不如意的事情发生，他只不过是了解本来，不再受禀性影响，随时保持清明的意识状态，依着天性的光明过着人生，体悟道的运作，并活出生命的价值，让更多人明白真相。

以前我总觉得修行就是要追求境界，殊不知一个人的火候与道行却是在纲常伦理当中体现，能够在生活当中转化禀性的人，才是真正拥有境界的人。现在我体悟到，道其实是非常平常，是非常生活化的，生活当中处处都是道，修行就在日常生活当中。一个圆满伦常道的人，自然具足德行，他能够走得出伦常道的苦处，就一定能解众生的苦处。一位真正开悟的老师，不是在经典上咬文嚼字而引以为豪，是要将经典落实于生活中，引导大众改变生活上的苦难，这才是身为老师的责任，才是开悟的用意。佛法不离世间，如果我们一心追求境界，却没有在伦常中实践，必定会招致魔考与迷惘。人生会出现“病痛意外、财富事业不顺、五伦关系不和谐”等三种征兆，把我们拉回现实生活当中磨炼，我们想逃避都不可能。除非我们愿意改变自己的禀性，不然相同的问题只会不断地重复发生而已，如果我们还一心执着境界，最后必定苦海无边。

当我们明白守本分所应该做的事情时，这称之为“知命”，我们尽力去做、去圆满时，称之为“立命”。立命的过程当中，不是追求完美，不是要求别人做到你所期待的结果，而是化解冲突，化除内心的禀性私心，在伦常关系中圆满彼此。圆满并不是完美，圆满是依道而行后的自我改变，透过这样的修炼，恢复本自具足的光明与清静。圆满不是逃避问题、不是讨好对方，是照见自己的禀性模式，改变自己，修炼自己的生命。知命立命，生命必定越来越正向循环，如果我们命立不住，享不到福，是因为这一生依道而行的太少，亏的伦常道太多。我们总是知道的多，而心甘情愿去做的少，五伦之道没有尽，才造成现在的结果，这些问题不是看多少经典，或是听多少课就能改变的，因为所有一切的变化都必须是建立在道上的真实行动！

学道之人，最重要的是回归人伦关系中的定位，回归道的运作！道是什么？道是法则、顺序，道是整体、阴阳平衡的概念，道是真理，亘古不变的循环，唯有悟道的人，可以与天地同参，窥见奥妙。道的运作，我们都必须遵循，就像春夏秋冬，万物生长有一定的时节，不会因为你个人的好恶而改变，我们只能依从道的规律来发展，自然会有好的结果，这才是明智之举。

圣人知道，人道是天道的展现，如果没有人教导，势必天下大乱与禽兽无异，故在《孟子·滕文公上》有这样的记载：“人之有道也，饱食、暖衣、逸居而无教，则近于禽兽。圣人有忧之，使契为司徒，教以人伦：父子有亲，君臣有义，夫妇有别，长幼有序，朋友有信。”圣人教导五伦，要我们明白十义，不论你认不认同，喜不喜欢，这就是人道的法则，你越是依着十义去做，生命就越来越顺，自然苦尽甘来。古德云：“不信你看看吧！越是不尽伦常道的人，如父母不慈，子女不孝，兄姊不友，弟妹不恭，朋友不信，将来越吃苦受罪，没有福享，准是苦恼无边啊！”有的人自以为聪明，想了很多改变五伦关系上的做法，完全不依照十义去行，以为这样能得到好的结果，最后都是自找苦吃，苦恼无边，因为术不可能改变道的运作，也许短暂看起来有效，但最后必定问题重重，一定会出现三种征兆让我们回归道上，这就是道的力量，道是最公平的法则。

学道之后，我们必须在生活当中实行，不能逃避生活的真相，自圆其说。不论我们现在过得如何权贵富裕，或是活得多么的不快乐、不幸福，我们都不能假装问题不存在，只有越早地面对现实，才会避免往后的不幸。过往我们也许做了很多违背正道，违背本分上的事情，我们想要隐瞒，或是当作没有发生过，但这一切都没有办法掩盖真相，必定会再次发生，或是由下一代承接，直到我们愿意坦诚地面对，并真实地在生命上有所转变，才能化解循环。我们现在所受的果报，都有其原因，所谓“天理循环、报应不爽”，我们要明白，也许我们犯法了，可以透过权势、金钱、人脉等方法钻法律的漏洞，但是天理循环绝对没有漏洞，天理是依着八德十义而运转的，越是依禀性而行，不依天理良心而做，最后势必回到自己身上。

我们现在所承受的不如意的事，就是我们过去悬而未解决的问题，我们准备以真心来面对了吗？当我们愿意真心面对困难时，就是我们愿意在自己的生命当中转化禀性的时候了，只要我们愿意改变，生命必会还原实相，而我们所接受到的将会是内心的平静与心安理得！我们要有信心：在道上的付出，自然会有好的结果！

第四章

生命的本来

回归家庭的位置

与我们一同力行家道五伦的伙伴，一开始都会遇到类似的问题，很多女性常说："我先生明明做得这么差，整天喝得烂醉，不赚钱，那难道作为太太不用去管吗？难道我还要对他百依百顺吗？难道我不能说他几句吗？如果不是我一肩扛起，这个家早就垮了，女人柔和有什么用呢？这样做错了吗？先生颓废是我造成的吗？"或是常有男性常问说："我太太愚蠢至极，我如果不跟她讲清楚，她什么事情都不会做，而事事都要我教，反应这么差，很多事情她根本不知道怎么处理，难道我固执一点、强势一点，就是不尊重太太了吗？如果不是我管理家中的大小事情，那这个家还能过吗？家中事务她根本不当一回事，她不懂持家，我还要处处替她想，那不是纵容她更懒散吗？"

有的人会说："我身为兄姊，眼看着我的手足对家没有责任，对于父母亲不孝顺，难道我嫁出去之后，就放着娘家不用管，只为我的夫家做打算吗？难道先生就不需要照顾我的父母吗？这样的伦常道对吗？难道要我对父母置之不理吗？为什么孝顺公婆才是尽孝，孝顺自己父母就被批评为自私自利？难道我为娘家所做的事情就不是尽孝吗？”还有人会说：“我的孩子态度不好，做事不负责任，态度随随便便，难道我不用教，不用指责，看着他继续堕落，不加以约束，这样叫作慈吗？孩子根本不懂得这样做的下场会如何，作为父母的不加以管教，难道我凭着德行就可以感化他们？这难道不是无稽之谈吗？会不会太迷信了？”

我知道这些问题都很合情合理，这样做也没有什么不对，但我们要了解学习传统文化的用意，是让我们更有智慧来处理问题，更能看清问题的真相，不是让我们陷入更深的情绪当中，反过来否定这些智慧，逼得自己穷途末路。我们已经长期处在一种混乱的生活当中了，我们所能用的办法都已经用尽了，但问题仍是无法改变，我们已经黔驴技穷了，怎么我们还是咽不下这口恶气，怎么就是搞不定自己内心的怨恨恼怒烦？我们再静下来看看上面的问题，这些真的是问题吗？这些话背后的心机是什么？我们还要自欺欺人吗？是为了赢一口气？还是想证明自己是对的？

所有问题都是我们禀性作用后所造成的幻象，我们看见了吗？上述所有错误的问话，都是禀性的话？我们看清楚了吗？我们不要一直停留在表相的问题上面，我们要将这些问题引导至内心，我们是否能看见内在的禀性如何创造幻象，把这些问题变成生活上的难题与一辈子走不出的阴霾或误解？我们能否观察到自己生活当中的类似情况，就像我们在职场认为某些人特别愚笨时，我们内在的情绪模式，是否与我们对待自己的先生、太太，或是孩子、兄弟姊妹等情况一样？这些问题都不是真的问题，是我们降服不了自己的禀性！迷失了自己的定位，随着情绪禀性做处理，问题才会越搞越混乱的。

回归自己在家庭中的位置，做好本来的角色与本分，尊重家庭中的每一个人，不论他们做得好坏与否，我们都应接纳对方并依照自己的本分，辅助对方上道，而我们通常不愿意这么做。当我们不愿意接纳并依道而行时，内心自然会产生一种排斥性，这种排斥性会开始否定对方的一切，等于推翻了对方的位置，无形当中，我们的内心就开始混乱了。我们看不见自己的问题，就像我们说是为对方好，但背后的心态是觉得自己高、对方低，想要证明自己是对的，反而给人莫名的压迫感？不然就是觉得对方不行，心里厌恶对方，想要击败对方，让对方臣服于你之下、崇拜你，显示出你的优越感？只要是离开本分上的心态，马上就看不见自己的问题了，所有的冲突都来自于此，但我们都不觉得自己有错。

我们不是尽自己的本分来帮助对方，为了让对方在这个位置（角色）上做得更好。反而是强占了对方的位置（角色），启动了斗争、埋怨、愤怒、恐惧等禀性，只为了证明是对方的错误与无能，才造成我们今天的痛苦。我们执迷不悟，依着有利于我们立场，讲出义愤填膺的话，其实我们的心早被禀性给控制了，何来的清明思绪？当我们抢了别人的角色，我们无形当中就坐上了两个位置，扮演了两个角色，如果你看不起自己的爸爸，或嫌弃自己的丈夫，那么你无形当中就承担了他的角色与责任，这样的下场就是自己越做越累、越做越不甘心，内心也会越来越觉得对方没有用、无能。那时我们会给自己一个很合理的理由："我不做不行！我不做这个家怎么办！"（你透过承担两个角色的责任来证明对方的无能，你为了证明对方的无能，所以你不得不做，而你越做就越有理由批评对方），你内心怀着怨怼，充满着恨意，最后你就会讲出类似上述的提问。但静下来想想，今天你家庭的纷争与人生的混乱，其实都是你一手造成的！我们不懂得反省，还永远觉得自己是对的，觉得自己是受害者，请问这样合理吗？

出现在我们伦常道中的每一个亲人，都有他们的定位，都有他们的意义，我用个简单的比喻，就像每一个星球都有属于自己的运转轨道、运转法则，是我们还不了解这些星球的价值，不能说这些星球没有用。我们生命当中遇到的这些亲人，就像是不同的星球，有着各自的价值与意义，对于我们也许只是默默地存在，但对于他人却是充满价值，所以，绝对不能否定对方，因为每个人所要完成的使命与贡献也不同！五伦关系影响了我们的一生，而与我们生命关系最深的那些人，不论是父子、夫妇、兄弟、上司还是朋友等，就是我们生命上的功课。我们应要完成自己本分上的功课，回归自己的本分，接纳对方并帮助对方也在本分上做好，让他们上道，这样我们才能圆满生命，而不是想着把对方拉下台，陷自己于困境之中。

当对方在这个位置上做得不好，做得不合我们的意愿时，我们可以检讨改进，沟通尊重，但不用看不起对方、鄙视对方、教训对方、威胁对方，当我们内在起了这样的心态，并做出悖道的行为之后，往后就必须为这样的行为付出惨痛的代价，因为禀性就是苦业的根，我们在自找麻烦。学道之后，我们要将所学的拿来修正自己，不是修正别人，若要修正别人，会创造出更多纷争。所谓正己化人，正是先修正自己，当具足德性时，自然能够感化他人；而己达达人，正是自己能够通达明白，才能设身处地地明白他人困惑的原因为何，自然懂得教化他人通达明白的方法，根本不需费力地管教与指责，这正是圣贤所告诉我们的宝贵道理。而我们所做的一切，就只需要回归自己所属的五伦位置，行好所对应的道，尽好自己的本分，最后受益与内心清静的人都是自己。这么简单的事情我们不做，偏要跟对方搅和一番，让自己不断在苦根中打转，我们才甘愿？

尊重五伦中的每一个关系

五伦当中的每一个位置与角色，就像是脚踏车链条上的每一个轮，每个链条孔都有要配合的齿轮，只有当每一个链条孔都符合齿轮时，才会运转得顺畅。当掉链后，只要第一个齿轮与链条孔配合上时，其他的链条与齿轮，自然也就会跟上，掉链就可以修复了。链条中的每一个轮，不会去嫌弃其他的轮，或是去取代另外一个轮，彼此能做的事情，就是做好自己本分上的事情，自然就能帮助对方。我的意思不是要你冷淡无情，漠视对方，而是要你在本分上先做好自己的责任，先尽自己的道而不是要对方的道。

行道之人最大的力量，在于自己努力的实践，透过自身的改变赢得他人的信服，并在实践的过程当中，流露出慈悲与智慧来帮助他人，让他人更坚定这条路是对的，更容易上道。这不像有些人，只是空有理论，却没有一点实践，只会用着禀性管人，让人心生畏惧，离道越来越远。行道之人首先要有：尊重对方的心。尊重是我们很容易忽略的事情，我们都希望别人尊重我们，但是我们没有办法尊重别人，我们都在勉强别人、强迫他人、恐吓他人，我们不是行道，我们是霸道。尊重对方就是一种平等的心态，将心比心，设身处地地为对方考虑，这就是现在讲的平等，是真正的尊重，夫妻之间相互尊重，亲子之间相互尊重，兄弟姊妹之间相互尊重，领导与下属之间相互尊重。我们不会因为对方做了某些错误的行为而否定对方的努力，因为我们也会犯错，也需要别人的原谅，也需要别人的肯定，而不希望别人抓着我们过去的错误，打击我们、伤害我们，甚至对我们一辈子怀恨在心，或讲出绝情绝义的话，把我们一概否定，并将我们其他的优点抛在脑后，这样的行为并不公平。我们讨厌别人如此地对待我们，但我们自己又何尝不是如此对待他人？

没有人是完美的，高尚的道德情怀也不是每个人都能坚持的，毕竟诱惑太多，很难让人把持得住。很多人一辈子都不知道自己在干什么，因为他没有机会接受传统文化的教育，纵使是爱学习的人，当问题发生时，当下也不一定能够处理得圆满，因为人的内心有太多负面的禀性，只要受到外界的一点波动，就很容易天翻地覆，推翻过去所学习的一切，再次陷入痛苦的泥淖当中。我们都是平凡人，都需要时间来改变自己，我们也需要他人的肯定与鼓励，多宽容我们、多引导我们，让我们一步一步地成长。有些人无法释怀对方的错误，这样的心结，让他打从心里不承认对方的身份，在心中将对方排除，漠视他的存在，比如：他不配当我的爸爸、他不配当我的先生、他不配当我的哥哥等。当我们存在着这样的反抗、不尊重与厌恶心态时，无形当中会产生一股很强的负面能量，这股能量会让我们往后遇到类似的人，甚至感召成为夫妻或是成为自己的孩子等，让我们不得不面对生命功课，直到学会自我改变。我们现在要做的事情就是停止抱怨、停止仇恨、停止算计，并重新尊重生命当中的每一个人，重新看待对方。

有时候我们会因为对方做了某些错误的行为，想要报复对方，因而讲出充满仇恨的话，有些话甚至埋藏在自己的心中，比如：爸爸就是一个没有家庭责任的人，他是让这个家失败的罪魁祸首；妈妈是一个很愚笨的人，就是因为妈妈，我们的生活才被她拖累的；先生是一个无能的人，是一个整天喝酒的败家子；爸爸是一个混蛋，只会赌博花钱，是他让我过得这么惨……这些话语与心念，来自于禀性的根没有化除，禀性会不断地扩散，运转一切，导致不断重复的家庭或是人生不幸，最后仍是我们要去面对，我们最后会明白："生命的问题根本无法逃避"。

有些人是因为家庭成员，做了令家族蒙羞的事情，比如吃喝嫖赌、自杀、吸毒、坐牢等沉重的事件，家庭成员之间，好像蒙上一股秘密一样，不再愿意面对事实，只字不提。这些问题成员在家族当中被排除了，大家在心里隔离了他，但这并不能否定他在家族中的位置；家族成员的内心越是排除他，他所犯下的错误行为，只会在家族成员当中，再次发生。如果我们愿意仔细观察，这样的行为与问题，好像不断重复发生在后代子孙（或是某些家庭成员）身上，这样的重复模式，就只是为了唤起我们对事实的尊重，让我们记起他的存在，以及体悟他所要带给我们家族的意义。因为每一件事情的解读都有两面，当我们感到特别丢脸而不想谈时，这是禀性作祟，这样的逃避没有办法解决内心的问题，不如真心面对，开诚布公，从事件的真相，找出它所要带给我们生命上的价值与意义为何？并借由这样的事件，带给我们生命上的哪些力量与光明，才能避免错误的事件重复发生。

我们可以从光明的面向来看待，我举例说明。比如：哥哥喝农药自杀，但哥哥是一个非常有责任感的人，就是因为太有责任感了，所以都是自己承担，最后才选择了这样的结果，而哥哥是一个非常优秀的人,我们仍是很爱他。往后我们如遇到走不过的关卡,我们要讲出来，家人们会理解的，事情没有那么严重，办法总是会有的，自杀不能解决问题。我们接受事件的真相，从中反省检讨自己错误的行为，加以改变。我们在内心不排除对方的优点，我们一样向他学习，让他的精神一样能够传承下来，通过正向能量的流通，才能让家族与后代的人承接，也才能改变不断重演的循环问题。

再举另一个例子，有的人家庭经济状况很差，是因为爸爸赌博所造成的，但是爸爸是一个非常善良的人，我们不能否定这项事实，只是因为朋友邀约，他放不下朋友间的义气所以才染上赌博。爸爸也是想为我们这个家多赚点钱，爸爸是很爱我们的，我们不能怀疑爸爸这份爱，我们心里不能排斥他。但是我们往后交朋友要慎选，更不要因为面子去做不当的行为，这样的义气，不是真正的义气。人生所有的问题，都在我们愿意正向的面对，并在事件当中改变自己错误的心态后，才能解开问题的症结点，化解双方的心结。如果我们还无法具足这样正向的能量，问题只会不断地出现，那是因为我们这一生要修炼的功课还没有达成，对方只不过是我们禀性感召后的结果而已，我们也就没有必要再求全责备，怨天尤人了。

上述的例子都是真实的案例，重点在于真心地尊重每一个人、尊重每一件事情的真相，哪怕是堕胎、流产、夭折等意外的行为，我们都要真实面对，并让家族中的成员了解，明白所有事件所要带给我们的意义，更要在心中忏悔自己所犯下的错误，同时感恩与尊敬着他们，给予他们在家族当中应有的位置。当我们不因某些行为而否定他人全部价值时，内在抗拒的禀性化除之后，必定能够看见每一个事件背后的智慧与意义，通常展现给我们的必定会是五常道（仁义礼智信）的光明与信心。这些逆境，是让我们人生更加顺遂的考验，因为在这个过程当中，会让我们学会明理、学会包容、学会尊重、学会宽恕、学会转化禀性，这些所要带给我们的力量是何等重要，我们千万不能逃避。

五伦中的每一个人，都有一条道要送给我们，至于这条道何时结束，我们不知道，古人云："道是相对而生，却要绝对而尽。"只要我们愿意依着本分绝对而尽，因缘的变化绝对会让我们难以想象。每一个人都有一条可以让我们化性的道，当我们转化过了之后，生命就不一样了，不要被对方的行为迷惑你的心，你越是尊重对方，就越能看见自己的问题。我们不愿意尊重对方的行为、观念、言语等，是因为我们还不愿意面对事实的真相与接受事情的原貌，也代表着我们与对方有着同样的禀性，对方只不过是让你看见自己而已。五伦关系上的人，纵使他做得再不好，这都是他的位置，这是属于他的天时，因为我们不能选择自己的父母、孩子、兄弟姊妹甚至领导与下属，如果我们的角色是要辅佐他，那我们就要有辅佐的心态，尽管他不合你意，我们仍要继续做好自己该做的事，因为这是我们现阶段的本分。

我们想想一个道理，如果我们的孩子想要干涉我们的生活，不尊重我们的想法，甚至使用其他手段来迫使我们接受，我们会开心吗？这样的行为就是不尊重我们，纵使能短暂地配合但绝对不可能长久地实行，最后一定会爆发冲突，关系破裂，或是出现其他种种问题。让我们学会尊重，“尊重”是一种抽象的概念，是愿意接受每一个生命原貌的器量。每一个人都有自己的生命展现方式，每个人都在活出自己的生命光彩，不要擅自干涉别人的命运，更不需要强迫别人改变，我们只需要做好自己的事情，让一切回复原有的秩序，道会运转，自然会朝向幸福美满之路前进！

不能颠覆的顺序性

《易经·序卦》中有这样的记载：“有天地，然后有万物；有万物，然后有男女；有男女，然后有夫妇；有夫妇，然后有父子；有父子，然后有君臣；有君臣，然后有上下；有上下，然后礼义有所措。”不论我们有意无意，我们的生命都依照着一种秩序在运转。夫妇是人伦第一伦，父子是天伦第一伦，人生最重要的两件事情是父子关系与夫妇关系，这是人生的开始，才有了往后的顺序，不同的称谓，比如：爷爷、奶奶、爸爸、妈妈、伯伯、叔叔、姑姑、阿姨、哥哥、姊姊等，称谓不同，责任自然也不同。而家庭中的每一位成员都有其生命价值，没有谁可以取代谁，孩子不能代替爸爸的角色，爸爸不能代替妈妈的角色，五伦关系不是商品，我们可以协助这个角色的工作，但是我们的心态不能取而代之，因为顺序性是不能颠覆的。

违背了顺序性，我们的心态就会开始错乱，因为我们本分上所应尽的道不是如此。有些人因为家庭问题，造成母代父职，或是兄代父职的情况，他们身上同时背负着两种角色与责任，通常内心相当煎熬，甚至做事的标准不一，这主要的原因是他受到双重角色的干扰，使得心态不和谐，因此他们在心态上的调整，必须非常明确，且立场要一致，不然人生会过得相当辛苦。这样的情况是迫于无奈，但很多人是因为自己错误的认知，而脱离了顺序性，在有些家庭当中，父母亲的关系相当不和谐，当妈妈总是劣势的一方时，孩子自然会站在妈妈的那一边，想要保护自己的妈妈，内心痛恨自己的父亲，甚至想要取代父亲的角色，此时孩子卷入了父母亲的错误关系，想要教训父亲，违背了顺序，而这样的后果就是家庭关系越来越混乱，家人中所有的定位也全部混乱了。

顺序就像排队一样，当某些人因为少数人的插队，造成情绪的不满，而产生了不愿意遵守顺序的情况，这时的场面只会更加混乱而已。这就像家庭中的某些成员，本分做的不称职，导致有人情绪不满，认为对方都做不好了，自己又何必尽好本分，认为自己的好行为根本就是傻子，因而产生了不愿意遵守顺序的思想，这时的家庭只会更加混乱而已。顺序就是道的运作法则，我们仔细回想，我们开始过着不幸福的日子、不快乐的生活，是不是内心开始脱离顺序性的时候？是不是我们内心开始不满对方的时候？我们自己才是真正问题的根源，只要我们愿意遵守顺序性，那么纵使有少部分违背顺序性的人，最后也只能再次遵守顺序，因为我们不跟着乱，每个人都一样在自己的位置上做好，就像每个人都排好队，那插队的人怎么会有机会作乱呢？

上述错误的心态，是我们没有学习圣贤教育下常犯的错误，我们要明白，每一个生命体都有自己要学习的功课，父母亲也有他们要学习的功课，我们要尊重父母亲的互动方式，要了解这是父母亲的问题，不是我们的问题。我们要将原本的问题，归还给当事人，我们只需要回归自己位置，做好自己的角色，尊重原本的顺序，在适当的时机，辅助父母亲回归他们夫义妇德的角色，其他自作聪明的干涉性行为、禀性，我们都要放下，这才能让问题回归单纯。当我们回归自己的顺序之后，你会有如释重负的感觉，你内心会平静，你会看清楚父母亲相处上的问题，你会了解自己做什么样的事情能帮得上忙，要怎么来让他们和睦相处，你自然会有智慧产生。从另一方面来看，我们也有自己的生命功课，家庭中会有这样的父母亲不是我们能选择的，我们可以从他们的经历得到教训，我们更懂得把自己的生命过得和谐正向，把自己的婚姻关系经营得幸福美满，当我们能够圆满自身的同时，父母亲自然会有所变化，这就是本立道生，一切都从本分上开始。

天伦是一种传承，传承就是顺序，就像祖先比我们先进入这个家，他们的顺位就是在前面，没有他们就没有我们。他们经历千辛万苦，才有了下一代，一代一代地传承下来，那是何等地不容易，纵使我们不知道这些故事，但我们不用想就知道那必定是比我们艰苦，必定值得后人敬重，这是不能抹灭的事实。我们这一代也有辛苦的一面，我们也希望后人尊重我们，而不是颠覆我们、否定我们，尊重顺序就是感恩心，想要颠覆顺序，就是傲慢心。道的循环有着顺序性，故当一个女人不懂得尊重自己的母亲时，她在婚姻上也得不到丈夫的尊重，后人的尊重，反之亦同！当一个男人不懂得敬爱自己的父亲，他在事业上也得不到他人的敬爱，后人的敬爱。这些问题只不过是我们犯了顺序性的错误而已，只要我们愿意改变，马上可以看到变化，我们会发现一切都是自己禀性的问题，只要感恩一切，循环就改变了。

想要颠覆顺序的心态，不仅是在家里才会发生，纵使是长期学习传统文化的人，在道场中也很容易犯了彼此不尊重的心态，内心谁也不服谁，甚至还看不起对方，不认为对方有什么值得佩服的，这种暗自轻视的心理，就是想要取代对方的位置，取代他人的顺序。不论在哪一个组织当中，永远都有先来后到的顺序，在企业当中有领导与下属的分别，在行业当中有前辈与后辈的分别，我们永远只能尊重前辈者，感恩前辈者，但这不代表不能公平竞争，不能有杰出的成就。大家可以各自做好本分上的工作，努力表现工作能力，以获得赏识提拔，但不需要为了争胜而相互陷害、算计，更不能失去尊重的心，背离了正道。因为道是循环的，如果我们用尽手段心机，只为了取代他人以得到权力富贵、地位名声，那往后必定会有跟我们一样的人出现，以更激烈的手段来取代我们，让我们懂得反省自己，尊重顺序。

我们可以回想自己过往，无形当中做了哪些违背顺序性的事情，或是我们对于哪些人一直存在着违背顺序性的心态，想要推翻一切。身为人，我们再怎么有能力也不能违背天理、违背人伦，我们只能顺着天理发展，依着人道而行，所谓“上天有好生之德，大地有养育之恩”，只要我们依着正道去做，仰不愧于天、俯不愧于地，长养我们自己的天命，我们一样可以发展出属于自己的一片天，上天并不会亏待依道而行的人。我们活在天地之间，就要有臣服、谦卑的心态，这是因为先有了天地，然后才有万物，有了万物然后才有男女、夫妇、父子等，我们在天地万物之间是何等渺小，万物的存在，都早过于我们的生命太多，如果我们内心对于天地万物都能悖逆了，那么不把父母、爱人、领导、下属等人放在眼里，也就没有什么好大惊小怪的了，而当我们悖逆伦常道之后，那么内心的空虚、不安、紧张、猜疑等也就随之而来了，因为我们内心乱了顺序，当然也就不再平静祥和了。

有些人的内心永远有着一股无名的恐惧感，这是因为他们在生命当中已经违反了顺序性，而他们没有觉察。有些人的家庭总是发生很多麻烦事，家庭成员之间总是有着不安、惶恐的情绪，这都是因为他们违反了顺序性，失去了平衡，才创造出不和谐的现况。伦常中的每一个称谓，都有恰如其分的位置，都有其该尽的伦常道。家庭中的每一份子，都应有自己的名分，既然有了名分，就有应尽的道，就像父母尽慈道，子女尽孝道，兄弟姊妹之间尽悌道，每个人都依循着伦常道中的顺序性，家庭自然和谐，人生其实可以过得很轻松，很简单，只要依道而行就好了。

整体观的生命思维

《孟子·离娄》引太甲曰："天作孽，犹可违；自作孽，不可活。"当我们违背天理，违背顺序性、违背伦常道，天道自有安排，人很难活得顺遂。这与民间信仰所说的话相近："三皇治世立人间，天皇是玉皇爷，管人的性，要是动性、动脾气，天就降灾；地皇是阎王爷，管人的命，人若是坏了良心、违背伦常道，地府就降病；人皇是皇王爷，管人的身，人要是犯罪，国法就处罚。"我们一生当中常常因为不喜欢某人，而否定对方的所作所为，自己因而动性耍脾气，活在痛苦当中，这是我们自作孽，给自己找的麻烦。有些人执着于对方的过错，觉得自己没有希望了，选择向下沉沦，自我放弃，不再依道而行，请问我们跟对方又有什么两样？为什么古人说自作孽不可活？因为生命的痛苦，都是从我们作践自己开始的，我们还有什么好埋怨的呢？

如果对方做出不好的行为，或是有得罪你的地方，请不要总认为对方要受到严厉的惩罚，才是老天有眼，或是有不好的下场，才能让你的心理平衡，内心才感到舒畅的想法。如果你认为对方是罪有应得，代表着你的心里总是怀藏着恨意，内在的想法很恶毒，有着幸灾乐祸、想要看好戏的心态，这样的心态不是正义感，请不要混为一谈！这种存心，会让一切都回到自己身上，因为你打破了"道是整体"的运作法则。如果我们的生命思维，有着对道的整体观，我们就会明白，当你内心对他人产生的错误情绪，基于阴阳平衡的法则，势必会吸引相同的问题回报到自己身上，最后受苦的还是自己。我们就不难理解，为何古人教导后人要有"随喜功德"的心胸？我们想想，当自己内心不愿意随喜他人成就时，是不是因为我们内心的嫉妒、自大、不满等错误情绪启动了？同样的道理，当我们处处觉得别人不会有好下场，不也代表着我们内心充满了不平之气，充满了愤世嫉俗的想法？最后我们反而活得比别人更痛苦！

道是循环不已的，怎么来就怎么去！我们学道的人明白，道是无所不包的，我们现在所做的任何一切，在道中都会留下记录，所谓天网恢恢，疏而不失，而且这些记录的有效性可以追溯至永远，这就是为何古人教育后人不要心存侥幸，不要以为恶小就没有关系，因为最后都会回归到自己身上，也就是“不是不报，时候未到”的原因。老子《道德经》说：“道曰大，大曰逝，逝曰远，远曰反。”这意思是说，道之广大无边无际，而这无边无际似乎像是消逝在尽头，这消逝的尽头可称之为遥远，而不论它有多么遥远，最终又将返回原点！

我们必须从老子的话中体悟自己的所作所为，我们要有清楚的认知，我们是依着什么样的心念、心态、行为在面对人生的抉择，如果我们不清楚当初的心念是什么，那从现在所得到的回报，所承受的痛苦，就可以知道自己当初是用什么样的心念在做人处事了。有些回报到自己身上，有些业报还没有现前，是因为在返回的路上，而承接这份业报的人，说不定是我们的后代子孙，因为我们的后代子孙跟我们是天伦关系，这就是整体观的现象。因为家族是一个整体系统，我们现在所做的一切，都在一个系统之下，当我们的生命思维建立了道的整体观之后，我们就会对于人生所发生的一切，渐渐地明白。我们不再像以前一样把焦点都放在别人身上，整个心思想的都是别人怎么让我吃苦受罪，而是想着自己过去到底做了什么不好的事，存了什么不好的心态，才造下今天的后果。

打个比方，我们的身体就是一个有机的整体系统，循环不已，只要有任何一个器官受伤，都会影响整个身体的运作，哪怕一个小小的外部受伤，就可以影响到我们平日的简单活动。人生的五伦关系，也就像是一个有机的整体系统，关系的亲疏，可以影响这个系统的作用大小。当我们老想把别人摒除、抛弃、置之不理时，整个系统留下残缺，将由自己或是后人来填补这个残缺。不论我们是有意或是无心，只要违背了整体观的法则，在这整个家族的系统当中，就有成员必须为过往所做的事情付出代价。而我们今生所造的恶业，我们可以从自己的子孙后辈中看得到结果，他们会承担着莫名的情绪、行为、疾病、甚至死亡，而我们是否愿意反省自己的行为呢？

每一个家族都有自己的独立系统，有些人贪图短暂的利益而牺牲了别人，或是为了得到钱财导致他人家破人亡，在这过程当中泯灭了良心，唯利是图、不择手段，通常后代子孙都非常落败。只要不是依靠正当方式进来的钱财，家庭的悲剧就会特别多，因为这已经损害了他人的系统，基于阴阳平衡法则，势必由自己或是后代子孙偿还。老祖宗教我们“留财不如留德”，是因为钱财没了可以再赚，而孽可不是这么容易还的，况且偿还的过程必是惨痛的代价，想想今日又何必当初呢？这就可以解释，为何中国这么多经典告诫后人对于钱财、善恶的观念要非常正确，比如孔子说过：“君子爱财，取之有道”；“不义而富且贵，于我如浮云”；“勿以恶小而为之，勿以善小而不为”等话语，让我们在利益与良心之间懂得做取舍。

《大学》记载：“言悖而出者，亦悖而入；货悖而入者，亦悖而出。”这一句话体现整体观的智慧。这段话的意思是说，当我们讲出去的言语，悖于良心而且伤害他人，总有一天，自己也会遭受到他人悖于良心的言语攻击，因而内心痛苦不堪；同样的道理，如果我们对于现在的钱财，是悖于道义所得到的，总有一天也会以相同的方式损失殆尽！《太上感应篇》也记载了类似的训诫：“诸横取人财者，乃计其妻子家口以当之，渐至死丧；若不死丧，则有水火盗贼，遗亡器物，疾病口舌诸事，以当妄取之值。如是等罪，司命随其轻重，夺其计算，算尽则死，死有余责，乃殃及子孙。”意思是说，蛮横霸占他人财物的人，妻子和家人会遭受报应，渐渐至于死丧；如果罪恶还不至于死丧，就会有水灾、火灾、盗贼、遗失器物、疾病、口舌等灾祸，作为妄取钱财的等量报应。如果当事人已经死去了，仍未偿还殆尽，就由后代子孙代为偿还，殃及子孙。

古谚有云："三代积业，一代亏空。"这句话的意思，并非只是后代不懂得惜福，一下子花光积业，更体现出道的整体观，怎么来就怎么去，看似现在很好，也有可能一下子败光。所以，我们必须明白道的循环模式，才能找出自己禀性作用的问题在哪，为往后积福。我们现在就要开始修正自己做人处世的心态，更要清楚明白赚取利益背后的心态为何？所谓"是财不会散，是儿不会死"，只要凭着真实德行，依着本分良心去做的事情，绝对不用担心破败，但如果不是，迟早有一天也是会离开的，我们也不用太难过，因为这是道的循环，最公平的法则，不用心存侥幸。我们生命当中所发生的一切事物，都有其来龙去脉，我们不可能瞒天过海，因为天不欺人，只有人会欺人。我们会有今天，是祖先一代一代所传承下来的，不论是好是坏，都必须从现在开始做起。"认命、改过、积善、谦德"是古人教给我们改命的步骤，每一个人都可以借由这样的步骤，创造出新的生命。现在，告诉自己，命由我造，福由我积，舍我其谁！

本来如此清静

禀性是累世以来的根，是一世一世累积而来的，今生的坏习性，就会是往后禀性的根；天性也是累世积来的，我们内心都有善根，所以说根基深厚，厚积薄发，积善之家必有余庆，而我们今生不断养成的好习性，就会成为往后天性的根。我们内心当中，必定有非常善良的一面，也有非常邪恶的一面，而我们今天在生命当中所面对的任何逆事，都只是禀性不断作用下的结果而已。简单地说，如果我们没有禀性的作用，就不会遇到逆事，而如今会遇到这样的问题，只不过是生命再给我们一次机会，让我们借事化除禀性，以回复本来清静的本体。那我们现在所有的起心动念，就是往后开花结果的种子，这种子在后天环境的熏习下，透过我们错误的禀性解读，就形成了恶的结果，也就是我们一生要修行的功课，如果是透过天性的熏习，就结成善的果实，也就是我们今生的福报。

很多人常告诉我，他非常怨恨他的父母亲。因为他的父母，在他小的时候冷落他、打骂他甚至不懂得照顾他，让他心理受伤。他不能理解父母的行为，也无法原谅父母，更把现在的不幸怪罪给父母，有些人因而产生了扭曲的心理，成为他一辈子的阴影。在这里我要跟大家说明，我们大部分的人，生命都不至于悲惨到不可处理，我们是有不幸福的地方，但绝对不是严重到世界末日的地步。我们可以把父母所做的任何言行作最悲惨的解读，成为我们一生心理的障碍；我们也可以把父母亲的所作所为，解读为一种感恩，是成就我坚强、懂事、独立的成长过程。这两者不同的差别就只有一个因素：是禀性还是天性的作用。

曾经有人跟我说：“我母亲把我生下来，一年四季都把我放在凉席上，疏于照顾，我生病了、拉屎了也不管我，要不是其他亲戚帮忙，我早就死了，我的母亲一点也不爱我，我现在身体的虚弱，就是当时造成的，我非常讨厌我的母亲。”也有人告诉我说：“我父亲一生不懂得栽培我，我为了家，从小就要去赚钱打工，错失了学习的机会，我这一生就这样毁了，我一辈子的痛苦是父亲造成的，我内心痛恨、埋怨我的父亲。”更有人告诉我说：“我父亲从来没有拿钱回家，每天在外面鬼混，这个家都是我妈妈赚钱养的，爸爸回家就是对妈妈打骂。一个不负责任的爸爸，难道我还要尊敬，照顾他的后半生吗？”还有人说："我的母亲从小就不爱我，总是疼爱我的哥哥与弟弟，我就像是孤儿一样得不到母亲的爱，我嫉妒我的哥哥、弟弟，我恨我的母亲！现在妈妈生病了，为什么要我多付出，而不是当时受宠的哥哥与弟弟呢？"

这样的例子太多了，悲惨的例子更多，讲都讲不完，怎么讲都有道理，但请问我们怎么解读呢？我们怎么看待这一切呢？如果我们喜欢选择让自己悲惨一辈子，以被害者的情结来痛苦一辈子，这样的选择我不反对，因为你有选择的自由，但如果以这样的理由，作为我们不用为自己的一生负起责任，那我不能苟同。其实，会让我们沉浸在痛苦的阴霾中，是"禀性"的影响，因为禀性影响了思维，让我们一直往错误的方向前进。那你说为什么我们会有这样的禀性，这其实是我们累世以来的生命功课，是无法逃避的。我们再看看现在所面临的环境，如果不是这样的遭遇，我们愿意学道，改变自己吗？如果不是家人的缘故，我们愿意化除禀性吗？这样的环境其实是我们自己选择的，我们在来到人世间以前，早就设定好什么样的父母、什么样的兄弟姊妹、什么样的家庭可以让我们的生命得以修炼，作为我们化性的动力，其实人生的这个计划，都是我们自己安排布局的，你不觉得一切的发生都很神奇吗？

上述同样的例子，有的人不这样想，他的内在因素没有存在这一类禀性的问题，他会用不一样的角度想事情，比如说："妈妈没有时间照顾我，但是至少没有让我饿死；让我睡凉席，是因为环境不好，至少没有让我睡猪圈；虽然没有时间照顾我，但是其他亲戚很疼爱我。"或是"不是父亲没有栽培我，是我爱玩，如果我有心想学，我一样可以自己想办法进修，自己努力往上爬，根本就是我给自己找理由，好让我一生的失败有个借口，我的父亲其实没有亏待我，是我不懂得努力与把握。"他们不选择禀性用事，选择以天性解读，这是他们内在的善根在帮助他们转换人生际遇，他们从不埋怨环境，他们总是积极改变命运，反而活得非常乐观、非常正向，影响后人，造福乡里，令人值得学习与佩服，这就是用天性熏习种子后的结果，是我们累世以来的福报，纵使再差的出生环境，一样能够成功。

我所见到的例子当中，同样的父亲，一样的行为，两个孩子的解读却完全不一样，就像是上述的例子当中：哥哥觉得父亲从来不拿钱回家，父亲是一个没有责任感的人，但是弟弟却没有这样的感觉，他看到的是家里所发生的任何事情，都是爸爸承担与处理，他觉得爸爸是很有责任感的人，内心非常敬佩爸爸，爸爸不拿钱回家是有苦衷的，他要想办法分担爸爸的辛苦。上述另一个例子是：我有这么好的哥哥与弟弟，处处表现都比我优异，身为他们的手足我感到很光荣，母亲并不是偏心，只是展现爱的方式不同，其实妈妈在某方面也很用心照顾我，我还觉得妈妈特别考虑我的心情，怕我与哥哥、弟弟们比较后灰心，对我的关心都不一样，妈妈好用心，妈妈好爱我哦！

上述同样的事件，不同的解读方式，决定权都是在于自己当下的内在因素：禀性或是天性。姑且不论是累世以来的生命功课，还是累世以来所积的福报，越是用天性，就越能回复内心本来的清静，纵使再不好的环境，一样会有美好的结果；然而越是用禀性，只会造成内心更多的分别与仇恨，纵使有再美好的际遇，我们都会自怨自艾，最后以失败破局收场，请问命运好坏的重点在哪里？不就在我们当下的存心。而我们现在所学习的知识教育，是让我们的禀性越来越强，还是让我们越来越懂得感恩与正向解读？内在的因素，才是真正影响我们人生幸福与否的关键，而地位的高低、权力的大小、财富的多寡只不过是一种短暂的现象，这根本不是影响人生幸福与否的真正原因，我们应要看清问题的真实面貌，不要再执迷不悟了。

回归我们天性中的良知良能，我们看看《孟子·尽心上》怎么说："人之所不学而能者，其良能也；所不虑而知者，其良知也。孩提之童无不知爱其亲者，及其长也，无不知敬其兄也。亲亲，仁也；敬长，义也；无他，达之天下也。”这意思就是说，人不用学习就能会的，是良能；不用思考就知道的，是良知。你看看两三岁的小孩子没有不懂得亲爱他父母的，等到他稍微长大，四五岁的孩子，没有不知道尊敬兄长的。可以想见，亲爱父母是我们原本所具有的仁；尊敬兄长是我们原本所具有的义，仁与义都是我们与生俱来的良知良能，这是不用人教就懂的，不用学习就会的行为。而要让自己生命通达圆满的方法没有其他，就是将这两种天性流露，并通行天下，生命自然会有好的结果。这是圣人所告诉我们的道理，我们每个人的内在，都有如此清静与善良的本性，只要不断发挥就行了。

生命的本来是清静的，生命的本来是喜悦祥和的，请问各位，孟子讲的这一段话，还在我们的生命当中发生吗？我们的良知、良能还存在吗？这良知、良能是上天赋予我们本性的道德意识与道德行为，想请问各位，我们还有吗？良知即仁义礼智信，所谓“恻隐之心、羞恶之心、辞让之心、是非之心”人皆有之，然而依着良知所做出来的行为，称之为良能，我们当今社会还有多少人愿意做了呢？良知良能是古人认为天经地义的行为，我们今天却要特别倡导，并说服各位身体力行，那就好像是我怀疑自己是否为爸妈所亲生的，而要特别去验血、比对 DNA 一样可笑？纵使验证了之后还满心怀疑，机器设备真的无误吗？这就是我们现代人对于圣贤智慧的怀疑心态。然而不论我们相不相信圣贤之道，生命的力量就是一直让我们回归道的运作，只要是与道相背离的行为，生命自有安排，大道会运转与消化一切，定让我们痛定思痛地走回正途，直到我们愿意改变！

人类的内在，存在着两股驱动我们的力量，一是求得开悟的力量，一是求得平静祥和的力量。这两股力量，是我们不断进化的动力，不论你身处于哪一个国度、哪一个人种，都是一样的。这是上天赋予我们所有人类前进的力量，也是真理可贵的地方，不论经历多少时代，大家所要追求的都是开悟，而开悟后的结果都是一样，只不过是回复我们本自具足的清静本来。他们所讲述的道理都相同，他们所做的事情都一样，就是提倡仁义道德，进而救度众生，对于疑惑者慈悲为怀，给予众生正确的观念，让众生尽早可以离苦得乐，回复自己清静祥和的内在。他们所做的修行，都没有离开人世间的五伦大道，他们所讲述的道理都极为简易，却又精要，而那就是我们要下功夫去体会的方向！也是永远要行的道路！

我们本来都是圆满的，都是清静的，都是光明的，都是智慧的，只因妄想执着而颠倒梦想，过着不清不楚的人生。既然我们想要回归本来，那么我们就要回归应有的本分、本位，依道而行、依教奉行。如果一个人永远只是嘴巴讲讲，总是说会改、会改，但是从来没有真实行动，请问这样的生命会改变吗？如果一个人知道自己错了、是自己做得不好，但是从来没有真正地改正，这样的认错是真的吗？别人还愿意相信他吗？

如果我们都意识到自己的问题所在，但就是改不了，这表示我们还是在找借口，说白了还是禀性用事，不就是想逃避、懒惰、希望坐享其成，或是缺乏信心与怀疑心过重所造成的结果吗？我们认清了吗？天底下绝对没有白吃的午餐，也绝对没有不劳而获的收成。最后与大家共勉："道是行的，德是做的，不行没有道，不做没有德。"讲得再多都比不上真实的实践，圣人之学是实学，不是理论，只有真实做过来的人，才能明白圣人的智慧，而圣贤仙佛都是做来的，不是坐着听课来的！愿大家开始走在学习圣贤的道上。

第五章

附　录

能量与禀性关系

“我们处在一个能量的世界！”当我们心念启动后，当下的心念就是这股能量的中枢点。截至目前，我们生命中所拥有的一切，所遇到的任何美满或困难，都是我们心念能量发动后所产生的结果。当下的心念挟带着能量，这正或负的能量影响着后续做事的因缘，感召着福祸，好坏都在这刹那间就开始产生变化了。心念的能量会自动形成因缘，好似有一股推力让你不自觉地往前走，看似自己决定的方向，其实因缘影响着祸福，最后的吉凶就是当初心念产生下，随着因缘发展后的结果。我们很少留意心念的启动，非要等到事情的结果不可挽回时，我们才愿意反省当初的起心动念，往往都要付出高昂的代价。

既然心念是能量的中枢点，那么心念所展现出来的情绪，不论我们怎么遮掩，或是外表展现出一副很有修为的样子，我们仍然无法掩饰：身体病痛、家庭关系不和谐、金钱和事业问题重重等真相，这些都是禀性情绪不断用事后的显现，一切早就昭然若揭，何必自欺欺人呢？在此我们需要留意的是起念后的“第一思维”，也就是说，我们必须扪心自问，自己对于该事的起心动念为何？自己对每一个人、事、物的真实想法，而当下对于该事物的第一情绪感受又为何？这就是我们真实的心声，就是我们的第一思维，影响了我们后续的行为，创造了我们现在所面临的一切。如果我们想要改变现实的问题，那就必须重新回归第一个思维的感受，想办法改正当下的禀性情绪，这就是《礼记·大学》中所记载“诚于中，形于外”的含意。意指我们外在所遭遇的一切，只不过是我们内在起心动念后的感召而已，请问我们愿意坦诚面对自己的内心世界吗？

想想看，你对父亲的真实感觉与印象为何？你对主管、上司的真实感觉与印象为何？你对孩子的真实感觉与印象为何？你对丈夫/妻子的真实感觉与印象为何？你对自己工作的真实感觉与印象为何？你对自己财务状况的真实感觉与印象为何？你真的把这些感觉与印象写下来，写下你对这些的看法与诠释，你怎么解读这一切？你用什么样的情绪面对？你知道是哪一种禀性在对待这一切吗？当你越真实地面对第一思维时，你就越快能够掌握禀性的变化，你就能更快的了解到如何改变生活困境！

为何君子在独处的时候不敢恣意妄为，反而时时刻刻保持自己心念的纯善？《中庸》上说：“莫见乎隐，莫显乎微，故君子慎其独也。”那是因为君子知道错误的起心动念，会造成后续的涟漪效应，所以君子在自己心念初萌芽时，能时时觉照自己的念头，如有不好的起心动念产生，哪怕在隐微状态，君子都能赶快调整，不任它滋长，那就不会有后续的混乱思绪与不好的结果产生。如当下不愿意调整，以人心禀性用事，这就是孔子说的小人下达；反之，当下愿意以天性良心出发，改正自己，正是孔子所说的君子上达。仔细观察周遭的朋友，幸福清静的人生与混乱痛苦的人生，只不过是心念产生后的必然现象而已，一切都操之在己，哪有什么命好、命不好之分呢？如我们愿意不断地反省与修正自己的起心动念，行持日久，自然念念分明，何止幸福的人生，就连我们清静自在的光明本性都能显现！

金钱与禀性关系

每个人对金钱的看法都不同，而这之间所运转的，都是依着内心真实的想法作变化，就像你想吸引钱财到来，可是你内心根本就不相信这些事情会发生，那怎么可能会实现。有些人甚至在工作上立下誓言，要达成多少目标、赚进多少钱，脑中浮现自己梦想画面、催眠自己等，最后还是都达不到，也从来没有实现过，原因为何？这都是因为你在讲这些话时，你内在潜藏的声音，根本就不是这样，你内在的第一思维，是充满着恐惧、害怕、怀疑、嘲笑、幻想、夸大，这些都是禀性的产物，因此不论外在有多大的激励，对于实际根本没有任何帮助。既然我们已经知道内在的真实心念，决定了往后的结果，那我们现在必须正视内在的情绪与感受，真实地面对与化解充塞在我们内心的矛盾问题。不然，内在真实的声音与外在表达的矛盾越来越大时，你会感到空虚、恐慌，所以不论你做得再多，或是用再多的方法，最后都会失败，因为一开始，你内心早已设定好你要的结果了，它只不过忠实地完成你要的设定而已。

既然问题出在禀性，就要从禀性下手，那么问题出在哪里？我们越是追逐金钱，越是不会感到满足，因为“恨之禀性”中的贪婪，是让我们痛苦的根源之一。它会让我们的清静本体显现不出来，它会驱使我们不断地追逐名利，有一千要一万，有一百万要一千万，根本就是无底深渊，这样的禀性用事，会让生活糟透了，有钱也不会快乐，有钱也不是真正的富裕。有些人陷入于“恼之禀性”，外在装得一副很清高的样子，常常说：“钱不是人生最重要的东西，死后什么也带不走，灵性才是最重要的！”但内心对钱非常执着，只要钱从口袋掏出去，就像是割肉一样的痛苦，又不愿意承认，根本没有觉察内心有着轻蔑钱财的观感，这样的心态怎么创造富裕的生命？

我们现代人只顾一味地打拼、牟取钱财，我们不在自己的心性上下功夫，反而受外在的钱财束缚，把自己的内心搞得痛苦万分。我们的内心时刻处在一种“贫耗”的状态，怀着恐惧过生活，然而一个内在无法有丰盛感的人，又如何创造金钱上的富有？因此转换自己的内在，调整为“富裕”的状态，是当前的修练功课。因为富裕是一种满足的感觉，是一种感恩拥有的感觉，是我们化除禀性后的状态，只有在富裕状态下的应对，才能创造出丰盛的果实，这也就是为何三千年前，孔子就说“君子忧道不忧贫，谋道不谋食”的原因了。我们要明白，外在所有的一切，都必须建立在正向的内在力量之上，才能开花结果。所以，我们如不正视自己的情绪能量，我们就不可能真实改变问题，尽管找寻很多赚钱的方法，也无济于事。因为我们真正的问题在禀性，不在方法。如果我们整日斤斤计较金钱、整日盘算金钱怎么来，我们的生命能量充满着紧张与嫉妒，金钱对我们而言就是压力与恐惧，它所感召给我们的就是在金钱上的困难、投资上的失利、生意上的失败，这些窘迫的结果，也没有什么好奇怪的。

如果我们愿意把能量调整为富裕的时候，生命就会开始有转变，因为金钱只不过是富裕当中的一环。我们必须先调整好自己，先放下追逐金钱的恐惧与压力，当我们内心升起对金钱的尊重与感谢时，我们就能转动内在的禀性。只有当我们看见金钱带给我们生命上的价值时，才能创造富裕的生活。我们可以从一个简单的动作，检视自己内在的状态，每当我们付钱时，如果能打从心里感受到对方的需要，以及这笔金钱所带给我们生命的价值与意义，并从内心生起愉悦的感觉，感恩着对方时，那富裕的生活将离我们不远了。因为钱财是伴随富裕的身心状态而来，那富裕是指身心灵、物质与精神上的平衡，能够拥有这样的内心状态者，才能够真正地处于金钱不匮乏的状态，才能享受富足的生命。

调整自己为富裕的状态最好的方法是“布施”，这是改变内在“贫耗”能量最快速的一种方法。当然你的布施必定是打从心里的快乐，是要乐意、满心欢喜的。在我不断落实布施的过程当中，我内在不断提升富裕的状态，因为每当我亲手布施钱财给需要的人时，我可以感受到那种能量之间的交换，我可以体会古人说的“越贫穷的人，越要懂得布施”的用意。如果没有能量的转换，根本无法化除根深蒂固的禀性。而在这个过程当中，不仅仅是他需要金钱，我也需要能量的转化，我们平心而论，到底是谁帮助谁？那我们静下来想想，金钱的意义到底是什么？它背后的价值到底是什么？当我们了解金钱背后的价值与意义时，就是这股能量，可以驱动我们富裕地生活！

然而，我们的内心就像山谷深渊一样，你对着山谷深渊呼喊些什么，它回应给你的就是你呼喊的字句；你心里真实想的是什么，它响应给你的就是你现在所拥有、面临的一切。你无法欺骗你自己，因为一切的背后，不是禀性用事就是天性用事，你给与内心什么样的能量，内心所回馈的就是你当初所给予的，我们何不在自己的心性上下功夫，并验证圣贤的智慧呢！

疾病与禀性关系

禀性影响情绪，情绪影响身体健康，在现代医学的报道当中，负面情绪对身体产生极大的负担，甚至产生疾病等，已经有很多相关文献与研究，在此就不再赘述。这里主要是提出禀性的发动与疾病关系，相关资料可以参考《黄帝内经》的记载，在此简单说明之。

疾病与禀性的关联性，是非常微妙的，禀性一动，很多负面能量地就开始聚集，与禀性相对应的五脏六腑便开始受到影响。依据《黄帝内经》的记载，很多疾病的产生，其根源在禀性。每一种禀性的发动都是一种情绪，当我们不断地用负面能量来毒害器官，最后器官承受不了，只能以疾病的方式提醒我们改变心态，才有利于往后的康复，这也就可以说明为什么很多人在重病之后，性格与心态上都有很大的修正，简直判若两人。以下简单说明各禀性所产生的疾病，透过疾病的归属，反省自身性情上的缺失，好让我们有更明确的反省，帮助自己在身心的健全上有更大的进步。

1. 怒之禀性（阴木性）：好怒伤肝、肝气不舒、胸肋疼痛、肚腹膨胀、头迷眼花、两臂麻木、四肢无力、胸膈不舒、耳鸣牙痛、中风等病。病痛最主要来源是抗上、不服人的心态。

2. 恨之禀性（阴火性）：恨多伤心、心热心跳、心慌、头晕目眩、惊怖不眠，甚者神经错乱、癫狂谵语、瘖哑疔疮危及生命。病痛最主要来源是急躁、贪得无厌、争理的心态。

3. 怨之禀性（阴土性）：怨气伤脾、脾胃软弱、膨闷胀饱、胃寒腹痛、上吐下泻。消化不良、食欲减退；重则噎膈转食、有伤元气，中亏气短或气淤气滞、面黄饥弱。病痛最主要的来源是固执死板、好怨人、疑心大的心态。

4. 恼之禀性（阴金性）：好恼伤肺、气喘咳嗽、肺病咳血，甚则肺结核、肺癌以及各种肺经疾病。病痛最主要来源是嫉妒、虚伪好辩、对金钱吝啬的心态。

5. 烦之禀性（阴水性）：多烦伤肾、腰酸腿疼、腹痛腹冷、遗精淋症、虚痿肾亏、好生闷气，气落转寒，患疝气郁结等病。病痛最主要来源是多忧多虑、犹豫不定、遇事退缩的心态。

每一种禀性的发动，就是在制造疾病，受禀性影响后的思想，让我们看待任何事物都是怨恨恼怒烦，无形当中让我们的身体器官都在“收脏”，就是纳阴气。古人所记载的这些内容，在我的生命当中有非常多的验证与改变，我靠着一步一步地化除禀性，慢慢地拨阴取阳，身体有很大的转变与进步。我体会到身体本是极为健康无污染的，也许每一个人先天上有差异，但只要透过良好的修身养性，一样可以享有健康生命。

我知道禀性的作用，危害健康极大。三国时期，嵇康的《养生论》提及性情影响身心疾病的关系，足以证明化除禀性，对于性情上的稳定有影响，进而帮助身心的和谐有直接的效果。我认为古人强调的伦理道德，必定是与修身养性有关联性，当今社会人人处在一种高压力、高竞争的环境下，人与人之间的相处充满着情绪上的矛盾，我们又不懂得正确的疏导情绪与调整心情，导致压抑、抑郁、焦躁、狂闷等情况越来越严重，把好端端的身体糟蹋了，这都是我们不懂得修身养性的后果。依道而行，可以摆正我们的错误心态，让我们的生活不再充满仇恨、怨怼、恐惧与不满，这就是伦常道的力量。现在我们慢慢地撷取老祖宗的智慧，并走上了学道之路，因为我们现代的文明已经无计可施了，当任何再先进的医疗设备都无法解决我们的身心病痛，任何再豪华的物质生活都无法让我们幸福快乐，任何再高贵的权力地位都无法让我们心安平静时，我们发现外在所追逐的一切，根本无法改变我们原本的问题，反而越来越糟时，我们就会相信，古人所留给我们后代子孙的宝贵智慧，才是我们生命真正的需要，才是我们真正要行的道路。